für Irmgard

Olav Gatzemeier

DRESDEN UND DIE ELBE

Venedig des Nordens

MICHAEL IMHOF VERLAG

Olav Gatzemeier:
Dresden und die Elbe. Venedig des Nordens
Michael Imhof Verlag 2020

© 2020 Michael Imhof Verlag GmbH & Co. KG
Stettiner Straße 25, 36100 Petersberg
Tel.: 0661-2919166-0, Fax: 0661-2919166-9
www.imhof-verlag.de, info@imhof-verlag.de

Gestaltung und Reproduktion:
Anna Wess, Michael Imhof Verlag

Lektorat:
Dorothée Baganz, Michael Imhof Verlag

Druck:
optimal media GmbH, Röbel/Müritz

Printed in EU

ISBN 978-3-7319-0912-5

INHALT

Die besondere Bedeutung der Elbe für Dresden 8

Die Elbe – ein Porträt 16

Die Elbschifffahrt 18

Fischfang, Mühlen, Wasserversorgung und Badevergnügen 22

Am Fuß der Borsberghänge 24

Das Lustschloss Pillnitz 28

Weinbergkirche, künstliche Ruine, Meixmühle und Elbinsel 34

Gebäude an der Maillebahn und die Kleinzschachwitzer Fähre 37

Hosterwitz und der Keppgrund 38

Das Kleinzschachwitzer und das Laubegaster Ufer 44

Niederpoyritz und das Herrengut Helfenberg 47

Wachwitz mit der königlichen Villa, dem Schloss und dem Fernsehturm 50

Tolkewitz mit Wasserwerk, Johannisfriedhof und Krematorium 56

Loschwitz und das Blaue Wunder 60

Der Villenvorort Blasewitz 73

Der Körnerweg und die Elbschlösser 80

Die Saloppe, die Stasi und das Waldschlösschen 90

Die Radeberger Vorstadt und die östliche Neustadt 97

Die Johannstadt 105

Die Innere Neustadt: Regierungsviertel und Carolabrücke 110

Der Neustädter Markt, die Hauptstraße und der Albertplatz 118

Die Augustusbrücke 124

Hotel Bellevue, das Japanische Palais und die Marienbrücken 127

Die Altstadt 135

Das Amtsgericht in der Pirnaischen Vorstadt **136**

Die Synagoge, das Kurländer Palais und der Gondelhafen **139**

Die Brühlsche Terrasse **143**

Die Dresdner Frauenkirche **154**

Der Neumarkt und die Rampische Straße **164**

Der Schlossplatz und das Neue Ständehaus **171**

Das Residenzschloss **173**

Die katholische Hofkirche **186**

Der Theaterplatz mit seinen Bauwerken **190**

Der Zwinger **198**

Taschenbergpalais, Italienisches Dörfchen und Basteischlösschen **208**

Kleinostra **212**

Die Leipziger Vorstadt und der Neustädter Bahnhof **218**

Pieschen, Mickten und die Kaditzer Flutrinne **223**

Übigau mit seinem Schloss und der alten Werft **232**

Das Ostragehege **236**

Die Flügelwegbrücke, das Industriegebiet und das Klärwerk Kaditz **246**

Cotta und Briesnitz **250**

Kaditz, Gohlis und der Hochwasserschutz **257**

Niederwartha, das Pumpspeicherwerk und die beiden Brücken **262**

Anhang **270**

DIE BESONDERE BEDEUTUNG DER ELBE FÜR DRESDEN

Eine Stadt hat viele Gesichter. Doch wenn wir beispielsweise die Namen Paris, München oder Hamburg hören, erscheint vor unserem geistigen Auge meist nur ein Bild, welches das bisweilen mythische Wesen der Stadt verkörpert. Wie sieht das charakteristische Bild aus, wenn wir an Dresden denken? Die wohl am häufigsten publizierte Ansicht ist der Blick auf die Stadtsilhouette vom Neustädter Ufer aus, wie sie Bernado Bellotto, auch Canaletto genannt, festgehalten hat. Im Vordergrund fließt die Elbe, sie zeigt sich mit ihrem naturbelassenen Ufer. Es wachsen Bäume und Büsche, Menschen gehen ihren Beschäftigungen nach. Dann lenkt die berühmte Elbbrücke den Blick auf die Altstadt mit der Kuppel der Frauenkirche und den Türmen der Kreuzkirche, der Hofkirche und des Residenzschlosses. Johan Christian Clausen Dahl, ein norwegischer Maler, der seit 1818 in Dresden weilt, hält die romantisch verklärte Stadtansicht bei Mondschein fest.

Im Gedächtnis der Freunde Dresdens verdichtet sich der Canaletto-Blick nach und nach zum Synonym, zum Urbild der Stadt als Ganzes. Die Bombardierung im Februar 1945 und der Verlust vieler Ruinen während der DDR-Zeit führen nicht etwa zum langsamen Vergessen, sondern zu einer Überhöhung und Idealisierung dieses Gedächtnisbildes. Es entsteht das intensive Bedürfnis, das Urbild Dresdens wieder herzustellen. Das Fehlen des markantesten Bauwerks, der Frauenkirche mit ihrer „steinernen Glocke", wird als besonders schmerzlich empfunden. Dieser Schmerz verlangt nach Linderung. Nur so wird verständlich, warum man sich nach 1990 wie in keiner anderen Stadt dafür einsetzt, möglichst vieles von diesem mythischen Urbild wieder Realität werden zu lassen. Modernen Neubauten gegenüber ist man reserviert und möchte sie, wenn überhaupt, nur außerhalb der Altstadt sehen. Dresden ist nicht nur architektonisch eine zauberhafte Stadt – die faszinierende Landschaft des von der Elbe durchströmten Tals bietet zugleich eine großartige Bühne für sei-

Die Dresdner Altstadt vom rechten Elbufer unterhalb der Augustusbrücke aus gesehen, 2009

ne Bauten. Weiter südöstlich gräbt sich die Elbe über Jahrtausende tief in den Elbsandstein – ein wildromantisches Gebirge, welches Dichter, Musiker und Maler zu unnachahmlichen Werken inspiriert. Und nicht zuletzt ist der Sandstein aus diesem Gebirge das prägende Baumaterial der Dresdner Architektur. Folgen wir dem Strom der Elbe, treten die schroffen Sandsteinfelsen immer mehr zurück und ein großzügiges Tal zwischen sanften Hügeln öffnet sich. Die Hänge schützen das Tal, wirken dabei aber nicht einengend. Solch eine Landschaft lädt förmlich zur Besiedlung ein. Geruhsam fließt hier der Strom, eingebettet in ausgedehnte Uferwiesen. Dresden nimmt in diesem wundervollen Tal seit Jahrhunderten den in eleganten Schwüngen verlaufenden Elbstrom in seinem Zentrum auf. Der in Dresden geborene und aufgewachsene Schriftsteller Erich Kästner drückt das Wesen von Dresden so aus: „Die Vergangenheit und die Gegenwart lebten miteinander im Einklang. Eigentlich müsste es heißen: im Zweiklang. Und mit der Landschaft zusammen, mit der Elbe, den Brücken, den Hügelhängen, den Wäldern und mit den Gebirgen am Horizont, ergab sich sogar ein Dreiklang. Geschichte, Kunst und Natur schwebten über Stadt und Tal, vom Meißner Dom bis zum Großsedlitzer Schlosspark, wie ein von seiner eigenen Harmonie verzauberter Akkord."

Erst vor ungefähr 10 000 Jahren, mit dem Ende der letzten Eiszeit, entstehen die engen Durchbruchstäler im Elbsandsteingebirge und auch das Elbtal zwischen Pirna und Meißen. Es ist rund 40 Kilometer lang und 3 bis 5 Kilometer breit. In großzügigen Bögen verläuft die Elbe durch diese beeindruckende Landschaft. Einst zeigt sich die Talsohle durch häufige Überflutungen sumpfig, von zahlreichen Flussarmen und Bächen durchzogen. Es gibt viele Inseln und Sandbänke im Flusslauf, aber auch einige Hügel sind vorhanden. Doch nur vier Anhöhen im Gründungsgebiet Dresdens sind einigermaßen trocken:

1) Der Bereich des Neumarkts, dort steht schon vor der Stadtgründung der erste Vorgängerbau der Frauenkirche.
2) Das Gebiet rings um den Altmarkt, dem Zentrum der neu gegründeten Stadt.
3) Der Standort des Residenzschlosses an der Elbe.
4) Der Taschenberg, auf dem sich heute das Taschenbergpalais befindet.

Bernardo Bellotto: Dresden vom rechten Elbufer unterhalb der Augustusbrücke, 1748, Staatliche Kunstsammlungen Dresden, Gemäldegalerie Alte Meister

Johan Christian Clausen Dahl: Blick auf Dresden bei Vollmondschein, 1839, Staatliche Kunstsammlungen Dresden, Galerie Neue Meister

Bereits im altsorbischen Namen *Drežd'any* für die ursprüngliche Siedlung an der Frauenkirche wird die Prägung durch die Elbe deutlich – er bedeutet *Auwaldbewohner*. Doch die Anfänge Dresdens gehen vermutlich auf eine kleine Siedlung von Fernhändlern zurück. Sie wird deutlich später als die der sorbischen Fischer etwa um das Jahr 1100 links und rechts eines Fernwegs von Meißen/Wilsdruff nach Pirna und Böhmen angelegt. Östlich der Frauenkirche gibt es einen Abzweig durch eine Elbfurt nach Norden. Der mündet schließlich in die transkontinentale *Via Regia,* die Hohe Landstraße vom Rhein über die Messestadt Frankfurt über Fulda, Erfurt, Naumburg, die Messestadt Leipzig, Großenhain, Königsbrück, Kamenz, Bautzen und Görlitz bis nach Breslau in Schlesien. Dort führt ein Abzweig weiter bis nach Krakau. Eine Siedlung erscheint an diesem Abzweig trotz der gravierenden Nachteile des Geländes offenbar Erfolg versprechend.

Fernhändler unterstehen im Mittelalter nicht den örtlichen Feudalgewalten, da sie bei ihren Reisen verschiedene Herrschaftsgebiete durchqueren. Sie sind *königsfreie Leute* und direkt königlichem Recht unterstellt. Weil das Reisen übers Land gefährlich und beschwerlich ist, organisieren sich die Fernhändler schon damals genossenschaftlich – mit gleichen Rechten und Pflichten aller Mitglieder. Folgerichtig wird auch das Vermögen gemeinschaftlich verwaltet. Verschiedene soziale Gruppen haben im Mittelalter jeweils eigene Kirchen. So errichten die Fernhändler ihre Kirche am Altmarkt – obwohl ein paar hundert Meter weiter bereits seit Jahrzehnten die Frauenkirche steht. Anfangs ist sie dem Schutzheiligen der Fernhändler und Seefahrer, dem heiligen Nikolaus geweiht, doch im 14. Jahrhundert weiht man sie dem Heiligen Kreuz. 1142 gelangt das Elbtal zwischen Meißen und Pirna unter wettinische Herrschaft. Nun wird eine Burg nahe der Siedlung der Fernhändler gebaut – die Keimzelle des Residenzschlosses.

Parallel dazu wird eine Stadt nach dem für die deutsche Osterweiterung typischen Idealbild angelegt: Eine kreisrunde Befestigung mit vier Toren in den vier Himmelsrichtungen schützt die Stadt mit ihrem rechtwinkligen Straßennetz. Im Zentrum liegt ein quadratischer Marktplatz, an dem sich das Rathaus und die Kirche befinden. Das junge Dresden kommt diesem Idealbild schon recht nahe. Die unregelmäßig verlaufenden Straßen rechts oben im Stadtmodell deuten auf die frühere, noch nicht nach Plan angelegte Siedlung der Fernhändler hin. Hier schließt sich in Richtung Elbe die Frauenkirche mit ihrer ursprünglich sorbischen Siedlung an – damals liegt sie noch außerhalb der Festungsmauern. Zugang zur Kirche bietet das Frauentor in der Festungsmauer. Oben in der Mitte steht die Burg mit dem Georgentor am Brückenkopf der Elbbrücke. Links steht der Vorgänger der Sophienkirche im Franziskanerkloster – dem Areal des heutigen Taschenbergpalais. Auf der linken und unteren Seite des Altmarkts läuft der Kaitzbach, aus der Gegend um Bannewitz kommend, in einer offenen Rinne zur Elbe. Doch mit dem städtischen Wachstum verbannt man ihn in den Untergrund. Beispielsweise in Freiburg ist das Prinzip eines offenen Gewässers an den Straßen und Plätzen in modernisierter Form bis heute zu sehen, was der Stadt ein besonderes Flair verleiht – das auch der Dresdner Altstadt gut zu Gesicht stehen würde. Das erste Rathaus Dresdens steht seinerzeit direkt auf dem Altmarkt. Rechts unterhalb des Marktes ist die Kreuzkirche zu sehen.

Die Entdeckung und der Abbau von Silbererz im Raum Freiburg ab dem Jahr 1168 bringt Geld in die Kassen, nun kann auch der Bau einer Elbbrücke in Angriff genommen werden. Denn der beschwerliche Weg durch die Furt behindert den zunehmenden Handelsverkehr. Nun sind die wichtigsten „Zutaten" für den späteren Aufstieg Dresdens vorhan-

Stadtmodell von Dresden um 1525, kolorierte Umzeichnung durch Otto Richter um 1900

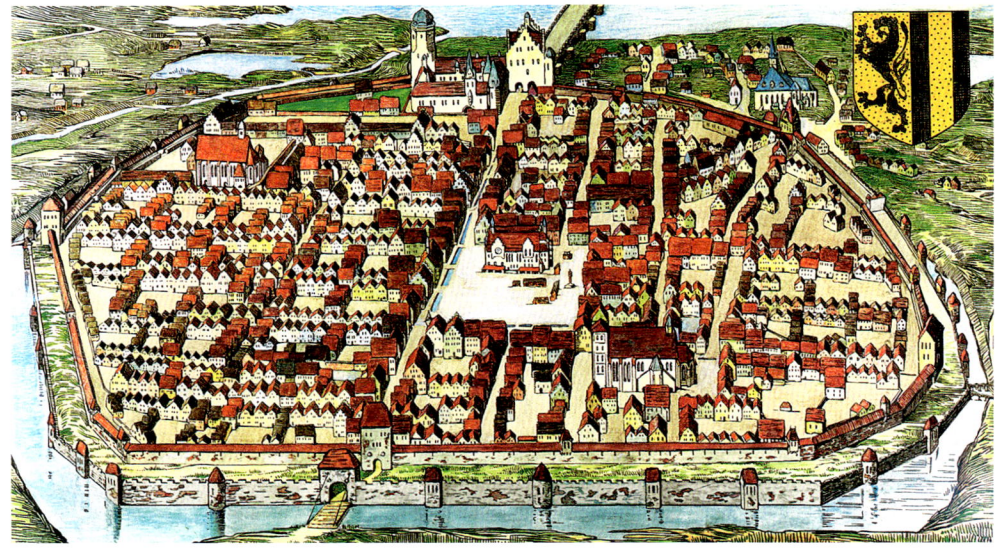

Ansicht von der Windmühle auf dem Hahneberge bis zur Dreikönigskirche, Kupferstich von F. Hogenberg aus G. Brauns „Civitates Orbis Terrarum" 1572, links die Altstadt mit ihren mächtigen Festungsmauern, rechts die Neustadt – noch ohne Befestigung, in der Mitte die berühmte Elbbrücke mit einem Zollhaus

Die Meißner Burg mit ihrem Dom auf dem dicht bebauten Bergsporn an der Elbe

den: die neue Stadt mit ihrer Befestigung, die Burg der lokalen Herrscher und die Elbbrücke – geschützt von den Wachmannschaften der Burg. Zwischen 1170 und 1230 ist Dresden eine Großbaustelle – sie wird durch Palisaden und einen Erdwall gesichert. Zeitgleich mit Dresden entstehen die Elbbrücke und die Burg. Die damalige Leistung beeindruckt selbst aus heutiger Sicht: das schwierige Gelände vermessen, aufteilen und bebaubar machen, Bauhandwerker anwerben und Baustoffe heranschaffen, das Baugeschehen koordinieren und überwachen – und nicht zuletzt die vielfältigen Bauvorhaben finanzieren. Zudem müssen die Bauleute mit Lebensmitteln versorgt und untergebracht werden. Schon früh wird das Stadtgebiet erweitert: bis 1370 um das Areal östlich der Kreuzkirche, bis 1529 um die Siedlung an der Frauenkirche, bis 1578 um den nordwestlichen Teil – das heutige Zwingerareal, und bis 1592 um die Brühlsche Terrasse bis ans Ufer der Elbe. Im 16. Jahrhundert entsteht die erste, massive Befestigung, sie wird bis ins 19. Jahrhundert ständig erweitert und verbessert.

Gegenüber der neu gegründeten Stadt liegt am Elbufer eine alte, slawische Siedlung – sie ist der Vorläufer der Inneren Neustadt. Etwa ab 1350 nennt man sie Altendresden. Schon 1549 werden auf Anordnung des Kurfürsten Altendresden und Dresden zu einer Stadt vereinigt, verbunden durch die berühmte Elbbrücke. Andere Metropolen an einem Flusslauf, beispielsweise Köln, Hamburg und Frankfurt, entwickeln sich aus Kernen an nur einer Flussseite. Erst deutlich später werden die gegenüberliegenden Seiten besiedelt. In Dresden jedoch bildet die Elbe bereits seit dem ausgehenden Mittelalter das Zentrum der Stadtlandschaft.

Die Stadtumgebung ist anfangs nur schwer passierbar, denn rings um das 600 Meter messende Rund der Stadtanlage befinden sich zahlreiche Altelbarme, die Flussläufe der Weißeritz und des Kaitzbachs sowie kleinere Seen. Einerseits bieten sie natürlichen Schutz gegen Angreifer, andererseits erschweren sie den Zugang zur Stadt. Landwirtschaft und Nutztierhaltung sind bei diesen Gegebenheiten kaum möglich. In der neuen Stadt wohnen deshalb hauptsächlich Fernhändler, Handwerker und Gewerbetreibende – hier liegen die frühesten Wurzeln des Stadtbürgertums. Denn anders als die Landwirtschaft sind Handwerk, Gewerbe und Handel eigenständige, von Grund und Boden und damit von feudalen Grundherren unabhängige Formen zum Erwerb des Lebensunterhalts. Im Mittelalter ist die zeitweise Anwesenheit des Herrschers in den Regionen seines Landes üblich, regiert wird über persönliche Beziehungen. Der Markgraf bereist sein Land, zeigt für ein paar Wochen Präsenz auf einer

Historischer Plan vom Dresdner Elbtal, Ausschnitt aus den Meilenblättern Sachsen (Berliner Exemplar), aufgenommen unter der Leitung von Friedrich Ludwig Aster in den Jahren 1780 bis 1806

Burg und festigt dabei die Kontakte zu seinen Vertrauten. Entlang der Elbe reihen sich mehrere Städte mit Burgen des Wettiner Herrscherhauses, zum Beispiel Pirna, Dohna, Dresden, Meißen, Torgau und Wittenberg. Die Wettiner streben seinerzeit auch den Besitz von Magdeburg an, allerdings ohne Erfolg. Erst nach der Einrichtung stabiler Verwaltungsstrukturen und Einführung der Geldwirtschaft kommt ein dauerhafter Regierungssitz mit zentraler Verwaltung des Landes in Betracht. 1485 wird Sachsen zwischen den bis dahin gemeinsam regierenden Wettiner Brüdern aufgeteilt. Der ältere Kurfürst Ernst nimmt die Aufteilung vor, der jüngere Herzog Albrecht wählt den „meißnischen" Teil und begründet die albertinische Linie. Ernst behält die Kurwürde und geht nach Torgau/Wittenberg – der Ausgangspunkt für die ernestinische Linie. Diese für das Land Sachsen fatale Teilung ist aber gleichzeitig der wohl wichtigste Anstoß für den späteren Aufstieg Dresdens. Vermutlich weil die Meißner Burg auf dem beengten Bergsporn schon damals keine Erweiterungsmöglichkeit mehr bietet, wählt Herzog Albrecht nämlich Dresden als seine neue Residenz.

Bis ins 19. Jahrhundert ist das Normalwasser der Elbe etwa hüfttief, dafür ist sie aber rund 250 Meter breit. Der dann folgende Ausbau für die Schifffahrt zieht die Beseitigung von Flussinseln und eine Vertiefung des Flussbetts nach sich. Nun ist die Elbe nur noch 110 Meter breit, dafür aber zwei bis drei Meter tief. Erst bei Hochwasser ab etwa 400 Zentimetern Pegel, wenn die Elbwiesen unter Wasser stehen und die Elbe bis an die Mauern der Brühlschen Terrasse heranreicht, können wir die einst wesentlich dominantere Wirkung der Elbe auf das Stadtbild nachempfinden. Die Ufer der „schmalen" Elbe werden mit groben Sandsteinen befestigt, um auch bei Hochwasser und Eisgang das Flussbett in Form zu halten. Während der über Jahrhunderte fortschreitenden Stadtentwicklung verschwinden alle Elbarme, sie werden trockengelegt und verfüllt. Die letzte große Verfüll-Aktion findet in den Jahren nach 1945 statt – da werden Schuttmassen aus der zerstörten Innenstadt in noch verbliebene Senken verbracht. Den Kaitzbach verrohrt man im Bereich der Kernstadt und verbannt ihn hier in den Untergrund. Deshalb ist die Kernstadt heute nahezu eben und – bis auf den Verlauf des Elbstroms –

nicht mehr mit der ursprünglichen Landschaft vergleichbar. Dresdens bedeutendster Zufluss zur Elbe, die Weißeritz, bekommt 1893 ein neues, künstlich angelegtes Flussbett. Doch beim verheerenden Hochwasser im August 2002 flutet die Elbe viele von der Bevölkerung längst vergessene Nebenarme und die Weißeritz nimmt wieder ihr altes Flussbett in Beschlag.

Neben ihrer bestimmenden Rolle für die geologische Entwicklung des Elbtals hat die Elbe eine nicht zu überschätzende Bedeutung für Dresden als Stadt, sie geht weit über die von Flüssen in anderen Großstädten hinaus. Auf rund 30 Kilometern Länge schlängelt sich die Elbe ungehindert durch das heutige Stadtgebiet. Wohl alle europäischen Großstädte an einem Fluss errichten Mauern und Dämme, um Platz für Gebäude zu gewinnen und den Verkehr über Uferstraßen zu leiten. Dresden hingegen leistet sich den Luxus von 2 500 Hektar grüner Elbauen. Nur im unmittelbaren Stadtzentrum gibt es eine Ufermauer – und das auch nur am linken Elbufer. Die Mauer geht auf die spätmittelalterliche Festungsanlage zurück. Im 18. Jahrhundert wird der Schlossplatz in das Flussbett angeschüttet und im 19. Jahrhundert

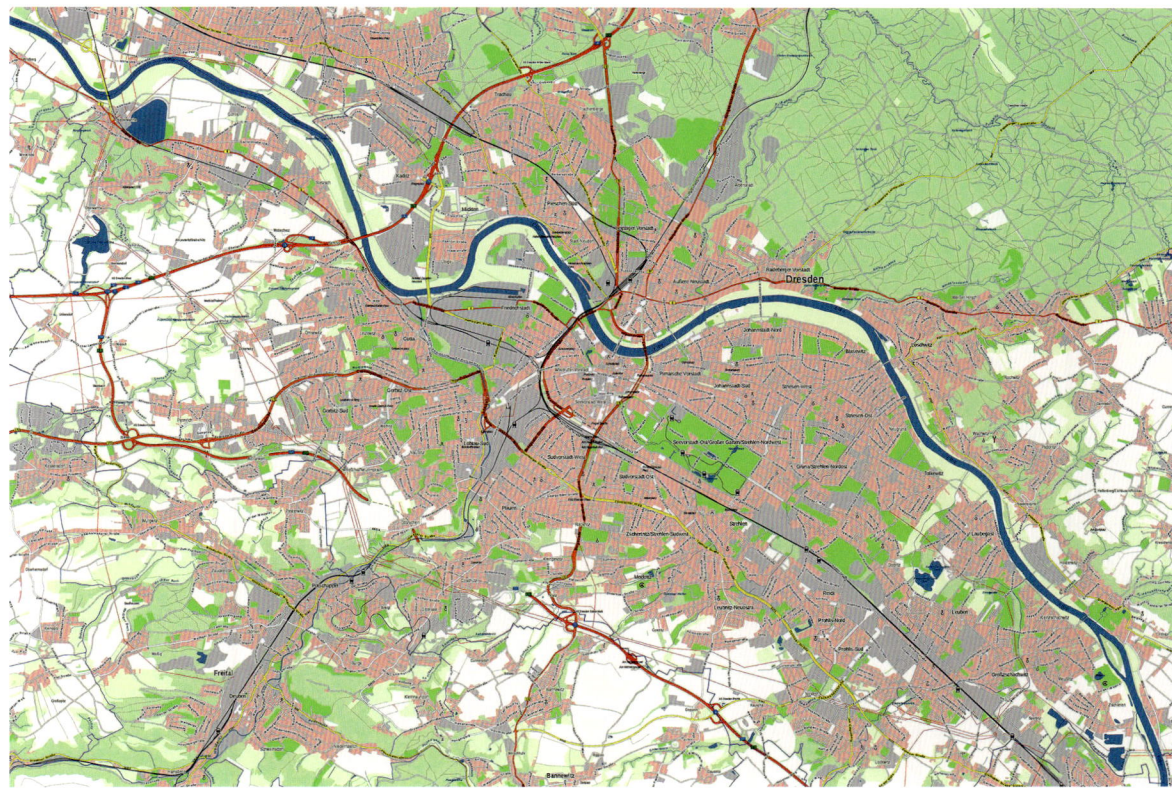

Der aktuelle Stadtplan mit gleichem Ausschnitt

ein Ausschiffungsplatz am Kleinen Ostragehege geschaffen. Gegenüber, auf der Neustädter Seite, breiten sich auch im Stadtzentrum die Uferwiesen aus. Vom Eintritt der Elbe in das heutige Stadtgebiet verlaufen sie durchgängig bis nach Niederwartha, wo die Elbe Dresden wieder verlässt.

Man hofft, mit der wiederaufgebauten Frauenkirche in die *UNESCO-Welterbeliste* aufgenommen zu werden. Doch die Chancen stehen schlecht, die Kirche wird nicht als „original erhalten" akzeptiert. Eine Alternative ist die gesamte, historisch gewachsene Fluss- und Kulturlandschaft des Dresdner Elbtals. Dieses wird 2004 von der UNESCO auf einer Länge von rund 20 Kilometern von der südöstlichen Stadtgrenze bis zum Elbbogen bei Übigau in die Welterbeliste als „... sich weiterentwickelnde Kulturlandschaft von außerordentlichem und universellem Wert und hoher Authentizität" aufgenommen. Zu diesem Welterbe gehört also nicht nur die Elbe mit ihren unter Natur- und Landschaftsschutz stehenden Uferbereichen, sondern auch zahlreiche Bauwerke und Ensembles, außerdem die über Jahrhunderte zusammengetragenen Schätze der Dresdner Kunstsammlungen und die lebendigen Traditionen in Musik und bildender Kunst – also der gesamte Umfang dieser einmaligen Kulturlandschaft. Hier eine stichpunktartige Aufzählung der wichtigsten Landschaften, Dorfkerne, Bauwerke und Objekte:

- Söbrigen, der Borsberg, Pillnitz mit Lustschloss und Weinbergkirche, die Elbinsel, Hosterwitz mit Maria am Wasser, Laubegast mit Schiffswerft und Villa Hartmann, Niederpoyritz, Wachwitz mit Schloss und Fernsehturm.
- Der Elbhang zwischen Blauem Wunder und der Kernstadt; Blasewitz mit Schillerplatz, Villa Marie und Waldpark; Loschwitz mit Kirche; die Elbschlösser, das Wasserwerk Saloppe, der Rosengarten, die Albertbrücke.
- Der Neustädter Markt mit Goldenem Reiter und Blockhaus; die Staatskanzlei, das Japanische Palais, die Augustus- und die Marienbrücke.
- Die Synagoge, das Kurländer Palais und das Albertinum; die Brühlsche Terrasse mit Bärenzwinger, Kunstakademie und Sekundogenitur; der Schlossplatz mit Residenzschloss, Georgentor, Stallhof und Fürstenzug, der Hofkirche und dem neuen Ständehaus; der Neumarkt mit Frauenkirche, Coselpalais und Johanneum; der Theaterplatz mit Semperoper, Zwinger, Altstädter Wache, Taschenbergpalais und Cholerabrunnen.
- Die Wilsdruffer Vorstadt mit Erlweinspeicher; das Ostragehege; Pieschen, Mickten und Übigau mit Schloss.
- Spezielle Objekte wie die Staatlichen Kunstsammlungen, die Sächsische Dampfschifffahrt sowie die Standseil- und die Schwebebahn.

Wie es nur fünf Jahre später zur Aberkennung des Welterbetitels kommt, ist im Kapitel *Die Saloppe, die Stasi und das Waldschlösschen* beschrieben.

Vergleicht man den heutigen Verlauf der Elbe im Stadtgebiet zum Beispiel mit der Landaufnahme in den Jahren 1780–1825, so fallen trotz aller Maßnahmen für die Schifffahrt und für den Bau der Großstadt keine gravierenden Änderungen auf – ihr grundsätzlicher Verlauf ist nahezu unverändert. Allerdings ist die Elbe einst etwa doppelt so breit wie auf dem aktuellen Stadtplan. Und im Dresdner Stadtgebiet gibt es nur noch die Pillnitzer Elbinsel, alle anderen Inseln sind verschwunden.

Blick vom Waldschlösschenareal auf die Stadt. In der Bildmitte quert die Albertbrücke die Elbe. Links steht der Turm der Kreuzkirche, mittig die Kuppel der Frauenkirche und rechts lugt der Schlossturm hinter der Sächsischen Staatskanzlei hervor.

Die Elbauen bieten Lebensraum für Pflanzen und Tiere und sind auch für das städtische Klima wichtig. Denn sie sorgen für Luftaustausch, bringen Kühlung im Sommer und reinigen die Luft. Den Stadtbewohnern bieten sie außerdem großzügig Raum für Erholung, Sport und Spiel. Auch als Überschwemmungsgebiet bei Hochwasser sind die Elbauen von Nutzen. Wander- und Radwege entlang der Elbe dienen der umweltfreundlichen Fortbewegung. Schafe, Kühe und Pferde weiden auf den Elbwiesen, Bauern ernten das Heu. Nicht zuletzt sind es die Elbauen, die das berühmte Stadtbild prägen und unverwechselbar machen. Beispielsweise bietet sich ein faszinierender Blick vom rechtselbischen Waldschlösschenareal auf die Altstadt, der durch die breiten Uferwiesen und den ruhig dahinfließenden Elbstrom vor der Stadtsilhouette unvergleichlich ist. Die Landesregierung und die Stadtoberen beschließen 1873, die breiten Uferbereiche und die Elbwiesen dauerhaft von jeglicher Bebauung freizuhalten. Schon ein Zitat aus der Bauordnung von 1827 verdeutlicht die Einstellung der Dresdner: „Niemand darf der öffentlichen Sicherheit, Wohlfahrt und Zierde hiesiger Stadt zum Nachteil bauen".

Die Schauseite europäischer Städte befindet sich meist am Marktplatz mit dem Rathaus und der Stadtkirche. Doch Dresdens berühmte Schauseite ist die Stadtsilhouette an der Elbe – vergleichbar mit Venedig und seiner Öffnung zum Wasser hin. Das Konzept geht auf die Zeit Augusts des Starken zurück. Als Zwanzigjährigen schickt ihn sein Vater auf eine Bildungsreise durch Europa. Neben Madrid, Lissabon, Paris, Rom und Florenz beeindruckt insbesondere Venedig den künftigen Herrscher – Venedig gilt ihm fortan als Ideal einer Stadt am Fluss. Wie der Canale Grande soll der Elbstrom untrennbarer Bestandteil des Stadtbildes werden. Doch im Unterschied zu Venedig, dessen Bebauung ohne begrünte Uferstreifen bis an das Wasser heranreicht, spielt die Natur im Dresdner Elbtal eine wesentlich größere Rolle: Dresden ist in ein von der Elbe durchflossenes Gartenreich eingebettet.

Der Kurfürst von Sachsen und König von Polen bestimmt mit seinem prunkvollen Hof, den märchenhaft ausschweifenden Festlichkeiten und den zahlreichen Bauvorhaben die Geschicke des Landes und der Stadt. So verschmelzen Herrscher, Residenz und Festkultur zu einer Einheit, zu einem barocken Gesamtkunstwerk. Er lässt seine Residenzstadt – umgeben von Schlössern, Lustgärten und Palais, verbunden durch den Strom der Elbe – zu einer märchenhaften Sinfonie aus Architektur, Fluss und Landschaft gestalten. In und um Dresden werden Palais und Schlösser neu- oder ausgebaut, darunter das Japanische Palais, Schloss Übigau und das Lustschloss Pillnitz. August der Starke be-

Die Rote *Tritonengondel* von Kurfürst Friedrich August III aus der Zeit um 1800

zieht den Elbstrom bewusst in die Gestaltung ein, indem er die an der Elbe liegenden Prachtbauten konsequent zum Fluss hin ausrichten lässt. Betont wird dies durch großzügige Freitreppen zum Elbufer. Dieser venezianisch inspirierte Gestaltungswille wirkt bis heute fort – nicht zuletzt deshalb erhält das Dresdner Elbtal 2004 den begehrten Welterbe-Titel.

Zu festlichen Anlässen verkehren damals venezianischen Vorbildern nachempfundene Gondeln zwischen den Schlössern und Palais. Nur Mitglieder des Hofes, mit fantasievollen Kostümen im venezianischen Stil gekleidet, dürfen die Gondeln nutzen. Dabei treten natürlich auch stilgerechte Gondolieri auf. Eine solche Gondel ist im Park vom Lustschloss Pillnitz ausgestellt.

Auch in der Gründerzeit, der Zeit des schnellen Wachstums der Großstadt, bleibt man sich der einmaligen Schönheit Dresdens bewusst. Zwar gibt es immer wieder Bestrebungen, die Elbe nach Pariser Vorbild beidseitig mit Hochuferstraßen einzufassen und somit wertvolles Bauland zu gewinnen. Dies geschieht seinerzeit in nahezu allen größeren europäischen Städten an einem Fluss und entspricht dem Zeitgeist, der von der Beherrschbarkeit der Natur durch moderne Technik geprägt ist. Doch in Dresden geht es nicht in erster Linie um Modernisierung, sondern um den Erhalt der berühmten Stadtansicht. Vor dem Ersten Weltkrieg versuchen Spekulanten erneut, das weiträumige Ufergebiet – insbesondere am Waldschlösschen – als Bauland zu gewinnen. Dem schiebt die Stadt einen Riegel vor und kauft das gesamte Areal auf, um es dauerhaft vor Bebauung zu schützen. Doch während selbst nach der Machtergreifung der Nazis die einmalige Schönheit der Elbansicht Dresdens geachtet und weiterentwickelt wird – beispielsweise durch die Gestaltung der Neustädter Seite in Form des Königsufers –, schwindet dieses Bewusstsein während der DDR-Zeit. Man errichtet überall im Stadtgebiet und selbst in Elbnähe gesichtslose Plattenbauhochhäuser. Letztere versperren häufig den Blick auf die Höhenzüge und auch den Blick von außerhalb auf die Stadt. Nach 1990 verschwindet bisher nur ein Teil der besonders krassen Bausünden.

In den folgenden Kapiteln geht es zunächst um die Elbe. Dann folgen wir ihrem Verlauf vom Eintritt in das heutige Dresdner Stadtgebiet im Südosten bis zu der Stelle im Nordwesten, wo sie Dresden wieder verlässt. Durch welche Landschaftsformationen schlängelt sich hier die Elbe und welche Zuflüsse münden in den Strom? An welchen Siedlungen und Bauwerken fließt sie vorbei? Über welche Brücken und Fähren lässt sich der Fluss queren? Das wollen wir erkunden.

DIE BESONDERE BEDEUTUNG DER ELBE FÜR DRESDEN

DIE ELBE – EIN PORTRÄT

Der Name *Elbe* leitet sich vom germanischen *albia* oder dem antiken, griechisch-römischen *albis* ab, was *weißes* oder *helles Wasser* bedeutet. Im tschechischen Riesengebirge entspringt nahe der polnischen Grenze die *Labe* (Elbe) auf einem Gebirgssattel oberhalb des Ortes *Špindlerův Mlýn* (Spindlermühle). Das Quellgebiet liegt in 1 386 Metern Höhe, aber die Quelle selbst lässt sich nicht eindeutig definieren. Denn hier entspringen gleich mehrere Bäche, welche weiter unterhalb alle in die Elbe münden. Mal fließt der eine Bach stärker, mal ein anderer. Man einigt sich auf eine Quelle und fasst diese mit Steinen ein – offensichtlich sind solche naturgegebenen Ungenauigkeiten nicht nach dem Geschmack der Menschen. Etwa einen Kilometer von der Quelle entfernt stürzt der junge Fluss 40 Meter tief in ein felsiges Tal. Auch danach geht es recht steil abwärts: In nur sieben Kilometern Flusslauf verliert die Elbe die Hälfte ihrer Höhe. Dann folgt sie dem südlichen Rand des Riesengebirges und macht einen weiten Bogen durch das Böhmische Becken. Nahe der Stadt *Mělník* (Melnik) mündet die *Vltava* (Moldau) in die Elbe. Eigentlich bestimmt der bis zur Einmündung längere Fluss oder der Fluss mit der größeren Wassermenge oder der Fluss mit dem größeren Einzugsgebiet den Namen des vereinigten Gewässers. Die Moldau legt bis zu ihrer Einmündung rund 430 Kilometer zurück, die Elbe nur etwa 240. Und auch in den beiden anderen Kategorien hat die Moldau die Nase vorn. Deshalb liegen Dresden, Magdeburg und Hamburg – wie die Stadt Prag – eigentlich an der Moldau. Die rund 2 000 Jahre alte römische Landkarte *Magna Germanica* hingegen weist die heutige Moldau als den Oberlauf der Elbe aus. Also liegt Prag, zumindest nach römisch-antiker Sicht, an der Elbe. Warum die Bezeichnung der beiden Flüsse von der Regel abweicht, ist nicht mehr nachvollziehbar.

Die Elbe nimmt letztendlich alle Niederschläge im Böhmischen Becken auf, bevor sie durch ein recht enges Tor nach Norden abfließt. Dieser Durchbruch, auch *Porta Bohemica* genannt, liegt nahe der Stadt *Libochovany* und ist nicht mal einen Kilometer breit. Vor einigen tausend Jahren ist er noch deutlich enger, doch bei jedem Hochwasser „hobeln" mitgeführte Steine, Eis und Geröll die überwiegend aus Basalt bestehenden Wände weiter ab. Die nächste Hürde auf dem Weg zur Nordsee ist das Elbsandsteingebirge. Vor 100 Millionen Jahren befindet sich hier ein Meer. Der Sand des Meeresbodens verfestigt sich und das Land beginnt sich zu heben. Dabei spielen vulkanische Aktivitäten eine große Rolle. Im Elbsandsteingebirge findet man deshalb nicht nur Sandstein, sondern auch Basalt vulkanischen Ursprungs – beispielsweise am Großen Winterberg. Schon damals entstehen zahlreiche Klüfte im Sandstein – jeweils an Stellen mit geringerer Härte und Dichte, weil diese schneller erodieren. Schließlich nutzt die Elbe eine dieser Klüfte als Abfluss, der sich rund 40 Kilometer durch das Elbsandsteingebirge zieht. Heute besitzt die Elbe an der Grenze zwischen Tschechien und Deutschland, nach einer Fließstrecke von 370 Kilometern, nur noch eine Höhe von 116 Metern. Dieser Höhenunterschied muss für die restlichen rund 730 Kilometer bis zur Nordsee reichen. Der Charakter der Elbe wandelt sich schon im ersten Viertel ihres Verlaufs von einem wilden Gebirgsbach über einen schnell fließenden Fluss hin zu einem sanft dahingleitenden Strom.

Der touristisch werbewirksame Name *Sächsische Schweiz* ist eine Erfindung der Schweizer Maler Anton Graff und Adrian Zingg. Ab 1766 lehren und arbeiten die beiden an der Dresdner Akademie. Bei ihren Wanderungen durch die wildromantisch zerklüfteten Felsformationen des Elbsandsteingebirges werden sie derart fasziniert, dass sie es *Sächsische Schweiz* nennen. Heute unterscheidet man die *Sächsische Schweiz* auf der deutschen und die *Böhmische Schweiz* auf der tschechischen Seite. Seit 1990 stehen Gebiete mit einer Gesamtfläche von 93 Quadratkilometern unter dem Schutzstatus *Nationalpark Sächsische Schweiz*. Auch in Tschechien gibt es ähnliche Schutzgebiete. Im Raum Pirna werden die Sandsteinfelsen niedriger, danach beginnt das *Dresdner Elbtal*, das bis nach Meißen reicht. In seiner Region leben rund eine Million Menschen. Zwischen Meißen und Riesa endet das Gebiet der *Oberelbe*, es folgen ausgedehnte Tieflandgebiete. Auf den Bereich *Mittelelbe*, der bis kurz hinter Magdeburg reicht, folgt die *Elbtalniederung*, sie reicht bis kurz vor Hamburg. Die daran anschließende *Unterelbe* wird bereits von den Gezeiten der Nordsee beeinflusst. Im Mündungsbereich nahe Cuxhaven fächert sich der Elbstrom auf ein Delta von rund 15 Kilometern Breite auf. Hier transportiert die Elbe Wasser aus einem Einzugsgebiet von rund 150 000 Quadratkilometern – es ist etwa doppelt so groß wie Bayern und wird von 26 Millionen Menschen bewohnt.

Wie bei jedem Fluss bleibt auch die Länge der Elbe über die Jahrtausende nicht konstant. Beispielsweise nimmt sie bei einem mächtigen Hochwasser Abkürzungen, indem Landstücke zwischen Flussschleifen überflutet werden. Die Abschnitte werden zu Altarmen. Es bilden sich aber auch neue Flussschleifen, denn die Strömung trägt in Kurven jeweils das äußere Ufer ab, wird dann mit Schwung an das gegenüberliegende Ufer geführt und trägt dort das Material ab. Die Mäanderbildung lässt sich an fast allen Flussläufen beobachten. Sie hängt natürlich stark vom Material der Ufer und der örtlichen Strömungsgeschwindigkeit ab. Zuflüsse bringen ihrerseits Material in den Flusslauf ein, so dass Schwemmkegel entstehen – ein weiterer Grund für die Bildung von Flussschleifen. Mit der industriellen Revolution kommt der Mensch ins Spiel, auch er verändert den Flusslauf. Es werden zahlreiche Maßnahmen zur Verbesserung der Schiffbarkeit vorgenommen – darunter Flussbegradigungen, die den Fluss verkürzen.

▲ Die Elbe am Fuß der Sandsteinfelsen beim Kurort Rathen   ▼ Die Elbe unterhalb der Bastei in der Sächsischen Schweiz. Weiter hinten ist die Stadt Wehlen am Ufer zu sehen.

DIE ELBSCHIFFFAHRT

Seit der Besiedlung des oberen Elbtals wird die Elbe für Transport- und Reisezwecke genutzt. Insbesondere das in den Wäldern des Elbsandsteingebirges und im Böhmerwald geschlagene Holz bringt man zur Elbe, stellt es zu Flößen zusammen und transportiert diese zu den Abnehmern bis hin nach Hamburg. Auf der Oberelbe endet die Flößerei erst 1948. Ein weiterer wichtiger Rohstoff aus dem Gebirge ist Sandstein. Ohne Elbsandstein ist die barocke Pracht Dresdens mit dem Zwinger, der Hofkirche, dem Residenzschloss, der Frauenkirche, der Brühlschen Terrasse und den zahlreichen Palais nicht denkbar. Nicht nur in Dresden, der Stadt der Sandsteinarchitektur schlechthin, ist er begehrt. Aus Elbsandstein wird zwischen 1006 und 1410 der Meißner Dom errichtet, ebenso der Magdeburger Dom zwischen 1207 und 1363, das barocke Schloss Sanssouci in Potsdam bis 1842 und das 1886–97 erbaute Rathaus in Hamburg mit seinem 112 Meter hohen Turm. Sogar beim 1789–93 erbauten Brandenburger Tor in Berlin kommt er zum Einsatz. Die wichtigsten Steinbrüche gibt es in Postelwitz, Rathen und Wehlen. Postelwitzer Sandstein ist besonders feinkörnig und fest. Er kommt für statisch stark beanspruchte Bauteile in Betracht, zum Beispiel für die acht Pfeiler in der Frauenkirche. Im Steinbruch bricht man die Steine nach Vorgabe der Auftraggeber und verlädt sie auf Schiffe oder floßartige Konstruktionen. Wie bei der Flößerei hilft die Strömung, die schwere Last an ihren Bestimmungsort zu bringen.

Schon im 13. Jahrhundert betreibt man, ausgehend von der Hanse, intensiven Handel mittels Elbschiffen. Damals sind Salz und

Der Treidelpfad am Hosterwitzer Ufer

Gewürze sowie Tuche beliebte Handelsgüter. Später werden auch Getreide und Erze verschifft. Doch Klippen, Stromschnellen und Flussinseln sowie Eisgang, Treibgut und stark schwankende Wasserpegel bereiten den Schiffern Probleme. Im 18. Jahrhundert beginnen erste Maßnahmen zur Verbesserung der Schiffbarkeit, die dann mit Einführung der Dampfschifffahrt deutlich verstärkt werden. Bis dahin müssen die Schiffe flussaufwärts meist gezogen werden, denn nur in Ausnahmefällen ist Segeln möglich. Lange Seile reichen vom Schiff bis ans Ufer und auf mehr oder weniger befestigten Pfaden ziehen Pferde, Ochsen oder starke Männer die Lasten die Elbe hinauf. Bomätscher nennt man in Sachsen die kräftigen, rauen Kerle, welche die Schiffe vom Treidelpfad aus ziehen. Manchmal werden auch Seile weiter flussaufwärts am Ufer befestigt und die Bootsmannschaft muss das Schiff selbst gegen den Strom ziehen. Trotz aller Beschwernisse ist solch ein Transport wesentlich einfacher durchzuführen als mit Ochsenkarren auf den damals nicht gerade gut befestigten Straßen.

1807 wird in den USA erstmals eine Dampfmaschine als Schiffsantrieb genutzt. Ab 1818 verkehren erste Dampfschiffe auch zwischen Hamburg und Magdeburg. Der Wiener Kongress beschließt 1815 die Freiheit der Schifffahrt auf den großen europäischen Flüssen. Nun ist die Elbe von der Moldaumündung bis in die Nordsee frei für Schiffe aller Anrainerstaaten. Mit der Elbschifffahrtsakte von 1821 und einer weiteren Akte 1844 folgen verbindliche Regelwerke zur Verbesserung der Schiffbarkeit. Ufer werden befestigt, Untiefen beseitigt und enge Flussschleifen begradigt. Parallel dazu entwickeln sich die technischen Möglichkeiten der Schifffahrt weiter. Im Dresdner Raum ist es der Zuckersiedereibesitzer Heinrich Wilhelm Calberla, der den Bau eines Dampfschiffs initiiert. Im Winter 1834/35 fährt es erstmals die rund 560 Kilometer lange Strecke von Hamburg nach Dresden – mit zwei Kähnen im Schlepp, die 1 000 Zentner Rohzucker geladen haben. 1836 gründet sich die *Sächsische Elbdampfschiffahrts-Gesellschaft AG*. Der geniale sächsische Ingenieur Andreas Schubert wird als Technischer Leiter berufen und beauftragt, drei Dampfschiffe für den Personenverkehr zu bauen. Es sind so genannte Seitenraddampfer, die sich durch einen sehr geringen Tiefgang auszeichnen. Die *Königin Maria* und die *Prinz Albert* montiert man auf einem provisorischen Platz an der Dresdner Vogelwiese, die *Dresden* unter Leitung des Schiffbauingenieurs Ernst Möhring im *Dresdner Actien-Maschinenbauverein Übigau* direkt neben dem Übigauer Schloss. 1837 beginnt die regelmäßige Dampfschifffahrt

Frühmorgens schlafen die Schiffe am Terrassenufer

Uferkran vor der Übigauer Werft

auf der Oberelbe, 1841 legt erstmals ein Dampfschiff mit dem Namen *Bohemia* die Strecke zwischen Melnik und Dresden zurück. Ab 1842 vertieft man die Fahrrinne mit Hilfe spezieller Dampfbagger, um auch bei Niedrigwasser die Schiffbarkeit zu gewährleisten. Im Geschäftsbericht von 1901 werden knapp 3,5 Millionen Passagiere aufgeführt und 36 Dampfschiffe im Eigentum der Elbdampfschifffahrts-Gesellschaft verzeichnet – ein voller Erfolg. Der Schwerpunkt liegt auf der Personenbeförderung, dafür ist ein Ausschiffungsplatz in Stadtnähe wichtig. Der wird 1910 an der Brühlschen Terrasse gewählt. Bis heute befinden sich hier die Liegeplätze der Personendampfer, die inzwischen selbstverständlicher Bestandteil des Dresdner Stadtbildes sind. Aber auch der Massentransport von Gütern auf der Elbe soll attraktiver werden – insbesondere braucht die fortschreitende industrielle Revolution Kohle und Erze. Die damaligen Raddampfer sind aber für Schleppaufgaben zu schwach.

Deshalb kommt eine bereits in Frankreich erprobte Technik zum Einsatz: Ein eiserner Schleppdampfer, der mehrere Kähne ziehen kann, hat an Bord eine leistungsfähige Dampfwinde. Im Flussbett liegt eine robuste Stahlgliederkette. Am Bug kommt die Kette auf Deck, die Dampfwinde zieht das Schiff entlang der Kette und am Heck sinkt sie wieder ins Flussbett. Das ist wie beim Treideln mit einem am Ufer befestigten Seil – doch hier zieht die Dampfwinde das Schiff mit Hilfe der Stahlgliederkette. Im Gegensatz zum Treideln machen Kettenschleppschiffe gehörigen Lärm und stoßen Unmengen von Rauch aus. 1869 nimmt die *Kettenschleppschiffahrts-Gesellschaft AG* ihren Betrieb auf einer 50 Kilometer langen Teilstrecke zwischen Loschwitz und Merschwitz hinter Meißen auf. Für die Kettenschleppschiffe wird die Übigauer Werft genutzt, am Ufer vor der Werft steht heute noch ein Kran. In den 1880ern erreicht die Kettenschleppschiffahrt ihren Höhepunkt. Die im Flussbett liegende Kette ist auf deutschem Gebiet 620 Kilometer lang. Doch sie muss ständig gewartet werden und auch die Schiffsbegegnungen laufen, wegen des dabei erforderlichen Wechsels der Kette, recht umständlich ab. Weil herkömmliche Dampfer inzwischen deutlich leistungsstärker und effizienter sind als Ende der 1860er, gerät die Kettenschleppschiffahrt mehr und mehr ins Hintertreffen. Nach dem Ersten Weltkrieg fahren ihre Schiffe nur noch auf wenigen Teilstrecken und nach dem Zweiten Weltkrieg endet dieses kuriose Kapitel Technikgeschichte.

Während und nach dem Ersten Weltkrieg geht die Elbschifffahrt insgesamt zurück. Zudem gelten nun strenge Grenzkontrollen zwischen Deutschland und Böhmen, was den Personenverkehr behindert. Trotzdem modernisiert man die Flotte in den 1920er

Die Flottenparade am Abend des 23. Mai 2019

Jahren. Bei Touristen sind die neuen Oberdecks beliebt, einige verfügen gar über Salons. Alle Dampfschiffe erhalten einen einheitlichen weiß-grünen Anstrich, wobei die Farbe Weiß dominiert – die Dampfer bilden die *Weiße Flotte*. Während des Zweiten Weltkriegs geht die Personenbeförderung erneut zurück – Juden ist die Mitfahrt schon seit dem Machtantritt der Nazis generell verboten. Im Krieg nutzt man die Flotte verstärkt für Transportzwecke, beispielsweise für Lebensmittel aus dem okkupierten Böhmen. In der Endphase des Krieges werden einige Dampfer mit Tarnanstrich versehen und bei der Evakuierung ausgebombter Familien – vor allem aus Hamburg – genutzt. 1945 sind zahlreiche Dampfer zerstört, versenkt, beschädigt oder an Liegeplätze außerhalb Deutschlands verbracht. Von ehemals 27 Dampfern sind nur noch acht im Dienst. Eine durchgängige Schifffahrt auf der Oberelbe ist nicht möglich, da viele Brücken gesprengt sind und ihre Trümmer im Flussbett liegen. Der noch funktionsfähige Dampfer *Diesbar* dient nun als innerstädtische Fähre. Nach und nach versucht man, gesunkene und beschädigte Dampfer wieder flottzumachen. 1948 wird die *Sächsisch-Böhmische Dampfschiffahrts-Gesellschaft* mit 16 Raddampfern in einen volkseigenen Betrieb umgewandelt und firmiert danach unter verschiedenen Bezeichnungen. Ab 1967 heißt sie *Weiße Flotte VEB Fahrgastschiffahrt Dresden*. Ähnlich wie zahlreiche Straßen bekommen während der DDR-Zeit auch die Dampfer neue Namen. Die historischen Raddampfer stehen inzwischen unter Denkmalschutz und werden von engagierten Schiffsfreunden betriebsbereit gehalten. Neun heute noch fahrende Dampfschiffe bilden die älteste Seitenraddampferflotte der Welt. Die Flotte wird 1994 um zwei große, moderne Salonschiffe ergänzt, auch ein kleines Motorschiff aus dem Jahr 1987 gehört dazu.

FISCHFANG, MÜHLEN, WASSERVERSORGUNG UND BADEVERGNÜGEN

Schon immer nutzen Menschen die Elbe zum Fischen. Insbesondere Hecht, Zander, Karpfen, Aal, Wels, Lachs und Stör werden gefangen. Über lange Zeit ist die Elbe auch Energielieferant. Entlang des Stroms und vor allem entlang seiner Zuflüsse reihen sich bis zum Anfang des 20. Jahrhunderts zahlreiche Mühlen zum Mahlen von Getreide, Sägen von Holz, Zerkleinern von Erzen, Pressen von Öl aus Früchten, Polieren von Oberflächen, Bohren von Kanonen und Sandstein-Wasserrohren sowie für zahlreiche andere Aufgaben, die mechanischen Antrieb erfordern. Die Erfindung der Dampfmaschine, des Verbrennungsmotors und der Elektrizität führen zum schrittweisen Verschwinden der umweltfreundlichen Wassermühlen. An der Elbe selbst gibt es seit dem 15. Jahrhundert so genannte Schiffsmühlen. Sie haben ein Schaufelrad, das hier aber nicht als Schiffsantrieb dient. Da diese Schiffe am Ufer vertäut sind, wird das Schaufelrad vom vorbeiströmenden Wasser angetrieben. Mit dem Pegelstand der Elbe steigen und fal-

Ein Stück der historischen Sandstein-Wasserleitung vor dem Bärenzwinger der Brühlschen Terrasse

len die Schiffsmühlen und sind somit nicht so abhängig vom Wasserangebot wie stationäre Mühlen an den Zuflüssen. Außerdem wären herkömmliche Mühlen an der Elbe ungeeignet. Denn die Elbe strömt mit ihrem geringen Gefälle wesentlich langsamer als ihre Zuflüsse. Das Anwachsen der Elbschifffahrt läutet um 1860 das Ende der Schiffsmühlen ein, da sie die Fahrspur zu stark einengen.

Die junge Stadt bezieht ihr Trinkwasser anfangs aus den Zuflüssen zur Elbe. Beispielsweise wird mit Hilfe hölzerner Röhren Wasser aus der Weißeritz vom Plauenschen Grund bis zu den Brunnen Dresdens geleitet. Später ersetzt man die Röhren erst durch gebohrte Sandsteinblöcke, und dann durch gusseiserne Leitungen. Die erste Sandstein-Wasserleitung Dresdens entsteht 1841–63 und hat eine Gesamtlänge von 67 Kilometern. Geplant wird sie von Rudolf Blochmann, dem Gründer des Vorläufers der heutigen TU Dresden. Die Einzugsgebiete der Zuflüsse sind seinerzeit nur dünn besiedelt, Industrie gibt es kaum. Deshalb hat das Wasser eine hohe Qualität. Mit dem Anwachsen der Bevölkerung reicht diese Art der Wasserversorgung bald nicht mehr aus. Nun werden städtische Wasserwerke errichtet, die über Brunnen im Uferbereich der Elbe Wasser gewinnen.

Im Mittelalter hat jedes Haus eine Grube, in der Fäkalien und Abfälle landen. Doch das führt auf Dauer zur Verschmutzung des Grundwassers. Auf diesem Weg breiten sich außerdem Krankheiten und Seuchen aus. Gegen Ende des 16. Jahrhunderts wird eine Kanalisation eingerichtet, welche die Abwässer zunächst ungeklärt in die Elbe leitet. Nach und nach entsteht ein Abwassernetz, das sämtliche Abwässer aufnimmt und ab 1910 zum städtischen Klärwerk Kaditz leitet. Eine weitere wichtige Funktion des Wassers ist die Bekämpfung von Bränden, die mangels geeigneter Brandschutzeinrichtungen früher recht häufig auftreten. So achtet man darauf, in der Nähe von Häusern möglichst schnell einen See, einen Bachlauf oder die Elbe erreichen zu können.

Im 19. Jahrhundert kommen Flussbäder in Mode. Durch diese schwimmenden, nach Geschlechtern getrennten Badeanstalten wird Flussbaden ein selbstverständliches Freizeitvergnügen. Das erste private Elbebad öffnet 1786, das erste öffentliche 1826. Diese floßartigen Schwimmkonstruktionen sind von außen nicht einsehbar. Manche haben eine Liegewiese am Ufer, zum Beispiel das Städtische Licht- und Luftbad bei Antons im Stadtteil Johannstadt. Ab 1922 ist auch das Schwimmen außerhalb der Bäder erlaubt. Der Pharus-Stadtplan Dresden von 1930 verzeichnet 16 Elbebäder. Doch die Verschlechterung der Wasserqualität durch die Industrialisierung, der zunehmende Schiffsverkehr und die neuen, städtischen Badeanstalten „an Land" führen bis 1947 zur Schließung aller Elbebäder.

Während der DDR-Zeit leidet die Wasserqualität der Elbe so stark, dass fast alles Leben im Fluss ausstirbt. Sarkastische Zeitgenossen schlagen vor, an Stelle von Asphalt zum Ausbessern der Straßen Elbwasser zu verwenden. Giftige Lasten kommen auch aus dem böhmischen Raum, insbesondere von der dortigen Papierindustrie. An Baden in der Elbe ist längst nicht mehr zu denken. Es wird sogar immer schwieriger, halbwegs sauberes Trinkwasser aus dem Uferfiltrat zu gewinnen. Mit dem langsamen ökonomischen Niedergang der DDR geht eine immer stärker werdende Umweltverschmutzung einher, denn Maßnahmen zum Schutz von Natur und Umwelt sind kosten- und betreuungsintensiv. Kritik an den landesweiten Missständen beantwortet die SED-Führung auf ihre eigene Art: Ab 1982 stehen sämtliche Umweltdaten unter Geheimhaltung. Wer solche Daten verbreitet, muss mit Gefängnisstrafen rechnen. Doch „Tatsachen hören nicht auf zu existieren, nur weil sie ignoriert werden." (Aldous Huxley). Nach 1990 verschwinden viele der die Elbe verschmutzenden Industriebetriebe. Moderne Kläranlagentechnik, Sanierung von Altlasten und zahlreiche Maßnahmen zur Reinhaltung der Gewässer führen zur Verbesserung der Wasserqualität. Zwar kann man heute wieder bedenkenlos in der Elbe schwimmen und viele der im Dresdner Raum ausgestorbenen Wasserlebewesen kehren zurück. Doch in der Bewertung der Gewässergüte schließt die Elbe auf einigen Strecken immer noch mit dem Prädikat „kritisch belastet" ab. Wenn dieser Zustand eines Tages überwunden ist, könnte vielleicht sogar ein neues Elbebad eröffnet werden …

AM FUSS DER BORSBERGHÄNGE

Die Borsberghänge gehören zur geologischen Formation namens *Lausitzer Platte*, ihr südöstlicher Rand reicht bis zu den letzten Ausläufern des Elbsandsteingebirges bei Pirna. Auf dem Plateau der Lausitzer Platte befinden sich das Schönfelder Hochland, die Dresdner Heide und die nördlichen Stadtteile Dresdens. In der ausgedehnten Ebene vor den Borsberghängen liegen die Dresdner Ortschaften Oberpoyritz und Söbrigen – letztere direkt am Ufer der Elbe. Linkselbisch dehnt sich ebenfalls eine weite Ebene aus. Zu ihr gehört das Gebiet eines ehemaligen Elbarms, der ursprünglich bei Birkwitz südöstlich der heutigen Stadtgrenze abzweigt und bei Tolkewitz, an der Stelle des Niedersedlitzer Flutgrabens zwischen Alttolkewitz und dem Wasserwerk Tolkewitz, wieder in den Hauptstrom mündet. Zuvor wird der alte Elbarm vom Lockwitzbach gequert, der zwischen Kleinzschachwitz und Laubegast die Elbe erreicht. Das Hochwasser des Jahres 2002 überflutet das gesamte Gebiet des Elbarms und macht Laubegast zu einer Insel. Mit ihrer südwestlichen Ausrichtung bietet die Hanglage ein für den Weinbau recht gut geeignetes Mikroklima. Vermutlich veranlasst schon im 11. Jahrhundert der legendäre Bischof Benno zu Meißen die Rodung der Wälder, um Wein anzubauen – Mönche setzen ihre Rebstöcke in die lieblichen Hänge an der Elbe. Während der Hussitenkriege Anfang des 15. Jahrhunderts werden zahlreiche Weinberge verwüstet. Doch die Winzer reben sie, vom Kurfürsten gefördert, wieder auf. Wohlhabende Dresdner erwerben ab dem 16. Jahrhundert mehrere Weinberge und manch einer errichtet darin auch gleich seinen Sommerwohnsitz. Um 1840 gibt es gut

Blick vom Borsberg über die Weinberge in Richtung südöstlicher Stadtgrenze. Ganz im Hintergrund sind Industrieanlagen der Nachbarstadt Heidenau zu erahnen. Davor stehen am Ufer der Elbe die Häuser von Söbrigen. Die Häuser am Fuß der Weinberge gehören zu Pillnitz, ebenso die Weinbergkirche links.

1 600 Hektar Weinberge in Sachsen, etwa 8 000 Menschen arbeiten im Weinbau. 1887 befällt die Reblaus die Weinstöcke. Außerdem machen billige Importweine und ein ständig steigendes Angebot von Bier dem sächsischen Wein Konkurrenz. Deshalb werden einige der Weinberggrundstücke mit Villen bebaut. Zu Beginn des 20. Jahrhunderts gibt es in Sachsen fast keinen Weinbau mehr. Doch nach 1990 bauen einige Enthusiasten wieder edle sächsische Tropfen an – inzwischen ist der Weinbau erneut fester Bestandteil des Elbtals zwischen Pirna und Meißen.

Die *Rysselkuppe* mit ihren zwei Kegeln ist eine recht auffällige Geländeformation – sie erinnert an zwei kleine Vulkane. August der Starke kauft 1721 diesen Weinberg der Familie Ryssel zwecks Versorgung des kurfürstlichen Hofes. Heute wird der Weinberg von einer Winzerfamilie betrieben, deren Hang zu skulpturaler Kunst nicht zu übersehen ist. Die beiden Rundbauten links und rechts vom Tor wiederholen mit ihren Dächern das Motiv der kegelförmigen Weinberge.

Im Südosten erreicht die Elbe die Dresdner Stadtgrenze. Kurz danach erscheint am rechten Ufer die Ortschaft Söbrigen. Sie geht auf einen slawischen Rundling zurück, doch der kleine Ort streckt sich im Laufe der Jahrhunderte immer mehr entlang des Ufers aus. Heute ist die bebaute Fläche etwa einen Kilometer lang und in der Mitte rund 250 Meter breit. Am Elbufer dominieren mächtige Hochwasserschutzmauern das Bild.

Zur Bewirtschaftung der Weinberge sind befahrbare Wege erforderlich. Denn es müssen Terrassen und Treppen gebaut, Bewässerungsanlagen eingerichtet und die Anlagen instand gehalten werden. Der *Leitenweg* wird 1796–1811 angelegt. Im Herbst fährt man über ihn auch die Traubenernte ein. Er wird von einer Mauer eingefasst und führt oberhalb der Weinberge bis kurz vor Oberpoyritz. Über den Weinbergen des Elbhangs thronen kleine Wächterhäuschen. Während der Traubenreife sind darin einst die Weinbergwächter statio-

▲▲ Blick von Südwesten zur Rysselkuppe

▲ Neu gestalteter Torbau mit Skulpturen auf der Mauer

◀ Söbrigen mit seinen unterschiedlichen Ufermauern

Der romantische Leitenweg mit Wächterhäuschen

niert. Bei Pillnitz schiebt sich die Kante der Lausitzer Platte besonders weit in das Elbtal vor und bildet einen Bergsporn heraus. Dadurch wird der Uferstreifen schmaler, er gewinnt erst viel weiter flussabwärts, im Bereich der Radeberger Vorstadt, deutlich mehr Raum. Bis dahin wird der Elbhang von mehreren, teils wildromantischen Tälern gegliedert. Sie alle sind das Resultat der rechtselbischen Zuflüsse, die vom Schönfelder Land und aus der Dresdner Heide kommen und nach ihrer „Talfahrt" in die Elbe münden. Im Bereich Pillnitz hat ein Bach, der in der Gegend um Reitzendorf entspringt und an der Meixmühle vorbeifließt, ein Tal namens Friedrichsgrund geschaffen. Der Bach quert den Pillnitzer Schlosspark und mündet dann in die Elbe. Linkselbisch bleibt das Tal weitgehend flach. Hier gibt es ein ausgedehntes Siedlungsgebiet mit teils großstädtischer, teils dörflicher Bebauung. Im Hintergrund sind die ersten Hügel im Vorfeld des Osterzgebirges zu sehen.

Der Ortskern von Kleinzschachwitz selbst liegt etwa 800 Meter vom linken Ufer entfernt auf einer kleinen Erhebung, die in Richtung Westen vom Tal des Lockwitzbachs begrenzt wird. Doch direkt am Ufer bauen wohlhabende Bürger einst ihre Villen, deren Grundstücke von Mauern gegen Hochwasser geschützt werden müssen.

Blick vom Borsberg nach Westen, links im oberen Drittel die Dächer vom Lustschloss Pillnitz, rechts die Villen am Kleinzschachwitzer Ufer. Die Häuser am Fuß der Weinberge gehören zu Pillnitz.

DAS LUSTSCHLOSS PILLNITZ

Das Gesamtkonzept der Schlösser und Palais im Dresdner Raum geht auf die Zeit Augusts des Starken zurück, es ist im Kapitel *Die besondere Bedeutung der Elbe für Dresden* beschrieben. Zweifellos stellt heute das Lustschloss Pillnitz die Hauptattraktion der Schlösserlandschaft dar. Es ist ein bedeutender Tourismus-Magnet für Besucher aus aller Welt. Wie der Zwinger in der Altstadt hat auch das Lustschloss eine längere Baugeschichte und erscheint trotzdem als einheitliches Ensemble. Aus einem schon 1403 erwähnten Vorwerk entwickelt sich im 16. und 17. Jahrhundert eine Vierflügelanlage mit großem Schlossgarten. Mit ihrem Wallgraben und der Zugbrücke dient sie einst als Wohnburg. Kurfürst Johann Georg IV. schenkt 1694 das Schloss seiner recht jungen Mätresse Sibylla von Neitschütz. Doch nur wenige Monate später sterben beide an den Pocken. So kommt der Bruder des Kurfürsten, Friedrich August I., später *der Starke* genannt, an die Macht und kauft das Schloss. Acht Jahre danach verschenkt er es wiederum an seine Mätresse, die Reichsgräfin von Cosel. Nachdem die Cosel beim Kurfürsten in Ungnade fällt und auf die Burg Stolpen verbannt wird, kommt das Lustschloss 1718 wieder in seinen Besitz. Er will nun Frankreichs Sonnenkönig und dessem Versailler Schloss etwas Gleichwertiges entgegensetzen. Wie in Paris soll, weitab von der Residenz, ein Komplex in der Weite der Landschaft entstehen – hier aber mit direktem Bezug zur Elbe und an ihrem Ufer ausgerichtet. Das altehrwürdige, zudem durch den Brand von 1701 beschädigte Residenzschloss lässt sich im bereits dicht bebauten Dresden nicht in repräsentativer und räumlich ausgreifender Weise erneuern – ein weiterer Grund für den Bau des Lustschlosses in Pillnitz. Hier will August der Starke mehrere Palais in großzügiger Anordnung errichten lassen, eingebettet in weiträumige Parkanlagen. Der Komplex hätte sich nach seinem Willen von der Elbe bis an den Fuß des Elbhangs erstreckt und die ursprüngliche Elbtallandschaft regelrecht vergewaltigt. Doch glücklicherweise kommt es anders – eine Nummer kleiner und deutlich besser in die Umgebung eingepasst. Das Ergebnis ist ein harmonisches Zusammenspiel von Architektur, Elbe und einer Landschaft mit Wäldern, Obstplantagen und Weinbergen. Der Kurfürst wünscht sich ein *indianisches* Lustschloss, wobei indianisch damals ein Synonym für *exotisch* ist. Wie andere europäi-

Lustschloss Pillnitz: Das Wasserpalais mit seinen Seitenpavillons und der Freitreppe zur Elbe

sche Herrscher ist auch er von der Exotik asiatischer Kunst und Architektur beeindruckt – nicht nur am Japanischen Palais und in der kurfürstlichen Porzellansammlung ist das zu spüren. 1720 wird mit dem Bau einer Dreiergruppe von Pavillons parallel zum Elbufer begonnen, das zum alten Schloss gehörende Lusthaus an dieser Stelle muss weichen. Die Pläne dafür liefert der Zwingerbaumeister Matthäus Daniel Pöppelmann, aber auch Zacharias Longuelune ist beteiligt. Der mittlere Pavillon, das Wasserpalais, verbreitet mit seinen weit auskragenden, geschwungenen Dachformen und den mit Chinoiserien bemalten Hohlkehlen unter den Traufen exotisches Flair, ohne dass es dabei auf Originaltreue ankommt. Entfernt erinnert das Palais an den Kaiserpalast in Peking. Die geschweiften Walmgauben und geschweift überdachten Zierschornsteine bringen zusätzliche Bewegung in die Dachlandschaft. Vergoldete Spitzen mit Knäufen auf den Gauben, Zierschornsteinen und Dachecken unterstreichen die Noblesse. An der Uferterrasse wird eine niedrige, eingeschossige Halle mit drei großen Korbbogenöffnungen angefügt. Zwei geschwungene Treppen mit kunstvollen, schmiedeeisernen Geländern führen seitlich auf den Altan über der Halle, er nimmt die gesamte Breite des Hauptbaus ein. Die beiden niedrigeren Seitenpavillons sind zunächst freistehend und zeigen eine ähnlich exotische Anmutung wie das Wasserpalais.

Wie beim Zwinger wählt man für die bauliche Erweiterung das Prinzip der symmetrischen Doppelung. Kurz nach Fertigstellung des Wasserpalais wird 1724 das Bergpalais in nahezu gleicher Form errichtet – eine großartige Hofsituation entsteht. Die Seitenpavillons werden eingeschossig an den Haupt-

▲▲▲ Die Terrasse am Wasserpalais. 2002 reicht das Hochwasser bis zur Oberkante der Fenster an der Terrasse. Neben dem rechteckigen Durchgang ist die Pegellatte zu sehen.

▲▲ Chinoiserien an den Hohlkehlen unter den Traufen

▲ Die Hofseite vom Wasserpalais

▶ Das Bergpalais – nahezu ein Spiegelbild vom Wasserpalais

Die klassizistische Hoffassade des Erweiterungsbaus am Bergpalais

▲ Die barocke Hofgestaltung – stilwidrig sind die unregelmäßig angeordneten, unbeschnittenen Bäume
▼ Der südöstliche Hof des nach dem Schlossbrand neu errichteten Palais

bau angebunden, bei den Seitenpavillons des Wasserpalais holt man das nach. So entstehen zwei fast 60 Meter lange Gebäude. Jetzt wird auch der untere Teil der Treppenanlage zur Elbe nach Plänen Longuelunes realisiert – eine mit geschwungenen Mauern eingefasste Freitreppe. Hier können nun die im Kapitel *Die besondere Bedeutung der Elbe für Dresden* erwähnten Gondeln stilgerecht anlegen. Zwei Sphingen thronen auf den Mauereinfassungen, sie entstehen aber erst um 1790.

Die Zeiten ändern sich, die Herrscherhöfe verlieren zusehends an Macht. Letztendlich ergebnislos beraten 1791 die Monarchen von Österreich, Preußen und Sachsen im Lustschloss Pillnitz, wie wohl die Auswirkungen der Französischen Revolution in den Griff zu bekommen seien. Doch eigentlich endet die barocke Prachtentfaltung mit ihren rauschenden Festen bereits nach dem Siebenjährigen Krieg, das Lustschloss wird zur Sommerresidenz des Hofes. Nun muss zusätzlicher Wohnraum für die Bediensteten geschaffen werden. Johann Daniel Schade und Christian Traugott Weinlig greifen dazu auf ursprüngliche Pläne von Longuelune zurück und bauen unter Leitung von Christian Friedrich Exner bis 1791 an die Seitenpavillons von Berg- und Wasserpalais vier elfachsige Gebäude an. Sie sind bezüglich der Fassadenflucht ein Stück in Richtung Hof versetzt angeordnet. Das barocke Zeitalter ist passé und macht dem Klassizismus Platz. Doch mit Rücksicht auf das bestehende Ensemble übernehmen die Architekten

sowohl die Pavillonstruktur als auch die geschwungenen Dächer mit ihren Zierschornsteinen. Jedoch sind sie nicht mit Schiefer, sondern – wie das Japanische Palais in der Neustadt – mit Kupferblech gedeckt. Klassizistisch treten an der Hofseite Rundbogen- und Rechtecksprossenfenster zwischen kolossalen, korinthischen Säulen auf. 1795 stockt man die bislang nur eingeschossigen Verbindungsbauten zwischen den Seitenpavillons und den Hauptgebäuden des Berg- und Wasserpalais auf, was den beiden Dreiergruppen einen etwas geschlosseneren Eindruck verschafft.

Eine weitere Parallele zur Geschichte des Zwingers ist beim Schlosshof festzustellen. Seine heute sichtbare Gestaltung mit schwungvoll geometrisch eingefassten Rasenflächen und Blumenrabatten sowie dem Springbrunnen in einem großen, geschweiften Bassin erhält er erst lange nach Ende des barocken Zeitalters, nämlich in der zweiten Hälfte des 19. Jahrhunderts. Jedoch hätte August der Starke die heute recht großen, „ungezähmt" auf dem Schlosshof wachsenden Einzelbäume – noch dazu in völlig unregelmäßiger Anordnung – damals keinesfalls geduldet.

Am Nordwestende des Hofs beginnt die *Maillebahn*, eine rund 750 Meter lange, vierreihige Kastanienallee, die (ungefähr) in Richtung der etwa zehn Kilometer entfernten Residenz weist.

Ein Brand zerstört 1818 das Zentrum der Anlage – das noch aus der Renaissance stammende Schloss. An seiner Stelle entsteht nach Plänen von Christian Friedrich Schu-

Die Maillebahn: Eine lange Kastanienallee weist in Richtung Residenz

Das Neue Palais mit seiner Nordwestfassade am barocken Schlosshof

Der Chinesische Pavillon an der Begrenzungsmauer des Schlossareals

richt bis 1826 ein komplett neues Palais. Es weist zwar klassizistische Stilmerkmale auf, wird aber – wie schon 1791 die Erweiterungsbauten an Wasser- und Bergpalais – gestalterisch an das bestehende Ensemble angepasst. Auch hier gibt es eine Parallelität zum Zwinger, der ja ebenfalls erst viele Jahrzehnte später durch Sempers Gemäldegalerie abgeschlossen wird.

An das Bergpalais schließt sich nordöstlich der bis 1790 angelegte Holländische Garten an, gefolgt vom 1804 geschaffenen Chinesischen Garten. Darin steht ein Pavillon in der Nähe eines Teichs, seine hintere Fassade ist in die Umfassungsmauer des Schlossparks eingefügt. Im Gegensatz zu den Architekten der früher entstandenen Bauten studiert Schuricht mit fast schon wissenschaftlicher Akribie einen originalen, chinesischen Teepavillon und entwirft seinen Pavillon möglichst exakt nach diesem Vorbild.

In der kalten Jahreszeit braucht man viel Platz zum Schutz der empfindlichen Zierpflanzen. Und deren Anzahl wächst beständig. So entsteht bis 1861 eine moderne, lang gestreckte Konstruktion aus Stahl und Glas. Besonders beeindruckend ist der oktogonale Pavillonbau in der Mitte zwischen den beiden Flügeln. Nach dem Zweiten Weltkrieg verfällt das Palmenhaus und wird erst nach 1990 in seiner historischen Form, aber mit moderner Technik im Inneren wieder hergestellt.

1767 wird eine aus Ostasien stammende Kamelie in den Schlosspark gebracht und dort in ein Gewächshaus gepflanzt. Dank guter Pflege blüht sie bis heute jedes Jahr von März bis Mai. Mehrfach müssen die zum Schutz vor kalter Witterung notwendigen Gewächshäuser dem Wachstum dieser inzwischen wohl ältesten Kamelie Europas angepasst werden. Seit 1992 ist es eine moderne Stahl-Glas-Konstruktion. Inzwischen ist die Kamelie neun Meter hoch und hat eine 12 Meter breite Krone. Im Sommer wird eine Seite des Glashauses geöffnet und dann die gesamte Konstruktion auf Schienen zur Seite gefahren, so dass die Kamelie komplett im Freien steht.

1778 erwirbt der Kurfürst weitere Flächen, um einen Garten im damals modernen englischen Stil anlegen zu lassen. Dazu gehören eine hügelige Landschaft mit einem unregelmäßigen Bachlauf und ein Teich mit einer kleinen Insel. Geschlängelte Wege und schmale Brücken komplettieren das romantische Flair. Alles soll möglichst natürlich aussehen – ist aber komplett von Menschenhand gestaltet. Im kaum 10 Jahre zurückliegenden Barock soll möglichst nichts natürlich aussehen, sondern sich in raffinierten, symmetrischen Formen (gerade Wege, ebene oder terrassierte Flächen, geometrisch eingefasste Beete und Gewässer usw.) dem Willen des absolutistischen Herrschers unterordnen. Doch auch im Englischen Garten wird auf Wirkung geachtet – mittels überraschender Ein-, Aus- und Durchblicke, die sich beim Lustwandeln ergeben.

Das Palmenhaus als Winterlager für die Zierpflanzen

Eine typisch klassizistische Reminiszenz an die Kunst der hoch geachteten Antike ist der Bronzeabguss der Büste Junos aus der Sammlung Ludovisi. Juno steht auf einem hohen Podest, der romantisch versteckt auf der kleinen Insel zu finden ist.

1780 entwirft Johann Daniel Schade an exponierter Stelle einen Rundtempel. Vorbild ist der *Tempietto di San Pietro* des Renaissance-Architekten Donato Bramante aus der Zeit um 1500 in Rom. Allerdings ergänzt Schade einige spätbarocke Details.

Nach dem verheerenden Ersten Weltkrieg müssen die Monarchen in Deutschland und vielen anderen europäischen Ländern abdanken, das Schloss Pillnitz ist nun im Besitz des Staates. Den noch schlimmeren Zweiten Weltkrieg übersteht das Lustschloss glücklicherweise unbeschädigt, denn es liegt weitab von der zerbombten Altstadt. Hierhin werden zunächst die nicht zerstörten Restbestände der Dresdner Kunstsammlungen gebracht, ein Großteil davon geht dann als Beutekunst in die Sowjetunion. 1963 zieht das Kunstgewerbemuseum in die Räume des Wasser- und Bergpalais ein. Ab 1968 beginnen dringend notwendige Renovierungsarbeiten, doch erst ab 1990 stehen ausreichend Mittel zur Verfügung, um das faszinierende Ensemble denkmalgerecht zu renovieren. Neben der ganzjährigen Möglichkeit, das Schloss und die Anlagen zu besichtigen, finden im Sommer zahlreiche Musikveranstaltungen statt – wenn es das Wetter zulässt, auch im Freien.

Das fahrbare Kamelienhaus in seiner Winterposition – die ersten Kamelienblüten sind schon zu sehen

Ein Bronzeabguss der antiken Büste Junos auf der Insel im Teich des Englischen Gartens

Der Englische Pavillon nach dem Vorbild des *Tempietto di San Pietro* von Bramante

WEINBERGKIRCHE, KÜNSTLICHE RUINE, MEIXMÜHLE UND ELBINSEL

Seit 1596 gibt es eine Schlosskirche, sie steht südöstlich vom alten Schlossbau. Doch hier ist sie dem Bau der Pavillons für das Lustschloss Pillnitz im Wege und muss weichen. Der Kurfürst stellt in seinem Weinberg das Gelände für eine neue Kirche zur Verfügung und finanziert auch deren Neubau. Doch komplett neu ist die Weinbergkirche nicht – der Altar und der Taufstein (beide 1648 von Johann Georg Kretzschmar), die Kanzel, die drei Glocken sowie ein Teil des Rohbaumaterials stammen von der abgerissenen Vorgängerkirche. Natürlich werden auch die in der alten Kirche beigesetzten Gebeine in neu geschaffene Grüfte überführt. 1725 wird die nach Plänen des Oberlandbaumeisters Pöppelmann auf rechteckigem Grundriss errichtete Kirche *Zum Heiligen Geist* geweiht. Von Benjamin Thomae, einem Schüler von Balthasar Permoser, stammen die Steinmetzarbeiten. Ab den 1970er Jahren verfällt das Gotteshaus. Es ist dem Vandalismus ausgesetzt, sogar Pfeifen der 1891 eingebauten Jehmlich-Orgel werden gestohlen. 1990 beginnt die umfassende Renovierung – größtenteils durch private Initiativen vorangetrieben und finanziert.

Die Weinbergkirche mit ihrem mächtigen Dachreiter, im Hintergrund die Weinbergmauer vom Leitenweg

Wie in barocken Zeiten erstrahlt die Putzfassade seit 1993 wieder mit illusionistischer Malerei (Schattenkanten, Verdachungen, Wandpfeiler usw.). 1997 wird auch die Orgel repariert und 2002 das Geläut komplettiert. Die älteste Glocke stammt noch aus dem Jahr 1596. Der Kirchraum misst rund 20 mal 10 Meter und ist 8 Meter hoch. Ein einfaches, ziegelgedecktes Walmdach mit Schleppgauben und einem schiefergedeckten, oktogonalen Dachreiter dient als Abschluss. Eine geschweifte Haube mit Spitze, auf der eine vergoldete Turmkugel mit Wetterfahne befestigt ist, komplettiert den Dachreiter. Im quadratischen Sockel gibt es seit 1876 eine Uhr. Die Schauseite der Kirche zeigt nach Süden, sie hat zu beiden Seiten des Portals je zwei schmale, hohe Stichbogenfenster. Eine schlichte, doppelläufige Treppe führt zum Portal in der Mitte, es ist plastisch betont durch eine Sandsteinüberdachung in Form des kurfürstlichen Wappens im gesprengten Giebel. Der Bauplatz ist gut gewählt. Weithin sichtbar thront die Kirche inmitten der Weinberge – was ihr den heute gebräuchlichen Namen *Weinbergkirche* einbringt.

Die erneute Besiedlung des Elbtals nach Abwanderung der germanischen Bevölkerung in Richtung Westen beginnt um die Wende vom 6. zum 7. Jahrhundert. Sorben kommen aus Böhmen in das seinerzeit nahezu menschenleere Elbtal. Bei Pillnitz bietet der als *Kanapee* bezeichnete Bergsporn oberhalb des Friedrichsgrunds einen gut geeigneten Ort für eine Befestigungs- und Wachanlage. Im Verlauf der deutschen Osterweiterung ab 929 wird die slawische Anlage zu einem Burgwart ausgebaut, dem militärischen und verwaltungstechnischen Mittelpunkt eines Bezirks. Der Burgwart ist vermutlich bis zum Beginn des 11. Jahrhunderts in Funktion und dient den Burgherren zu Dohna als Stützpunkt. Doch dann wird die Anlage nicht mehr genutzt und verfällt. 1785 bekommt der Architekt Johann Daniel Schade den Auftrag, eine künstliche Ruine für sommerliche Unternehmungen der Hofgesellschaft zu errichten. Er bezieht Reste der mittelalterlichen Anlage in den Bau seiner künstlichen Ruine ein. Es ist die so genannte Zeit der Empfindsamkeit. Damals wiederentdeckte antike Ruinen in Italien und Griechenland begreift man als Zeichen des Tri-

Die künstliche Ruine auf dem Pillnitzer Bergsporn

Die Meixmühle im oberen Bereich des Friedrichsgrunds

umphs der Zeit über alles menschliche Bemühen – getreu dem Sinnspruch: „Alles braucht seine Zeit und die Zeit verbraucht alles." Aber auch als Sieg der Barbarei über alle Bestrebungen der Bildung werden die Ruinen interpretiert. Man gibt sich gern inmitten der wilden Natur dem wohligen Schauer beim Betrachten solcher Ruinen hin. Doch bei aller Romantik will die Hofgesellschaft nicht auf Komfort verzichten – die Ruine wird möbliert und hat sogar einen funktionstüchtigen Kamin.

Die rechtselbischen Zuflüsse eignen sich gut für den Antrieb von Mühlen, denn durch das starke Gefälle entfaltet das Wasser seine volle Kraft. Nur Getreide anzuliefern und Mehl

Die Pillnitzer Elbinsel teilt den Elbstrom. Rechts das Kleinzschachwitzer Ufer mit dem Sportboothafen

abzuholen, ist für die Bauern im zerklüfteten Gelände des Elbhangs schwierig. Auch im oberen Bereich des Friedrichsgrunds ist eine solche Mühle zu finden. Im Mittelalter geht sie als Lehen an verschiedene Besitzer, 1649 wird die Mühle Eigentum von Hanß Ulbricht und bleibt bis 1818 im Besitz seiner Nachkommen. Dann übernimmt Familie Horn den Besitz. Gegen Ende des 19. Jahrhunderts kommt der Tourismus in Mode und der Müller richtet in der Mühle einen Gastraum ein. Schon bald ist die Bewirtung der Wanderer lukrativer als der Mühlenbetrieb – man stellt ihn nach einem Brand im Jahr 1892 ganz ein. Die neu errichtete *Meixmühle* dient nur noch als Gastwirtschaft und wird durch weitere Gebäude ergänzt. Dazu zählen der hölzerne *Wendenhof* am Platz der alten Mühle (hier links im Bild) und die 1903 erbaute steinerne *Drachenburg*. Nun wird die Mühle auch in den Wintermonaten bewirtschaftet. 1931 übernimmt der sächsische Heimatschutz das Ensemble. Nach 1945 wird es verstaatlicht und als Ferienobjekt vom FDGB, der von der SED kontrollierten Einheitsgewerkschaft, betrieben. Seit 1991 steht die Mühle unter Denkmalschutz und wird nach einer Renovierung privat bewirtschaftet. Der Friedrichsgrund ist ein tiefer Einschnitt in den Elbhang. Ein Wanderweg führt entlang des Friedrichsgrundbachs von Pillnitz über die Meixmühle bis zum Gipfel des Borsbergs. Seine Gestaltung geht auf Kurfürst Friedrich August III. zurück, der 1780–83, im Zeitalter der Romantik, kleine Brücken bauen, einen künstlichen Wasserfall anlegen und Gedenksteine aufstellen lässt. Vor dieser kurfürstlichen Umgestaltung heißt die Gegend noch Meixgrund und das Gewässer Meixbach, jetzt trägt nur noch die Mühle die ursprüngliche Bezeichnung.

Die Pillnitzer Elbinsel ist die letzte der einst zahlreichen Elbinseln im heutigen Stadtgebiet. Denn die nach dem Wiener Kongress zur Freiheit der Schifffahrt auf den großen europäischen Flüssen beschlossenen Regelwerke verpflichten die Anliegerstaaten, Maßnahmen zur Verbesserung der Schiffbarkeit vorzunehmen. Mit der beginnenden industriellen Revolution stehen auch bald die technischen Möglichkeiten zur Verfügung und das Flussbett der Elbe wird konsequent umgestaltet. Dem fallen alle anderen Elbinseln zum Opfer. Doch auch die Pillnitzer Elbinsel bleibt nicht unverändert. Ihr östliches Ufer wird strömungstechnisch optimiert und mit Steinen befestigt. Heute ist die Insel knapp einen Kilometer lang, an der breitesten Stelle misst sie rund 200 Meter. Seit 1924 steht die gesamte Insel unter Naturschutz und darf seit 1989 nur noch von wenigen autorisierten Personen betreten werden. Der schmalere Elbarm am Kleinzschachwitzer Ufer dient als Sportboothafen – auch hier ist das Ufer der Insel tabu.

GEBÄUDE AN DER MAILLEBAHN UND DIE KLEINZSCHACHWITZER FÄHRE

An der Elbseite der Maille-Bahn wird um 1870 eine Genossenschaftsschule errichtet. Der kubische Putzbau mit seinem Walmdach zeigt einen dreiachsigen Mittelrisalit, ihm ist ein überdachter, zweigeschossiger Altan vorgelegt. Nach 1990 erweitert man das Ensemble um ein modernes, sich am Bauhaus-Stil orientierendes Gebäude. Es besteht aus zwei Wohntrakten, sie werden von einem durchgehenden Flachdach abgeschlossen. Der Mittelteil der Fassade und die Mitte des Dachs sind – wie bei einem Atriumhaus – geöffnet. Hier bietet sich der Zugang zu den beiden Wohnebenen in der Art eines Laubenganghauses – Licht und Luft strömen in den großzügigen Innenhof. Die Gebäude werden heute von einer Stiftung betrieben und als Seniorenheim genutzt.

Bau und Betrieb des Pillnitzer Lustschlosses erfordern zahlreiche Transporte. Man richtet 1721 eine Fähre zwischen Lustschloss und Kleinzschachwitzer Ufer ein. Sie dient vor allem als Wirtschaftsfähre, um Baumaterial und die im Schloss benötigten Güter zu transportieren. Später kommen zusätzliche Gondeln für den Personenverkehr hinzu, die jedoch nur vom Hofstaat und seinen Bediensteten genutzt werden dürfen. Von der nordwestlichen Spitze der Elbinsel führt ein langes Gierseil zum Fährboot. Nur durch die Strömung wird die Fähre per Einstellen eines großen Steuerruders zwischen den beiden Ufern hin- und herbewegt. Bis 1911 sind *Pontoniers* der sächsischen Armee für den Fährbetrieb zuständig, man stationiert sie anfangs in einer einfachen Wachhütte. 1860 bekommen die Fährleute eine Pontonierkaserne als Unterkunft, heute wird darin eine Gaststätte mit Biergarten betrieben. Das unverputzte Gebäude kommt wie ein alter, englischer Landsitz daher. Es zeigt sich mit Mauerwerk aus unregelmäßig polygonal behauenen Steinen und hat einen quadratischen, zinnenbewehrten Turm. Ab 1849 darf die Fähre auch von der Öffentlichkeit genutzt werden. 1911 übernimmt die *Sächsische Dampfschiffahrtsgesellschaft* den Betrieb und ersetzt die umweltfreundliche Gierseilfähre durch ein motorbetriebenes Schiff. Doch zwischen 1961 und 1994 besinnt man sich noch einmal auf das Gierseilprinzip. Seitdem fährt jedoch wieder eine Motorfähre, sie transportiert neben Fußgängern auch Autos und Lieferwagen. Das aktuelle Fährschiff – rechts im Bild – läuft 1994 vom Stapel, es hat zwei Vierzylindermotoren mit einer Leistung von jeweils 102 kW. Hier haben zwei weitere Fährschiffe festgemacht. Sie gehören zur Flotte der Dresdener Fähren und werden bei Bedarf an den insgesamt nur noch drei Fährstellen im Stadtgebiet eingesetzt.

Die Genossenschaftsschule an der Maillebahn, links der moderne Erweiterungsbau

Drei Fährschiffe vor der Pontonierkaserne im Licht der aufgehenden Sonne

HOSTERWITZ UND DER KEPPGRUND

Nach Pillnitz wird der rechte Uferstreifen etwas breiter. Hier liegt Hosterwitz mit seiner Kirche *Maria am Wasser*. Der Keppgrund ist der nächste Einschnitt im Elbhang – verursacht vom Keppbach, der südöstlich der Kirche in die Elbe mündet. Am unteren Ende des Keppgrunds steht das Keppschloss und im oberen Bereich ist die Keppmühle zu finden. Von Hochwassermauern geschützt stehen an der linken Elbseite die Villen des Kleinzschachwitzer Ufers. Hosterwitz ist ursprünglich eine Schiffersiedlung an der Furt des Handelsweges in die Lausitz. Ab 1618 siedeln sich zusätzlich einige Häusler in der Nähe des Keppgrunds an. Im 19. Jahrhundert errichten wohlhabende Bürger ihre Sommerhäuser und Landsitze, denn in der reizvollen Landschaft zu wohnen, ist ein willkommener Ausgleich zum immer hektischer werdenden Großstadtleben. Selbst der Wettiner Hof lässt hier bauen – eine herrschaftliche Villa für Prinz Georg. Wohnhäuser entlang der Dresdner Straße und der Van-Gogh-Straße folgen. 1950 wird Hosterwitz nach Dresden eingemeindet.

Die kleine Kirche *Maria am Wasser* erscheint bereits 1406 zusammen mit Hosterwitz in einer Urkunde. Doch vermutlich entsteht ihr erster Vorgängerbau schon im 13. Jahrhundert – 1371 wird ein Hosterwitzer Pfarrer aktenkundig. An der Untiefe der hier befindlichen Elbfurt müssen die Schiffer meist eine Pause einlegen. Denn wenn ihre Schiffe schwer beladen sind, kommen sie nicht über die Furt und müssen umgeladen werden. Auch Güter zwischen Schiffen auf der Elbe und Wagen auf dem Handelsweg werden umgeladen. Die Pause bietet den Schiffern Gelegenheit für ein Gebet in der Kirche und so erhält sie den Beinamen *Schifferkirche*. Bis 1500 folgt der Umbau zu einer Hallenkirche, 1704 wird sie vergrößert. 1774 bekommt der

Blick vom *Zuckerhut* auf Hosterwitz und das Kleinzschachwitzer Ufer

Maria am Wasser mit Hochwasserschutzmauer

Der schlichte Kanzelaltar im Chor mit seinen Buntglasfenstern

Schlichtes, verputztes Bauernhaus mit Sandstein-Gewänden an den Fenstern

Sandstein-Relief an der Giebelwand

oktogonale Turm seine charakteristische Zwiebelhaube und ist seitdem 27 Meter hoch. 1863 erhält die Gemeinde vom Orgelbauer Urban Kreutzbach aus Borna eine Orgel. Gegen Ende des 19. Jahrhunderts baut man eine kleine Vorhalle an die Giebelwand der Turmseite und erhöht die Anzahl der Sitzplätze durch den Einbau hölzerner Emporen. 1973 wird das Äußere der Kirche nach denkmalpflegerischen Grundsätzen renoviert, sie zeigt sich seitdem wieder in ihrer barocken Pracht. Das Jahrhunderthochwasser im Jahr 2002 fügt der Kirche trotz der mächtigen Schutzmauer um den Kirchhof schweren Schaden zu. Mehr als ein Jahr dauern die Renovierungsarbeiten.

Neben der Kirche steht in der Kirchgasse ein schlichtes Bauernhaus. Auch hier schließt eine Hochwasserschutzmauer den Garten in Richtung Elbe ab. An der Giebelwand ist unter dem mittleren Fenster des Obergeschosses ein inzwischen etwas verwittertes Sandstein-Relief in die Wand eingelassen. Es zeigt einen alten Dreimaster und erinnert damit an die „Schifferkirche" gleich nebenan.

Maria am Wasser ist nicht die einzige Kirche im kleinen Örtchen Hosterwitz. Prinz Georg von Sachsen lässt sich 1864 eine Villa an der Dresdner Straße errichten. Gleich daneben

baut 1877 der k. k. Ingenieur und Baurat Joseph Rokita aus Innsbruck für den Prinzen eine katholische Kapelle im neogotischen Backsteinstil, zu der auch die wenigen Katholiken der Gegend Zugang haben. Seit August dem Starken ist der Hof katholisch, denn das ist Voraussetzung, um König von Polen werden zu können – was dem Kurfürst von Sachsen auch gelingt. Die Kirche wird *Maria Himmelfahrt* geweiht, doch bald nur noch *Maria am Wege* genannt – das passt auch besser zu *Maria am Wasser*. Der quadratische Innenraum hat nur 20 Sitzplätze, ihm schließt sich ein schmaler Altarraum an. Neogotisch sind vor allem das Kreuzrippengewölbe, die Strebepfeiler und die Buntglasfenster. Im spitzen Giebel der Eingangsfront hängt unter einer Verdachung eine kleine Glocke.

Die Winzerfamilie Felsner stellt dem Dresdner Komponisten Carl Maria von Weber ab 1818 eine Sommerwohnung in ihrem um 1720 entstandenen Haus an der Dresdner Straße zur Verfügung. Sieben Jahre lang kommt der Komponist während der Sommermonate hierher und arbeitet an seinen Werken. Das schlichte, zweigeschossige Haus steht auf L-förmigem Grundriss und wird von einem Satteldach gedeckt. Seit 1948 lädt hier ein kleines Museum zum Gedenken an den Komponisten ein.

Graf Camillo Marcolini tritt 1801 die Erbpacht des Hosterwitzer Plantagenguts an, auf der Plantage steht heute das Wasserwerk Hosterwitz. Damals reichen die Ländereien des Guts bis an den Elbhang. Dort lässt der Graf ein schlichtes, lang gestrecktes Landhaus errichten. Konsul Robert Thode, Direktor der Dresdner Bank, übernimmt 1859 das Anwesen. 1864 wird das Haus, vermutlich nach Plänen von Woldemar Hermann, im Stil der englischen Tudorgotik erneuert. Typisch sind die unregelmäßige Anordnung und Gestaltung der Baukörper, die unterschiedlich hohen, mit Zinnen bewehrten Türme und gotische Stilelemente wie Eselsrücken- und Spitzbogenfenster sowie ein

Die Kapelle *Maria am Wege* des Prinzen Georg von Sachsen an der Dresdner Straße

Portal mit gotischem Maßwerkschmuck. Wegen seiner herrschaftlichen Wirkung und seiner Lage am Keppgrund nennt man das Gebäude auch *Keppschloss*. Besitzer und Nutzungen wechseln mehrfach, zum Beispiel als Kindergenesungsheim und als Polizeischule. Während der DDR-Zeit stockt man das Gebäude stilwidrig auf. Nach 1990 folgt eine umfassende Renovierung, hier sind nun Wohnungen für wohlhabendere Familien eingerichtet. Das stilwidrig hinzugefügte Geschoss wird mit dunklen Platten verkleidet, damit es die ursprüngliche Ansicht weniger stört.

Allein der Keppbach treibt einst fünf Mühlen an. 1595 wird der Keppmüller Christoph Richter aktenkundig. Doch das Wohnhaus mit dem Fachwerk-Obergeschoss stammt aus

▼ Das *Keppschloss* im Stil der Tudorgotik   ▲ Das Carl-Maria-von-Weber-Museum (Hofseite)

dem Jahr 1781, zahlreiche Sinnsprüche zieren seine Ausfachungen. Am Schlussstein der Tür sieht man das Müllerwappen mit Jahreszahl und Initialen des damaligen Besitzers Johann Gottlob Heinicke. 1786 erhält er das Privileg, zusätzlich zum Betrieb der Mühle Bier und Wein ausschenken zu dürfen. Auch Carl-Maria von Weber soll während seiner Sommeraufenthalte öfter hier eingekehrt sein. Bis 1903 wird die Mühle betrieben, danach ist es wirtschaftlicher, sich nur noch auf die Bewirtung der zahlreichen Ausflügler zu konzentrieren. Doch während der DDR-Zeit verfällt die Mühle zusehends und wird 1984 als Ausflugsziel gesperrt. Die aktuellen Besitzer führen Schritt für Schritt die aufwendige Renovierung des Anwesens fort.

Nach dem Keppgrund setzt sich der rechtselbische Uferstreifen vor dem Elbhang fort, ein großer Teil der Fläche wird vom Wasserwerk Hosterwitz genutzt. Außerdem gibt es hier ausgedehnte Obstplantagen. Der nächste Einschnitt im Elbhang heißt Preßgrund, über einen Wanderweg gelangt man zum Dorf Rockau. Dort bietet ein extra eingerichteter Aussichtspunkt einen beeindruckenden Panoramablick über das Dresdner Elbtal.

Durch schrittweise Zusammenlegung mehrerer Einzelgüter entsteht in Hosterwitz ein ungewöhnlich großes Gut. Die Pest ist eine Ursache, denn viele Hosterwitzer Bauern kommen damals um, ihre Güter werden herrenlos. 1689 übernimmt die Familie des kurfürstlichen Hoffuriers August Zenker das Gut und gliedert das benachbarte Gut auch noch ein. Zenker bekommt von August dem Starken das Privileg, neben dem Schlachten und Backen auch Branntwein herstellen und ausschenken zu dürfen. 1745 übernimmt der italienische Bildhauer Lorenzo Mattielli das Anwesen – auch er vergrößert das Gut durch Zukäufe. Hier richtet Mattielli seine Werkstatt ein, in der das umfangreiche Figurenprogramm für die Dresdner Hofkirche entsteht. Die überlebensgroßen Skulpturen transportiert man per Schiff zur Baustelle auf dem Schlossplatz. Nach dem Tod Mattiellis im Jahr 1748 kommt Reichsgraf Heinrich von Brühl in den Besitz des Guts und lässt eine Tabakmanufaktur errichten. Nur drei Jahre später verkauft er das Gut für die erkleckliche Summe von 100 000 Talern an den Landesfürsten. Der Hof ist in finanziellen Schwierigkeiten und braucht dringend neue Geldquellen. Man versucht es mit der damals in Mode gekommenen Seidenraupenzucht und pflanzt bis 1764 auf den ausgedehnten Ländereien etwa 10 000 Maulbeerbäume an. 1799 zerstört ein Elbhochwasser das Plantagengut und beendet schlagartig das Projekt. 1801 pachtet Graf Camillo Marcolini das Gut. Zusätzlich zum Vorgängerbau des oben beschriebenen Keppschlosses lässt er Alleen anlegen und einen Teil der Gutsgebäude instand setzen.

Das Wohnhaus der Keppmühle mit Sinnsprüchen auf den Ausfachungen

Blick vom Elbhang in Richtung Laubegast. Im Vordergrund steht das Hosterwitzer Wasserwerk, in der Mitte befindet sich das Laubegaster Ufer, dahinter sind Ausschnitte der Dresdner Stadtteile Dobritz, Seidnitz und Tolkewitz zu sehen.

1904 wird das gesamte Gut an die Stadt verkauft. Denn die Kapazität der Wasserwerke an der Saloppe und in Tolkewitz reicht um die Jahrhundertwende kaum noch aus. Deshalb plant Stadtbaurat Hans Erlwein ein weiteres städtisches Wasserwerk in Hosterwitz. Zwischen 1905 und 1908 wird es hinter einem mächtigen Hochwasserschutzdamm errichtet. Aus Kostengründen betreibt man es anfangs mit einer Dampfmaschine, erst 1913 kommen moderne Elektromotoren zum Einsatz. Erlwein passt die Industriebauten geschickt der ländlichen Umgebung an. Er entwirft ein Ensemble, das wie ein großer Gutshof in einer ansprechenden Parkanlage wirkt. Ähnlich geht Erlwein auch bei der Planung des städtischen Schlachthofs auf dem Ostragehege vor. Der dominierende Bau ist die voluminöse Trinkwasserfilterhalle mit ihrem Krüppelwalmdach, auf dem ein Dachreiter thront. Auch ein Wohnhaus für die Angestellten ist vorhanden. Die Gebäude des alten Plantagenguts werden fast alle abgerissen. Auf den vom Wasserwerk nicht benötigten Flächen stehen heute ausgedehnte Obstplantagen. 1932 wird die Anlage erweitert, denn der Trinkwasserverbrauch Dresdens steigt weiter. Elbwasser pumpt man durch einen Vorfilter und leitet es in große Becken. Das Wasser versickert dort und reichert das Grundwasser an, welches über Brunnen als Uferfiltrat gewonnen und anschließend aufbereitet wird. In den 1980ern folgt eine Modernisierung, dabei werden Industriehallen hinzugefügt. Seit 1992 kommen Aktivkohlefilter zum Einsatz, um die Trinkwasserqualität weiter zu erhöhen.

Der Schlussstein an der Toranlage des Plantagenguts trägt die Jahreszahl 1689 und das Monogramm der Familie Zenker

Das von einem mächtigen Damm geschützte Hosterwitzer Wasserwerk mit seinen von Hans Erlwein entworfenen Gebäuden

DAS KLEINZSCHACHWITZER UND DAS LAUBEGASTER UFER

Am linken Ufer folgt auf die Villen von Kleinzschachwitz die abwechslungsreiche Bebauung von Laubegast. Richtung Südwesten bleibt das Siedlungsgebiet bis zu den Ausläufern des Osterzgebirges nach wie vor recht eben. Kleinzschachwitz, lange Zeit ein von Land- und Forstwirtschaft bestimmtes Dorf, bekommt 1886 eine Anlegestelle der Sächsischen Dampfschifffahrt und wird daraufhin für das gehobene Dresdner Bürgertum als Wohnsitz interessant. Von der Pontonierkaserne flussabwärts dominiert alter Baumbestand mit Villengrundstücken, die von Mauern gegen Hochwasser geschützt werden. Direkt vor den Mauern verläuft ein idyllischer Elbweg für Radfahrer und Fußgänger. Das Kleinzschachwitzer Ufer endet an der Mündung des Lockwitzbachs in die Elbe. Hier beginnt der Stadtteil Laubegast mit seinem Uferabschnitt.

Anfangs bilden Fischfang und Landwirtschaft die Lebensgrundlagen für die Laubegaster Bevölkerung. Später kommt eine Mühle hinzu. Zwischen 1613 und 1765 besteht für die Bauern der Umgebung Mahlzwang – sie dürfen nur in der Laubegaster Mühle mahlen lassen, was das Einkommen des Müllers garantiert. Für die Elbschifffahrt übernehmen kräftige Laubegaster Männer das Ziehen der Schiffe flussaufwärts, das so genannte Treideln auf einem Pfad entlang des Elbufers. Um 1700 wird Laubegast für seine in Heimarbeit hergestellten Zwirne bekannt – sogar auf der Leipziger Messe kann man sie kaufen. Wie in zahlreichen Vororten mit landschaftlich reizvoller Lage siedeln sich gegen Ende des 19. Jahrhunderts auch in Laubegast einige wohlhabende Bürgerfamilien an und bauen ihre Villen. Außerdem kommen immer mehr Ausflügler hierher. Denn Laubegast verfügt über zwei überregional bekannte Ballhäuser, in denen sich die Bevölkerung beim Tanz vergnügen kann. Um Dresden mit Obst, Gemüse und Zierpflanzen zu versorgen, errichtet man meh-

▲ Das Kleinzschachwitzer Ufer mit seinen von Hochwassermauern geschützten Villengrundstücken

◀ Das Laubegaster Ufer – ein Panorama seiner Bauten

Die Hochwasserstele am Laubegaster Ufer zeigt die unglaublichen Pegel der Hochwässer seit 1820

Die Slipanlage der Laubegaster Werft mit dem Personendampfer *Meißen*

rere Großgärtnereien. Nach der Eingemeindung im Jahr 1921 dominiert der genossenschaftliche Wohnungsbau die weitere Entwicklung des Orts. Im Zweiten Weltkrieg fallen nur vereinzelt Bomben auf Laubegast und auch die DDR-Zeit geht – abgesehen von der allgegenwärtigen Verwahrlosung der Substanz – ohne größere Änderungen an Laubegast vorüber.

Vier Bauwerke des Laubegaster Ufers sollen nachfolgend vorgestellt werden: die Laubegaster Werft, die Villa Hartmann, das Volkshaus Laubegast und der Marienhof.

Nach dem Bau der Loschwitzer Brücke muss die Blasewitzer Werft aus Platzgründen verlegt werden. Man wählt 1898 das Gelände eines Sägewerks am Laubegaster Ufer als neuen Standort. Bestehende Bauten werden um ein neues, großes Gebäude ergänzt. Darin finden Werkstätten, eine Schmiede, die Schlosserei und die Zimmerei Platz. Die Slipanlage der Blasewitzer Werft mit ihren hölzernen Gleitbahnen verwendet man weiter, erst 1927 wird sie durch von elektrischen Winden gezogene, auf Schienen laufende Slipwagen ersetzt. Bis 1929 werden hier acht neue Elbschiffe gebaut und zahlreiche Schiffe repariert. 1945 durch Bomben beschädigt und anschließend für Reparationsleistungen

Die Hartmann-Villa in der Tradition der an der Akademie lehrenden Architekten Gottfried Semper und Hermann Nicolai

demontiert, dient die später wieder aufgebaute Werft nun hauptsächlich Instandhaltungsarbeiten an den Schiffen der *Weißen Flotte VEB Fahrgastschiffahrt Dresden*. Man beginnt mit aus zerstörten Schiffen geborgenen Teilen, hebt drei gesunkene Personendampfer und repariert sie. 1948 folgt die Verstaatlichung als *VEB Werft Laubegast*, nach 1990 wird sie wieder privatisiert. Auf dem Bild ist der Schaufelraddampfer *Meißen* aus dem Jahr 1885 zu sehen, der gerade gründlich überholt wird.

1877 lässt sich der Chemnitzer Lokomotivfabrikant Richard Hartmann von den Archi-

Das *Volkshaus Laubegast* mit Anklängen an den Jugendstil

1889 öffnet der Gasthof *Stadt Amsterdam* – der Mode entsprechend ist er mit einem großen Ballsaal im Obergeschoss ausgestattet. Nach dem Ersten Weltkrieg ist die Zeit der Bälle vorbei und im Gebäude kommen eine Gaststätte, ein Hotel, eine Theaterbühne und ein Kino unter. Seitdem heißt der Bau *Volkshaus Laubegast*. Im Laufe der Zeit wird das mit seiner asymmetrischen Gestaltung sowie den unterschiedlichen Elementen, Materialien und Fensterformen an den Jugendstil erinnernde Gebäude mehrfach umgestaltet.

Hinter einer Hochwasserschutzmauer aus Sandsteinblöcken erhebt sich auf einem erhöhten Grundstück der 1894 für den Kunst- und Handelsgärtner Ernst Heinrich Lehmann errichtete *Marienhof*. Heute beherbergt er sechs Eigentumswohnungen. Hier kommt, für Dresden eher untypisch, eine Klinkerfassade zum Einsatz. Der hölzerne Balkon und die Giebelkonstruktion am Zwerchhaus erinnern an den Schweizer Stil. Kunstvoll verzierte Sandsteinlaibungen der Fenster runden das Bild ab, ergänzt vom Fachwerk-Obergeschoss des Eckturms.

tekten Max Hübner und Rudolf Baron eine kubische Villa am Laubegaster Ufer errichten. Sie steht in der Tradition der Semper-Nicolai-Schule und zeigt Stilelemente der italienischen Renaissance sowie des mehr zum Klassizismus tendierenden französischen Barock. 1917–24 residiert hier die *Creutz-Film-Gesellschaft*, die spätere *Saxonia-Film*. Zwischen 1940 und 2005 ist ein Kindergarten in der Villa untergebracht, doch heute befindet sie sich wieder in Privatbesitz.

Der Marienhof mit seinem Eckturm – von einer mächtigen Mauer gegen Hochwasser geschützt.

NIEDERPOYRITZ UND DAS HERRENGUT HELFENBERG

Nach dem Helfenberger Grund engt der Elbhang noch einmal den rechten Talbereich ein. Oft ist nur Platz für eine Häuserreihe am Ufer, die Pillnitzer Landstraße und eine weitere Reihe Häuser, die manchmal bereits auf erhöhten, von Stützmauern begrenzten Grundstücken stehen. Die meisten Häuser von Niederpoyritz befinden sich in Hanglage – bis hoch in den Elbhang reichen ihre Grundstücke. Das gilt auch für die Bebauung von Wachwitz und Loschwitz weiter elbabwärts.

Niederpoyritz geht auf eine slawische Siedlung zurück und wird als *Padegricz* in einer Urkunde aus dem Jahr 1378 aufgeführt. Der Name bedeutet *unterhalb der Berge*, was die landschaftliche Situation treffend charakterisiert. Ende des 19. Jahrhunderts kommen vermehrt Ausflügler in den Ort. Durch die

▲ Stallgebäude (rechts) und Remise (links) des ehemaligen Niederpoyritzer Ritterguts gehören heute zur Pension *Zur königlichen Ausspanne*

Das Wettiner Königswappen an der Brauerei

▼ Das klassizistische Brauereigebäude der Wettiner, links die Pension

Straßenbahnanbindung im Jahr 1903 verstärkt sich der Trend, mehrere Gasthöfe kümmern sich nun um die Besucher. Zudem entstehen Villen und Landhäuser für das gehobene Bürgertum. 1950 wird Niederpoyritz nach Dresden eingemeindet und ist heute ein ruhiger, ländlicher Wohnvorort.

1735 wird das Niederpoyritzer Weingut zum neuschriftsässigen Rittergut ernannt, es darf somit an Landtagen teilnehmen. Die Eigentümer lassen ein Herrenhaus errichten, 1832 fügen sie der Anlage eine Remise und ein Stallgebäude hinzu. Das gesamte Gut wird 1835 von den Wettinern gekauft – das dreiflügelige Herrenhaus ist nun die Schlossvilla. Inzwischen kommt der Dresdner Hof auch auf den Geschmack des Bieres, dafür lässt der sächsische König 1839 eine Brauerei namens *Dresdner Lagerkeller* gleich neben dem Stallgebäude und der Remise errichten. Weiter oberhalb grenzt es an das Gebäude der Mälzerei. An der Mitte des klassizistischen Brauhauses prangt heute noch ein Wettiner Königswappen. Nach dem Tod des Königs wird das Gut 1854 verkauft, die Königsvilla dient nun als Wohnhaus. Während der DDR-Zeit ist es dem Verfall preisgegeben, die Schlossvilla der Wettiner wird unbewohnbar und steht ab 1975 leer. 1984 ist sie derart baufällig,

Das Helfenberger Herrenhaus vom Park aus gesehen

dass sie abgerissen werden muss. Die Stallungen und die Remise werden erst nach 1990 saniert und dienen nun als Pension mit dem schönen Namen *Zur königlichen Ausspanne*.

1350 wird erstmals eine Burg im Helfenberger Grund erwähnt und 1420 auch ein Vorwerk, aus dem sich der kleine Ort Helfenberg entwickelt. Im 16. Jahrhundert gibt man die Burg auf, sie verfällt. Der Sitz des Rittergutes befindet sich nun im Vorwerk, dort entsteht 1775 ein Herrenhaus. Schon um 1800 folgt eine Erweiterung um zwei Achsen in Richtung Osten, hier rechts im Bild. An der Giebelseite dieser Erweiterung wird ein neuer, repräsentativer Eingang geschaffen, verziert mit einem prächtigen Relieffries des Bildhauers Franz Pettrich. Südlich vor dem Herrenhaus legt man einen großen Park an, der 1811 im damals modernen englischen Stil umgestaltet wird. Leider ist davon nicht mehr viel übrig, aber zwei prächtige Hängebuchen beeindrucken bis heute die Besucher. An der Nordseite

Der Relieffries über dem neuen Haupteingang, darüber ein Palladio-Motiv als Fenstergruppe

▲ Die Fähre zwischen Niederpoyritz und Laubegast

▼ Das ehemalige Fährhaus ist heute eine Gaststätte mit Biergarten an der Elbe. Links geht es zum Anleger der Fähre.

befindet sich ein großer Hof mit einem Gutshaus und mehreren Nebengebäuden.

Seit 1808 verbindet die Niederpoyritzer Fähre die beiden Elbufer. Anfangs müssen die Fährleute mit dem Armenhaus der Gemeinde Niederpoyritz als Unterkunft vorliebnehmen. Doch 1864 bekommen sie einen Neubau an der Pillnitzer Landstraße. Heute ist darin die Gaststätte *Erbgerichtsklause* zu finden – gleich gegenüber residiert einst das Erbgericht. Die Laubegaster und die Wachwitzer Fähre stellen ihren Betrieb vor einigen Jahren leider ein, somit ist die Niederpoyritzer Fähre heute die einzige Möglichkeit auf der rund sechs Kilometer langen Strecke zwischen der Pillnitzer Fähre und der Loschwitzer Brücke, die Elbe zu überqueren. Das Motorfährschiff „Caroline" aus dem Jahr 2012 ist das Schwesterschiff der Johannstädter Fähre „Johanna" und wird von einem Sechszylinder Dieselmotor mit 132 kW Leistung angetrieben.

WACHWITZ MIT DER KÖNIGLICHEN VILLA, DEM SCHLOSS UND DEM FERNSEHTURM

Der Wachwitzgrund ist der nächste Einschnitt in den Elbhang – er ist jedoch nicht mehr komplett bewaldet, wie der Friedrichsgrund oder der Keppgrund. Sondern links und rechts des Weges reicht die Bebauung fast bis zur Hochebene des Schönfelder Landes. Vermutlich gründen Slawen an der Mündung des Wachwitzbachs die 1350 als *Wachwicz* im Lehnsbuch Friedrichs des Strengen aufgeführte Siedlung. Die Lage auf dem schmalen Uferstreifen lässt kaum Landwirtschaft zu, ihren Lebensunterhalt verdienen die Einwohner hauptsächlich mit Fischfang und Weinbau. Ab 1824 kaufen die Wettiner nach und nach mehrere Weinparzellen und gründen den Königlichen Weinberg. Darin befindet sich die Königliche Villa mit zahlreichen Nebengebäuden. Oberhalb steht das Wachwitzer Schloss, von dem nur der hohe, schlanke, kupfergrüne Dachreiter weithin sichtbar aus der Bewaldung des Elbhangs aufragt. Ähnlich wie nach Niederpoyritz kommen gegen Ende des 19. Jahrhunderts auch Ausflügler

Das durch Hochwassermauern geschützte Wachwitz, links die Villa Wollner, rechts die Villa Elbfrieden

nach Wachwitz und besuchen die neu eröffneten Gaststätten. Neben der teilweise bis auf das 17. Jahrhundert zurückgehenden Bebauung entstehen auch einige Villen und Landhäuser. Im Elbpanorama fallen besonders zwei Villen ins Auge: die Villa Wollner und die Villa Elbfrieden. Erstere entsteht bis 1908 nach Plänen von Wilhelm Kreis für den reichen Kaufmann Robert Wollner. Die voluminöse und aus mehreren Baukörpern bestehende Villa zeigt überwiegend Stilelemente des Neobarock. Die Villa Elbfrieden entsteht um 1900 und kombiniert den Schweizer Stil (auskragende Giebel mit hölzernen Balkonen) mit einem Turm, der an italienische Landsitze erinnert. Das oktogonale Geschoss auf dem quadratischen Sockel bietet drei Skulpturen Platz, die vor den fensterlosen Flächen aufgestellt sind.

1930 wird Wachwitz nach Dresden eingemeindet. Zahlreiche historische Gebäude stehen heute unter Denkmalschutz, beispielsweise das nahezu originalgetreu erhalten gebliebene Umgebindehaus aus dem Jahr 1623 am Wachwitzgrund 13.

Damals, in einer Zeit ohne Fernsehsatelliten, ist im Dresdner „Tal der Ahnungslosen" der „Westempfang" nahezu unmöglich. *ARD* steht hier für „Außer Raum Dresden". Im Jahr 1969, zum 20. Jahrestag der Republik, will die Führung zeigen, wozu der „erste sozialistische Staat auf deutschem Boden" in der Lage ist. In Ost und West herrscht damals ein naiver Fortschrittsglaube – Wissenschaft und Technik versprechen eine lebenswerte Zukunft, angetrieben von der schier unerschöpflichen Energie aus Atomkraftwerken. Zeitgleich mit dem Berliner Fernsehturm wächst auch in Dresden eine solche Ikone der Nachkriegsmoderne empor – natürlich nur für die Ausstrahlung von DDR-Fernsehen. Die Architekten Kurt Nowotny und Johannes Braune entwerfen zusammen mit dem Statiker Hermann Rühle den 252 Meter hohen, entfernt an einen schlanken Sektkelch erinnernden Turm. Anders als in Berlin, steht er nicht inmitten der Stadt – das ist den auf ihr historisches Stadtbild besonders stolzen Dresdnern nicht zuzumuten. Sondern er findet seinen Standort auf dem Schönfelder Hochland, das rund 120 Meter höher liegt als die Altstadt. Weithin sichtbar gehört der Dresdner Fernsehturm inzwischen zu den Wahrzeichen der Stadt und ist auch aus großer Entfernung, zum Beispiel vom Elbsandsteingebirge oder von Meißen aus, zu sehen. Neben den technischen Einrichtungen gibt

Ein Umgebindehaus aus dem Jahr 1623

es ganz oben zwei Etagen für Besucher, die in 150 Metern Turmhöhe eine herrliche Aussicht bei Kaffee und Kuchen genießen können. Denn bei klarem Wetter präsentieren sich den Gästen die Sandsteinfelsen der Sächsischen Schweiz, die Konturen des Osterzgebirges und der Verlauf der Elbe bis zu den Weinbergen in Radebeul. Nach 1990 übernimmt die Deutsche Telekom den Turm, seitdem ist der öffentliche Zugang untersagt. Mit dem Ende des analogen Sendebetriebs sind die Sendeanlagen nicht mehr erforderlich. Der Dresdner Fernsehturm steht inzwischen unter Denkmalschutz, ist aber nach wie vor ohne Nutzung. Der Verein *Freundeskreis Fernsehturm Dresden e.V.* müht sich um Unterstützung von Spendern, damit der Turm wieder eine touristische Attraktion für die Öffentlichkeit werden kann. 2019 sagt die sächsische Landesregierung zu, sich zu 25 % an den Sanierungskosten zu beteiligen, aber bis zur Wiedereröffnung werden wohl noch einige Jahre vergehen.

Doch der Fernsehturm ist weder der erste noch der einzige Turm auf Wachwitzer Höhe. Knapp zweihundert Meter nordwestlich, am Hang zum Wachwitzgrund, öffnet 1876 zunächst der Gasthof *Zur güldenen Aue* im Gebäude einer alten Mahl- und Schneidemühle. Dann wird der Mühlteich zu einem Gondelteich umgestaltet. Ein Konzertsalon kommt hinzu und auf einem Hügel wächst der aus Klinkern gemauerte Aussichtsturm in die Höhe. Nun heißt das gesamte Anwesen *Johannesbad*. Bis zu seiner Schließung im Jahr 1939 wird es gastronomisch genutzt. Im Turm wohnen zeitweise Kunstmaler und bis heute dient das inzwischen *Johannesturm* genannte Bauwerk als ungewöhnliche Wohnung.

Wachwitz scheint es den Wettinern angetan zu haben. Sie kaufen nicht nur das Niederpoyritzer Rittergut und zahlreiche Weinbergparzellen, sondern lassen im Königlichen Weinberg bereits 1826 eine Sommervilla errichten. Doch schon 1893 wird sie abgerissen und durch ein neues Gebäude nach Plänen des Architekten Wilhelm Teichgräber ersetzt – er

▲ Der Fernsehturm auf dem Schönfelder Hochland, links daneben der kupfergrüne Dachreiter vom Schloss Wachwitz, darunter die Loschwitzer Kirche

◀ Fernsehturm, die Etagen für Technik und Besucher

steht unverkennbar in der Tradition der Semper-Nicolai-Schule. Ab 1894 wohnt Kronprinz Friedrich August in der Schlossvilla. Hofgärtner Carl Adolf Terschek entwirft den Schlosspark im englischen Stil. 1945 werden die Wettiner enteignet und müssen das Land verlassen. In die Schlossvilla zieht 1955 das DDR-Zentralinstitut für Lehrerbildung ein. 1972 wird aus dem einstigen Schlosspark der öffentlich zugängliche Wachwitzer Höhenpark. Dazu gehört auch der Rhododendron-Park. Jedes Frühjahr blühen hier rund zweitausend Pflanzen, etwa 350 verschiedene Rhododendron-Züchtungen zeigen ihre verschwenderische Blütenpracht. Der kubische Villenbau wird von einem ausgebauten Mansardwalmdach abgeschlossen. Im Dreiecksgiebel des deutlich hervortretenden Mittelrisalits prangt das Wettiner Königswappen. Die Räume der Villa sind um eine zentrale, über eine Verglasung im Dach belichtete Halle angeordnet. Die Fassade lehnt sich an das klassische Dreierschema an: Ein dreiachsiger, dreigeschossiger Mittelrisalit wird links und rechts von etwas schmaleren Fensterachsen gerahmt. Dem auf einem hohen Sockel stehenden Gebäude ist eine Freitreppe mit zwei leicht geschwungenen Armen und einem Podest vorgelagert, von dem aus es einarmig und gerade zur Vorhalle unter dem Säulenaltan geht. Vor der Villa gibt es eine kleine, von einer hohen Stützmauer eingefasste Terrasse, die das erhöhte Villengelände zum Park hin abschließt.

Zum Ensemble der Schlossvilla gehören mehrere Nebengebäude, darunter: eine Weinpresse aus der Zeit um 1800 mit einem Portikus, der von Pilastern gerahmt wird, die ein Puttenrelief von Franz Pettrich tragen (Wachwitzer Weinberg 2), und ein klassizistisches Gärtnerhaus – ebenfalls aus der Zeit um 1800 (Wachwitzer Weinberg 4) mit großen, ebenfalls von Franz Pettrich nach antiken Vorbildern gestalteten Reliefs an den um 1825 hinzugefügten Anbauten.

▼ Die Wachwitzer Schlossvilla aus dem Jahr 1894 versteckt sich hinter hohen Bäumen des Wachwitzer Höhenparks   ▲ Der etwas verfallene Johannesturm

Die Weinpresse mit ihrem interessanten Portikus unter einem Relief

Das Gärtnerhaus mit seinen symmetrischen, reliefgeschmückten Anbauten

Oberhalb der Königsvilla steht ein Schloss in den ehemaligen Weinbergen. Was hat es mit diesem Schloss und seiner abgeschiedenen Lage auf sich? Nach dem Ende der Monarchie im Jahr 1918 und der Enteignung sämtlicher Schlösser gibt es 1926 vom Freistaat Sachsen eine so genannte Fürstenabfindung. Prinz Friedrich Christian, der sich – obwohl die Zeit der Markgrafen schon seit Jahrhunderten vorbei ist – *Markgraf von Meißen* nennt, lässt sich und seiner Familie 1937 aus den Mitteln der Abfindung einen standesgemäßen Wohnsitz im Königlichen Weinberg errichten. Den Auftrag für den Bau erhält die bekannte Dresdner Firma Lossow & Kühne. Der adlige Bauherr will an barocke Zeiten anknüpfen und so entsteht eine große, schlossähnliche Villa in neobarockem Stil. An den Hauptbau mit seinem

Die Hoffassade vom neobarocken Schloss Wachwitz aus dem Jahr 1937

ausgebauten Mansarddach schließen sich rückwärtig zwei Flügelbauten im stumpfen Winkel an. Dort ergibt sich eine symmetrische Hofsituation, deren Mitte ein Brunnen mit einer kleinen Frosch-Skulptur ziert. Die Mitte am Hauptbau ist durch einen pavillonartigen Risalit hervorgehoben, hier befindet sich auch das schlichte Portal. Zwischen dem Risalit und den Seitenflügeln sind Altane eingespannt, die durch ihre Doppelsäulen eine Kolonnade vor dem Erdgeschoss bilden. Die Dachmitte ziert ein schlanker, hoher, kupferner Uhrenturm mit Glocke. Seine Gestaltung ähnelt stark dem Glockenturm vom Jagdschloss Hubertusburg – so richtig will er jedoch nicht zum Wachwitzer Schloss passen. An der zum Elbtal zeigenden Südwestfassade treten die Achsen des Hauptbaus aus der Fassadenflucht hervor. Vor den mittleren vier Korbbogenfenstern gibt es einen Balkon mit barock anmutendem Ziergitter und auch die Stirnseiten der Flügelbauten tragen ähnlich gestaltete, aber nur einachsige Balkone. Der Schlossbau steht in einem großzügigen Park mit Terrasse, Treppen und Grünanlagen – insgesamt umfasst das Areal 27 Hektar, die überwiegend bewaldet sind. 1945 enteignen die Sowjets das Schloss und betreiben es ab 1949 als *Intourist-Hotel*. Danach ist es eine Außenstelle der FDJ-Jugendhochschule *Wilhelm Pieck*. 1990 richtet die Medizinische Akademie Carl Gustav Carus eine Tagungsstätte ein. Doch schon 1993 folgt der Leerstand. Eine Rückforderung des Hauses Wettin wird vor Gericht abgewiesen. 2007 verkauft man das inzwischen verwahrloste Schloss an einen Investor, der es zu einer Wohnanlage für gehobene Ansprüche umbauen lässt.

Die in Richtung Elbtal zeigende Fassade von Schloss Wachwitz mit ihren Balkonen

Der dem Jagdschloss Hubertusburg nachempfundene Glockenturm mit Uhr

Vom linken Elbufer aus im April mit Teleobjektiv „herangezoomt": das Wachwitzer Schloss. Rechts unten die neogotische Kapelle, sie gehört zum Ensemble der Schlossvilla.

TOLKEWITZ MIT WASSERWERK, JOHANNISFRIEDHOF UND KREMATORIUM

Am linkselbischen Ufer gibt es einen recht breiten Uferstreifen, der vom Zufluss des Niedersedlitzer Flutgrabens – ein Rest des alten Elbarms – geteilt wird. Elbaufwärts befindet sich Alttolkewitz, elbabwärts ein neuerer Ortsteil mit dem Wasserwerk und dem großen Friedhofsareal. Bei Bedarf führt der Niedersedlitzer Flutgraben die vom Lockwitzbach kommenden Wassermassen ab, um eine Überflutung der an ihn angrenzenden Stadtteile zu vermeiden. Doch bei extremem Hochwasser wird der Flutgraben von der Elbe beansprucht – so auch im Jahr 2002. Ziemlich weit vom Fluss entfernt sind hier das Wasserwerk Tolkewitz und der Johannisfriedhof mit seinem bedeutenden Krematorium zu finden. In Richtung Südwesten setzt sich das nahezu ebene Gelände mit überwiegend großstädtischer Bebauung fort.

Erstmals 1350 taucht die vermutlich von Slawen gegründete Siedlung *Tolkenwicz* im Lehnsbuch Friedrichs des Strengen auf. Seinerzeit ist die Umgebung ein überwiegend feuchtes Gebiet mit Gras- und Weideland, aber auch mit ausgedehnten Auwäldern. Ein Elbarm verläuft hinter dem Dorf und mündet flussabwärts in den Hauptstrom. Elbfischerei und eine wegen mangelnder Bodenqualität stark eingeschränkte Landwirtschaft bilden die Lebensgrundlagen für die Bewohner. Um 1700 kommt die Zwirn- und Garnherstellung in Heimarbeit hinzu. Mit dem Wachstum während der industriellen Revolution werden die landwirtschaftlichen Flächen zwischen den über Jahrhunderte kaum veränderten Dörfern interessant. Hier entstehen nun

Historische Maschinenhalle vom Wasserwerk Tolkewitz

Großgärtnereien zur Versorgung Dresdens, aber auch Wohnviertel mit überwiegend offener Bebauung. Besonders in Elbnähe siedeln sich wohlhabende Bürger an. Nach dem Bau der Straßenbahn im Jahr 1899 wächst Tolkewitz rasant und wird 1912 nach Dresden eingemeindet. Auch nach dem Ersten Weltkrieg geht das Wachstum weiter, nun errichten Wohnungsbaugenossenschaften neue Siedlungen. 1945 fallen, verglichen mit der Altstadt, nur wenige Bomben auf Tolkewitz.

Wie beim ersten Dresdner Wasserwerk *Saloppe* in der Radeberger Vorstadt sind auch beim zweiten Wasserwerk in Tolkewitz der Ingenieur Bernhard Salbach und der Stadtbaudirektor Theodor Friedrich planerisch aktiv. Zuerst muss das Gelände auf ein hochwassersicheres Niveau aufgeschüttet werden. Dann entstehen bis 1898 Gebäude, Brunnen und technische Einrichtungen. Die von Bäumen und Büschen umgebene Gesamtanlage am Rande der breiten Uferwiese wird an der Straße von einer Bruchsteinmauer begrenzt, auf deren Sandsteinkrone ein Metallgeländer steht. Aus Schacht- und Rohrbrunnen gewinnt man Uferfiltrat. Es wird im Wasserwerk aufbereitet, über Druckrohrleitungen in die Räcknitzer Hochbehälter gepumpt und von dort aus in das Trinkwassernetz eingespeist. 1926 modernisiert man das Wasserwerk. 1945 gibt es einige kriegsbedingte Schäden, die aber schon bald behoben werden können. 1966 folgt eine Generalüberholung, 1999 ist erneut eine Modernisierung fällig – auch um die Trinkwasserqualität zu erhöhen. Auf dem Gelände stehen heute die historischen und die später ergänzten Gebäude des eigentlichen Wasserwerks sowie ein ehemaliges Beamtenwohnhaus. Als Material für die Mauern der historischen Bauten dienen Sandsteinquader. Die Maschinenhalle mit ihrem rot gedeckten Satteldach wird an den Schmalseiten von durchfensterten Treppengiebeln mit spitzen Türmchen abgeschlossen. Insbesondere die Treppengiebel erinnern an mittelalterliche Burganlagen. Große Rundbogenöffnungen belichten das hohe Erdgeschoss. Das Beamtenwohnhaus passt sich stilistisch an die Maschinenhalle an. Ein Mittelrisalit gliedert die Hauptfassade, unterschiedliche Fensterformate und Giebelgauben lockern das Erscheinungsbild auf. Ein besonderes Gestaltungselement tritt an beiden Bauten auf – das kleine Sandstein-Ecktürmchen mit polygonalem Grundriss und spitzer Haube.

Der ursprüngliche Johannisfriedhof wird 1571 in der Pirnaischen Vorstadt angelegt, aber 1814 säkularisiert. Ab 1881 entsteht in Tolkewitz der neue Johannisfriedhof. Mit dem Wachsen der Großstadt muss auch der inzwischen zum Hauptfriedhof Dresdens avancierte Begräbnisplatz wachsen, er wird schrittweise auf 25 Hektar erweitert. 1945 kommt ein Ehrenhain für die Opfer des Bombenangriffs hinzu. Aus der Zeit des Historismus stammen einige zum Teil recht protzige Familiengräber und -grüfte. Deutlich ansprechender empfinden wir heute die zahlreich vorhandenen Grabmale aus der Zeit des Ju-

Das Beamtenwohnhaus, rechts der Giebel der Maschinenhalle

◀ Das Krematorium

gendstils. 1894 entsteht nach Plänen von Paul Wallot ein großzügiger Eingangsbereich. Wallot, der auch die Pläne für das neue Ständehaus am Schlossplatz und den Reichstag in Berlin liefert, bleibt seinem klassizistischen Stil treu und verwendet Elemente aus der italienischen Renaissance. Die streng symmetrische Anlage gruppiert sich um einen Zentralbau, der durch eine mächtige Kuppel auf hohem Tambour hervorgehoben wird. Auf der Kuppel thront ein großes, vergoldetes Kreuz. Dem dreibogigen Portal ist eine antike Tempelfront mit ionischen Säulen vorgelagert, die einen reich geschmückten Dreiecksgiebel tragen. Die seitlich angeordneten Nebengebäude schließen sich durch Verbindungsgänge mit Arkaden an den Hauptbau an. Auch hier sind die mittleren Öffnungen durch je einen Dreiecksgiebel betont.

Das Krematorium wird zusammen mit dem Urnenhain auf einem etwa 3 Hektar großen Grundstück angelegt, das die Stadt 1908 erwirbt. Inzwischen ist die Anlage auf rund 7 Hektar angewachsen. Besonders interessant ist das Gebäude des Krematoriums. Es wird 1911 nach Plänen von Prof. Fritz Schumacher erbaut. Georg Wrba liefert die Bauplastik und Otto Gussmann die Bleiglasfenster (Kriegsverlust). Willy Meyer und Paul Wolf gestalten die Anlage des Urnenhains. Er soll im Sinne eines Waldfriedhofs durch seine Einbettung in die Natur und durch kleinere, künstlerisch gestaltete Grabstätten die protzigen „Steinwüsten" bisheriger Friedhöfe ablösen. Vom Haupteingang mit seinen zwei kleinen Torhäusern geht

▲ Der Tolkewitzer Friedhof: Eingangsbereich mit überkuppelter Einsegnungshalle ▼ Elbseite des Krematoriums, davor die flachen Bauten des Kolumbariums

es auf einer breiten Allee zu einem gestreckten Wasserbassin, an dessen Ende sich der monumentale Bau des Krematoriums erhebt. Er steht auf ovalem Grundriss und wird von einer flachen Stahlbetonkuppel abgeschlossen. In leichtem Schwung führt eine zweiarmige Freitreppe zum Haupteingang. Die mit glattem, hellen Sandstein eingefassten, hohen Fensteröffnungen kontrastieren mit dem mächtigen Sockel und den pylonenhaften Strebepfeilern aus dunklerem, stark rustizierten Sandstein. Zusammen mit der tief in den Öffnungen angeordneten Verglasung entsteht der Eindruck einer Fassade aus mehreren Ebenen. Die Feuerbestattung wird in Sachsen erst 1906 genehmigt, somit ist das Krematorium Tolkewitz seinerzeit Neuland. In seiner Halle gibt es einen speziellen Tisch für den Sarg, der ihn zum Ende der Zeremonie in das Untergeschoss mit dem Verbrennungsofen absenkt und so das Ritual der klassischen Erdbestattung zeichenhaft übernimmt. Doch seit 2005 findet die Verbrennung in einer modernen Anlage statt, die relativ unauffällig hinter Bäumen östlich vom historischen Krematorium platziert ist.

1923 entwirft Paul Wolf das *Kolumbarium*, eine Anlage in der Art eines mittelalterlichen Kreuzgangs mit Nischen zur Aufstellung der Urnen. Die pavillonartige Betonung der Mitte nimmt mit ihrer Gestaltung das Motiv der halbrunden, gestaffelten Apsis des Krematoriums auf. Dessen Apsis wiederum erinnert an die Gestaltung der Doppelturmfassade der Christuskirche in Strehlen.

LOSCHWITZ UND DAS BLAUE WUNDER

Rechtselbisch setzt sich der schmale Uferbereich vor dem Elbhang fort. Deshalb reicht auch Loschwitz mit seiner Besiedlung bis weit in die Hanglagen hinein – die Bebauung geht hier sogar in den Höhenstadtteil *Weißer Hirsch* über. Mitten durch Loschwitz verläuft ein weiterer Einschnitt in den Elbhang – verursacht durch den Loschwitzbach, auch *Trille* genannt. Hier entlang führt schon seit Jahrhunderten ein Handelsweg in Richtung Lausitz. Ein verheerender Wolkenbruch zerstört 1875 Häuser, Kleinbetriebe und Brücken im Tal der Trille. Danach beginnt schrittweise die Flussregulierung. 1936 verbannt die breit ausgebaute Grundstraße – heute im Rang einer Bundesstraße – das Gewässer endgültig in den Untergrund. Anders als im Friedrichs- oder Keppgrund bietet das Tal der Trille deshalb kein romantisches Wandererlebnis mehr, sondern nur noch dichten Straßenverkehr. Linkselbisch breitet sich, wie schon seit der Stadtgrenze im Südosten, ein weitgehend ebenes Siedlungsgebiet aus. Hier jedoch wird die Bebauung dichter und großstädtischer, denn das Stadtzentrum ist nicht mehr weit.

Der alte, slawische Ortskern von Loschwitz liegt nahe der Mündung der Trille in die Elbe. Im Lauf der Jahrhunderte dehnt sich die Besiedlung entlang der Elbe aus, auch im Tal der Trille werden Häuser gebaut. Flächen für die Landwirtschaft sind nicht vorhanden, stattdessen wird Wein-, Obst- und Gartenbau betrieben. Außerdem liefert die Elbe reichlich Fisch und auch die Fähre sorgt für Einkommen. Hinzu kommen mehrere Mühlen entlang der Trille – an Erwerbsmöglichkeiten besteht kein Mangel. Bereits im 18. Jahrhundert entdecken Adlige, reiche Bürger und Künstler die landschaftlich reizvolle Gegend und richten hier ihre Sommersitze ein. Ab der Gründerzeit bauen wohlhabende Bürger in den ehemaligen Weinbergen zahlreiche Villen in unterschiedlichsten Gestaltungsvarianten – oft mit pittoresken Türmchen, Erkern und Balkonen. Mit dem wachsenden Ansturm der Ausflügler eröffnen mehrere

Vom Blauen Wunder aus bietet sich ein Panorama bis zum Elbhang mit seinen Villengrundstücken

▲ Das Loschwitzer Fährgut mit dem Fachwerkhäuschen für die Fährknechte

▼ Hochwassermarken an der Seitenwand des Fährhäuschens

Gaststätten. Loschwitz ist inzwischen eine reiche Gemeinde und wird 1921 trotz erheblichen Widerstands nach Dresden eingemeindet. Einige Bomben fallen 1945 auch auf Loschwitz, beispielsweise wird die Kirche durch einen Volltreffer zerstört. Mangelnde Pflege der Bausubstanz führt während der DDR-Zeit zu weiteren Schäden. Villen hat man enteignet und vermietet, häufig werden sie auch von staatlichen Organen genutzt. Nach 1990 wird allerorten renoviert und neu gebaut. Neben Geschäftshäusern und einzelnen Villen entstehen auch kleine Wohnsiedlungen. Eine davon ist dem Elbufer recht nahe und wird prompt beim Jahrhunderthochwasser 2002 geflutet – die letzte große Flut des Jahres 1845 ist im Boom der 1990er bei der Baubehörde vermutlich in Vergessenheit geraten.

Erstmals 1555 wird die Loschwitzer Fähre dokumentiert, doch vermutlich ist sie deutlich älter. Seit 1697 gibt es das Fährgut Loschwitz, bestehend aus einem Wohnhaus für den Fährmeister und einem Häuschen für die Fährknechte. Heute ist das Fährgut ein italienisches Restaurant mit Pension. Auch nach dem Bau der Elbbrücke *Blaues Wunder* bleibt die Fähre in Betrieb, denn die Nutzung der Brücke kostet Brückenzoll – da ist die Fähre manchmal günstiger und außerdem das traditionelle Mittel, die Elbe zu überqueren. Zwischen Loschwitz und Blasewitz wird erst 1926, zwei Jahre nach dem Wegfall des Brückenzolls, der Fährbetrieb endgültig eingestellt.

An der Seitenwand des Fährhäuschens sind Hochwassermarken angebracht – siehe auch Bildmitte im großen Bild. Den ersten Platz belegt die Marke des Jahrhunderthochwassers 2002. Sie zeigt, zu welch unglaublicher Höhe die meist friedlich dahinströmende Elbe ansteigen kann.

Anfangs müssen die Loschwitzer zum Gottesdienst in die Dresdner Frauenkirche gehen. Am Elbufer entlang sind das sieben Kilometer Fußweg. Bei Hochwasser gibt es keine Möglichkeit, den Gottesdienst zu besuchen – für Christenmenschen ein untragbarer Zustand. Und in Notfällen ist der Seelsorger oft nicht zu erreichen, denn über Nacht bleiben die Tore der Festung Dresden geschlossen. Zudem ist die inzwischen baufällige Frauenkirche zu klein für die zahlreichen Christen aus Stadt und Land. 1704 bewilligt August der Starke endlich einen Kirchenneubau in Loschwitz. Der spätere Baumeister der Frauenkirche, George Bähr, erarbeitet zusammen mit Ratsmaurermeister Johann Fehre d. Ä. die Pläne für die 1708 geweihte Kirche. Ähnlich wie beim Bau der Frauenkirche gibt es wenig Platz, hier steht nur ein kleines, hochwasserfreies Plateau im ratseigenen Materniweinberg zur Verfügung. Damals gibt es unterhalb der Kirche weder Bebauung noch hohe Bäume, so dass sie als Solitär weit in das Elbtal ausstrahlen kann. Bomben zerstören 1945 das Gotteshaus, von dem nur noch die Grundmauern übrig bleiben. Der Kirchgemeinde gelingt es, die Ruine über die DDR-Zeit zu retten, denn an einen Wiederaufbau ist nicht zu denken – es droht sogar der Abriss. Ähnlich wie die Frauenkirche wird die Loschwitzer Kirche bis 1994 unter Mithilfe zahlreicher Spender in ihrer ursprünglichen Form rekonstruiert. Ihr architektonisches Prinzip weist einige Parallelen zur Frauenkirche auf. Ursprünglich ist ein achteckiger Zentralbau geplant, der aber auf Grund der Form des Baugrundstücks etwas gestreckt ausfällt. Aus der Mitte des allseitig abgewalmten Mansarddachs ragt ein mächtiger, schieferverkleideter Dachreiter bis auf 42 Meter Höhe empor. Nicht von ungefähr trägt die Loschwitzer Kirche den Beinamen *Kleine Frauenkirche*.

Jahrhundertelang steht in der Altstadt, am Postplatz neben dem Zwinger, die Sophienkirche. Um 1250 wird sie als Saalkirche des dort ansässigen Franziskanerklosters errichtet – siehe Stadtmodell im Kapitel *Die beson-*

◀ Die *Kleine Frauenkirche* an der Pillnitzer Landstraße

▶ Der prachtvolle Nosseni-Altar aus der Sophienkirche

LOSCHWITZ UND DAS BLAUE WUNDER 63

Das recht außergewöhnlich gestaltete Künstlerhaus an der Pillnitzer Landstraße

dere Bedeutung der Elbe für Dresden. Reichlich einhundert Jahre später kann die Kirche die wachsende Zahl der Christen nicht mehr aufnehmen. Deshalb greift man zu einer außergewöhnlichen Maßnahme – es wird ein weiteres, gleich großes Schiff an der Südseite angebaut. Der verdoppelte Kirchraum ist nun mittig durch eine Säulenreihe geteilt und als östlicher Abschluss dient ein Doppelpolygon – eine Besonderheit in der europäischen Kirchenbaugeschichte. Als Grablege für das Herrscherhaus kommt der Kirche eine hohe Bedeutung zu. An der 1720 entstandenen Silbermannorgel spielt seinerzeit auch Johann Sebastian Bach, später bekommt sein Sohn Wilhelm Friedemann hier eine Festanstellung als Organist. 1737 erhält die Kirche den Rang einer evangelischen Hofkirche und ist damit die wichtigste Kirche Sachsens. Ab 1922 wird sie Sitz des evangelischen Bischofs. Bomben beschädigen zwar auch die Sophienkirche, aber nicht so schwer wie die Frauenkirche. Doch der Staatsratsvorsitzende Walter Ulbricht sagt: „Wir haben eine sozialistische Stadt und da muss die Sophienkirche fallen". Daraufhin wird die Ruine gesprengt, an ihre Stelle setzt man eine gesichtslose, kubische Gaststätte – vom Volksmund abwertend „Fresswürfel" genannt. Dieser ist inzwischen einem modernen Geschäftshaus gewichen – das aber der Tradition des „Fresswürfels" treu bleibt und nicht so recht zu seinen historischen Nachbarn (Zwinger, Taschenbergpalais, Schauspielhaus) passen will. Denkmalschützer retten vor dem Abriss einige Skulpturen und Bauteile der Sophienkirche, insbesondere den 1606 nach Entwürfen von Giovanni Maria Nosseni entstandenen Hauptaltar

– geschaffen von Sebastian Walther, einem Mitglied der berühmten Dresdner Bildhauerfamilie. Der Loschwitzer Altar ist durch die Bombentreffer so schwer zerstört, dass er nicht wiederhergestellt werden kann. So bekommt der während der DDR-Zeit eingelagerte Nosseni-Altar nach einer gründlichen Renovierung hier seine neue Aufgabe.

An der Pillnitzer Landstraße in Richtung Wachwitz steht ein großes Haus mit ockergelber Putzfassade. Es ist das 1898 vom Loschwitzer Architekten Martin Pietzsch aus eigenen Mitteln realisierte Künstlerhaus. Hier gibt es 12 Ateliers für Maler und Bildhauer, auch drei Wohnungen sind vorhanden. Das 350 Quadratmeter große, begehbare Flachdach mit Blick über das Elbtal eignet sich sowohl für ungewöhnliche Feste als auch zur schöpferischen Erholung. In der Umbruchzeit der Jahrhundertwende werden historistische Baustile zunehmend obsolet. Das Künstlerhaus löst sich konsequent von überkommenen Konventionen, spielt jedoch in Jugendstilmanier fantasievoll mit historischen Stilelementen. Die wie eine mittelalterliche Burg anmutende Elbseite ist streng symmetrisch aufgebaut. Sie zeigt zwei durch spitz hervortretende Sandsteinpfeiler verstärkte Pylone, zwischen diesen ist ein Altan mit Sandsteinbalkon eingespannt. Oben reihen sich im Mittelteil kleine, von Sandsteinbalken gerahmte Spitzbogenfenster. Beide Gebäudeecken sind gefast, also ganz leicht abgeschrägt. In diesen Flächen finden zwei extrem schmale Spitzbogenöffnungen Platz. Wie bei italienischen Palazzi kragt das Flachdach stellenweise weit aus und ist unter der Traufe mit Schmuckelementen versehen, die an Dachbalken erinnern. Besonders auffällig sind die großen, über die Geschosse hinweg reichenden Fenster der Ateliers an der Nordwestfassade. Hier wird die Symmetrie bewusst gebrochen – durch verschiedene Fensterformen und auch durch mehrere Details der Fassadengestaltung.

Einem Hochwasser hat Altloschwitz ein recht ungewöhnliches Denkmal zu verdan-

▲ Relieftafel im Inneren

▶ Das Joseph-Hermann-Denkmal, auch Senfbüchse genannt

ken. Joseph Hermann rettet unter Einsatz seines Lebens bei der schweren Eisflut am 24. Februar 1799 zwei in Not geratene Schiffsleute aus der Elbe. Sein Sohn, der erfolgreiche Bildhauer gleichen Namens, setzt ihm dafür ein Denkmal. Im 1869 erbauten Sandstein-Rundbau mit seinen großen Rundbogenfenstern und der flachen, mit Blech gedeckten Kuppel gibt es ein Marmorrelief, auf dem die dramatische Rettungsszene dargestellt ist. Der Volksmund nennt dieses Denkmal wegen seiner Form respektlos *Senfbüchse*.

Der Kölner Ingenieur Eugen Langen entwirft die vermutlich älteste Bergschwebebahn der Welt – sie wird 1901 eröffnet. Auf einer Länge von 274 Metern transportiert sie ihre Fahrgäste in knapp fünf Minuten zur 84 Meter höher gelegenen Station in Oberloschwitz. Dort gibt es ein kleines Schwebebahn-Museum. Von der Aussichtsterrasse der Bergstation aus bietet sich das schönste Panorama des Elbbogens, wie er an den Elbschlössern vorbei in einem grandiosen Schwung zur Altstadt fließt. Bis 1909 wird die Schwebebahn von einer Dampfmaschine in der Bergstation angetrieben, danach stellt man auf Elektroantrieb um. 2002 wird die Anlage auf den neuesten sicherheitstechnischen Stand gebracht. Die Talstation zeigt typische Merkmale des Jugendstils. Ihre Fassade aus Sandsteinblöcken ist komplett rustiziert und zeigt Bogenöffnungen, die auf gedrungenen Säulen ruhen. Die goldenen Jugendstil-Lettern *Schwebebahn* komplettieren das Erscheinungsbild.

Doch die erste Bergbahn Dresdens ist die 1895 erbaute Standseilbahn. Ihr talseitiger Eingang befindet sich am Körnerplatz etwas zurückgesetzt neben dem *Bräustübel*. Anfangs wird vor allem Baumaterial für das Villenviertel am Weißen Hirsch transportiert, doch ab 1905 gibt es nur noch Personenverkehr. Wie bei der Schwebebahn hat man ihren Antrieb 1909 von Dampfmaschine auf Elektromotor umgestellt. Die Bahn ist 547 Meter lang und überwindet in wenigen Minuten den Höhenunterschied von 95 Metern bis zum *Luisenhof* im Stadtteil *Weißer Hirsch*. Auch hier verkehren, wie bei der Schwebebahn, zwei durch ein starkes Seil verbundene Wagen, von denen einer jeweils auf-, der andere abwärts fährt. Hier nutzen die Wagen ein gemeinsames Gleis und fahren in der Mitte der Strecke, an der Ausweichstelle auf einem 12 Meter hohen Viadukt, aneinander vorbei. 1994 folgt eine gründliche Modernisierung, seitdem sind die Wagen führerlos unterwegs.

Gleich an der Bergstation der Standseilbahn steht in steiler Hanglage die um 1900 erbaute Villa San Remo mit – zumindest von ihrem Turm aus – unverbaubarer Aussicht. Er ist deshalb auch vom Elbtal aus zu sehen. Der Architekt F. Berghold nimmt vermutlich italienische Turmvillen der Spätrenaissance als Vorbild, verwendet aber zeitgemäß verschiedene Materialien – darunter Sandstein und weiß glasierte Klinker. 1938 kauft der deutsch-amerikanische Fabrikant Charles Alfred Noble die Villa. Er betreibt in Dresden

Die Talstation der Schwebebahn

Die Bergstation der Standseilbahn im Stadtteil *Weißer Hirsch*

Die Villa San Remo mit ihrem hohen, schlanken Turm und der komplizierten Treppe zum Portikus

▲ Der Luisenhof, unterhalb der schmale Tunnel für die Standseilbahn, rechts die Villa San Remo

▼ Der Luisenhof mit seinem Zinnenturm an der Bergbahnstraße

ein Kamerawerk, doch während des Zweiten Weltkriegs wird dessen Produktion auf Rüstungsgüter umgestellt. Nach der Kapitulation Hitlerdeutschlands wird Noble von den Sowjets enteignet und ohne Anklage inhaftiert. Erst 1955 lässt man ihn in die USA ausreisen. 1992 erhält sein Sohn die Villa zurück, er verkauft sie 2004. Der nach dem Krieg eingesetzte kommunistische Ministerpräsident Sachsens, Max Seydewitz, setzt das Gerücht in die Welt, Noble habe von seiner Villa aus am 13. Februar 1945 die Bomber nach Dresden gelotst – was man neudeutsch auch *fake news* nennen könnte. Die inzwischen denkmalgerecht renovierte Villa mit ihren unregelmäßigen Grund- und Aufrissen steht auf einer am steilen Hang angelegten Terrasse. Eine lange, verzweigte Treppenanlage führt vom Villeneingang unter dem Altan zur Bergbahnstraße, die an der Villa endet.

Kurz nach dem Bau der Standseilbahn wird 1895 der große *Luisenhof* errichtet – benannt nach der bei den Dresdnern beliebten Kronprinzessin Luise von Toskana. In den Folgejahren baut man den Gasthof mehrfach um und erweitert ihn. Zu dem aus verschiedenen Baukörpern bestehenden Gasthaus gehört eine Terrasse, die wegen der hervorragenden Aussicht auch *Balkon von Dresden* genannt wird.

1912 wird die Villa Meissner von der Baufirma Lossow & Kühne am Elbhang des Stadtteils *Weißer Hirsch* errichtet. Recht außergewöhnlich ist ein späterer Bewohner – der Physiker Manfred von Ardenne, der 1961 mit seiner Familie das Anwesen bezieht. Ein adliger Physiker, der in der sozialistischen DDR das landesweit einzige, private Forschungsinstitut mit etwa 500 Mitarbeitern betreibt, ist in der Tat bemerkenswert. Seine herausgehobene Stellung hat eine spannen-

Die Ardenne-Villa mit dem privaten Observatorium des Physikers

Das Weinberghäuschen, einst ein Schaffensort Friedrich Schillers

de Vorgeschichte. Der atomare Rüstungswettlauf mit den USA ist nach den Bombenabwürfen über Hiroshima und Nagasaki voll entbrannt. Von Ardenne arbeitet ab 1945 – nicht ganz freiwillig – für das sowjetische Atomprogramm. Die Sowjets sind ob seiner erfolgreichen Hilfe dankbar und verleihen ihm den Stalinpreis 2. Klasse. Von Ardenne darf aus der Sowjetunion ausreisen – allerdings nur in die DDR. In Dresden kann er ungestört seinen Forschungen und seinem Erfinderdrang nachgehen – sehr zum Ärger der SED-Genossen. Rund 600 Erfindungen und Patente gehen auf den Ausnahme-Physiker zurück. Eines seiner zahlreichen Interessengebiete ist die Astronomie. Dafür lässt er ein Observatorium im Garten seiner Villa errichten. Die blendend weiße Kuppel des Observatoriums ist selbst aus größerer Entfernung gut auszumachen.

Kurz nach dem Abzweig des Körnerwegs in Richtung Stadtzentrum steht am Elbhang das Körnerhaus. Es geht auf das 17. Jahrhundert zurück und dient nach einem Umbau ab 1785 als Sommerwohnsitz der Familie Körner. Architektonisch zeigt sich das orts- und zeittypische Haus mit ausgewogenen Proportionen, kleinen Fenstern mit Läden, Weinspalieren an der Wand und einem einfachen, hohen Walmdach mit roter Ziegeleindeckung. Um 1800 wird Dresden zum wohl bedeutendsten geistig-kulturellen Zentrum der Romantik in Deutschland. Unter anderen wirken Caspar David Friedrich, Anton Graff und Adrian Ludwig Richter in der Malerei; Novalis, Heinrich von Kleist, E. T. A. Hoff-

Der Schiller-Körner-Wandbrunnen von Martin Pietzsch und Otto Rassau

Das Wohnhaus der Familie Körner

mann, Arthur Schopenhauer, Friedrich und August Wilhelm Schlegel, Wilhelm und Alexander von Humboldt als Dichter und Philosophen sowie Carl Maria von Weber, Richard Wagner, Clara und Robert Schumann als Komponisten und Musiker in Dresden. Ihr beliebtester Treffpunkt ist das Domizil des Oberappellationsrats Christian Gottfried Körner und später seines Sohns Theodor. Doch besonders in die Geschichte eingegangen ist die Freundschaft zwischen Christian Gottfried Körner und Friedrich Schiller. Hoch auf dem Körner'schen Weinberg steht, an der Stützmauer zur heutigen Schillerstraße, ein kleines Häuschen mit nur einem Raum. Hier befindet sich ursprünglich die Weinpresse. 1785–87 und erneut 1801 wohnt Schiller bei Familie Körner. Der Überlieferung nach arbeitet er im Weinberghäuschen an *Don Carlos* und auch die *Ode an die Freude*, die heutige Europahymne, soll in dieser Abgeschiedenheit entstanden sein. Gegenüber ist seit 1912 der Schiller-Körner-Wandbrunnen in die Stützmauer eingelassen. Zu Ehren der beiden Freunde entwerfen der Architekt Martin Pietzsch und der Bildhauer Otto Rassau diese Anlage, sie zeigt Merkmale des späten Jugendstils.

Die *Sächsische Dampfschiffahrts-Gesellschaft* braucht im Winter dringend mehr Liegeplätze für ihre Dampfer, denn der Pieschener Hafen ist für die im Jahr 1865 auf 14 Schiffe angewachsene Flotte inzwischen zu klein. Bereits beim so genannten Elbkorrektionsbau 1851–54 entsteht in Loschwitz ein befestigtes Parallelwerk als Pralllufer des dort beginnenden Elbbogens. Hinter dem künstlichen Pralllufer befindet sich ein alter Elbarm, den man 1866 zu einem Schutzhafen ausbaut. Das Parallelwerk wird dafür erhöht

▲▲ Der Loschwitzer Hafen elbabwärts vom Blauen Wunder

▲ Blick von der Bergstation der Schwebebahn auf den Körnerplatz, das *Blaue Wunder* und den Schillerplatz, im Hintergrund die Altstadt mit Rathaus, Kreuzkirche, Frauenkirche, Schlossturm und Hofkirche

◀ Häuserzeile an der Nordostseite des Körnerplatzes, ganz rechts der Eingang zur Standseilbahn

Die geschlossene Bebauung der Südwestseite. Links lugt ein Fachwerkhaus von Altloschwitz hervor.

und verstärkt. Auch im Loschwitzer Hafen finden nun die Dampfer Schutz vor extremen Hoch- oder Niedrigwasserpegeln sowie bei Gefahr der Vereisung. Praktischerweise befindet sich seit 1858 die Blasewitzer Werft gleich am gegenüberliegenden Ufer. Sie reicht seinerzeit bis nahe an die Südostseite des später errichteten Blauen Wunders. Hier werden insgesamt 43 Fahrgast-Dampfschiffe neu gebaut und zahlreiche Schiffe repariert. Doch der Loschwitzer Hafen versandet schnell. 1873 und 1892 wird er ausgebaggert und gleichzeitig verbreitert. Trotzdem reicht seine Tiefe nicht aus, die Dampfer bei extremem Niedrigwasser (beispielsweise in den Jahren 1904 und 1911) nicht auf Grund gehen zu lassen. Deshalb zieht die *Weiße Flotte* 1969 in den Neustädter Hafen um. Dort sind nämlich Reparaturwerkstätten vorhanden, die es für den Loschwitzer Hafen seit dem Umzug der Blasewitzer Werft nach Laubegast im Jahr 1898 nicht mehr gibt. Heute findet man im idyllisch gelegenen Loschwitzer Hafen Steganlagen und Boote von Wassersportvereinen.

Das Zentrum der Ratsgemeinde Loschwitz liegt einst dort, wo sich heute der Körnerplatz befindet. Es ist ein typischer Dorfplatz mit Handschwengelpumpe, an der sich die Bewohner treffen und Neuigkeiten austauschen. Doch der Bau der Loschwitzer Brücke verändert alles. Die Verkehrsanbindung benötigt viel Platz und an Stelle des Dorfs wachsen 1892–99 dreigeschossige, großstädtische Häuser mit ausgebauten, schiefergedeckten Mansarddächern in die Höhe. In den Erdgeschossen befinden sich Läden mit großen Schaufenstern, in den Obergeschossen Wohnungen. Das Gesamtkonzept der Anlage stammt vom Blasewitzer Architekten Karl Emil Scherz, weitere Architekten und die in Dresden ansässige Baufirma Schilling & Gräbner planen und bauen die einzelnen Häuser. Auch der Schillerplatz auf Blasewitzer Seite ist ähnlich konzipiert – als Brückenkopf für das *Blaue Wunder*. Die Fassaden bestehen durchgehend aus rot- oder gelbbraunem Klinker mit Sandsteingliederungen. Erker, Balkone, Giebel und Türmchen sorgen für Individualität und Abwechslung.

In der Gründerzeit wächst der Verkehr aus dem Umland stark an. Das rechte Elbufer ist zu schmal für eine Straßenanbindung an das Zentrum. Und die Loschwitzer Fähre allein kann das Verkehrsaufkommen nicht mehr bewältigen. Außerdem muss sie bei Hochwasser oder Eisgang ihren Betrieb einstellen. Es braucht also eine Brücke. Doch die Schifffahrtsverbände wehren sich vehement gegen eine Brücke mit Strompfeilern – schon die Elbbrücken im Zentrum behindern den modernen Schiffsverkehr stark. Erst nach einigen Jahren zeigen die Verhandlungen Erfolg. Der Ingenieur Claus Köpcke plant die 1893 eingeweihte Brücke, die Bauausführung verantwortet Hans Manfred Krüger. In Spitzenzeiten sind 2 000 Arbeiter im Einsatz, um die 3 800 Tonnen schwere Eisenkonstruktion mit ihren 28 Meter hohen Pylonen und der Gesamtlänge von 286 Metern zu errichten. Zwischen den mit Sandstein verkleideten Uferpfeilern überspannt die Brücke beachtliche 141 Meter. Auf den ersten Blick sieht sie aus wie eine Hängebrücke, doch ihre Konstruktion ist raffinierter. Auf den Pfeilern stehen in Richtung Flussmitte Stahlfachwerk-Dreiecke – in der Fachsprache der Statiker *Scheiben* genannt. In der Brückenmitte sind sie nur mittels Schwingungsbremsen verbunden – diese „Blechpakete" sind von den Fußgängerwegen aus gut zu

LOSCHWITZ UND DAS BLAUE WUNDER

Das *Blaue Wunder*, links die Bebauung des Schillerplatzes, rechts unterhalb der Brücke der Elbhang mit den Elbschlössern

Die Unterseite des Blauen Wunders während einer Reparatur des Fuß- und Radweges

erkennen. Die uferseitigen Dreiecke sind nur an der Spitze der Pylone mit den stromseitigen Dreiecken verbunden, sie liegen nicht auf den Pfeilern auf. Unterhalb der Straßenauffahrten gibt es große Kammern, in denen jeweils 1 500 Tonnen schwere Gewichte an den Unterseiten der landseitigen Dreiecke hängen. Über die ebenfalls als Scheiben ausgebildeten Dreiecke wirken Zugkräfte auf die Pylonenspitzen, also auf die Spitzen der stromseitigen Dreiecke. Dadurch werden sie ausbalanciert, denn ohne diese Zugkräfte würden sich die Dreiecke zur Mitte neigen und in die Elbe stürzen. Dieses technische Wunderwerk, in seinem Symbolcharakter entfernt vergleichbar mit dem Eiffelturm in Paris, bekommt auf Grund seines Anstrichs den Namen *Blaues Wunder*. Die blaue Farbe wird von Heimatschützern gefordert, damit sich dieses „Stahlungetüm" möglichst wenig vom Himmel abzeichnet. Denn die moderne Brücke ist in der lieblichen Landschaft des Elbtals mit seinen Weinbergen und Winzerdörfern seinerzeit sehr umstritten – genauso wie damals der Eiffelturm in Paris. Vor der Brückenweihe wird eine Belastungsprobe durchgeführt – mit drei Dampfwalzen, drei mit Steinen beladenen Straßenbahnwagen, vier Wassersprengfahrzeugen, einer vollbesetzten Straßenbahn, mehreren Pferdegespannen, einer Kompanie des Jägerbataillons und etwa 150 freiwilligen Passanten –, insgesamt bringen sie ein Gewicht von 160 Tonnen auf die Brücke. Bedenken, diese filigrane Stahlkonstruktion könne kaum solche Lasten wie eine herkömmliche Steinbrücke tragen, sind damit endgültig ausgeräumt. Bei jeder Überquerung ist Brückenzoll fällig – gestaffelt nach Fußgängern, Reitern und Fahrzeugen. Erst 1924 wird die Gebühr aufgehoben, sie spielt bis dahin die Baukosten dreifach wieder ein. Fußgänger, Reiter, Radfahrer, Autos, Lastwagen und die Straßenbahn müssen sich die gut zehn Meter breite Fahrbahn teilen. Beim immer weiter ansteigenden Verkehr macht das Probleme. So werden 1935 außen beidseitig drei Meter breite Holzbohlenwege für Fußgänger und Radfahrer angebaut – Claus Köpcke sieht diese spätere Ergänzung bereits beim Brückenbau vor. Kurz vor der Kapitulation Hitlerdeutschlands wollen die abziehenden Nazitruppen das Blaue Wunder sprengen. Doch die Dresdner Paul Zickler, Erich Stöckel und ein Herr Wirth schneiden – ohne voneinander zu wissen – die Zündschnüre durch. Eine Entdeckung durch die SS hätte zur sofortigen standrechtlichen Erschießung geführt. Zwei Tage später, am 8. Mai 1945, marschiert die Rote Armee über das Blaue Wunder in Dresden ein – bis auf die Flügelwegbrücke bei Cotta und die Autobahnbrücke bei Briesnitz ist sie damals die einzige passierbare Brücke im Stadtgebiet. Seit 1974 steht das Blaue Wunder unter Denkmalschutz. 1985 wird der Straßenbahnverkehr wegen zu hoher Brückenbelastung eingestellt. Täglich überqueren derzeit rund 35 000 Fahrzeuge die schon über 125 Jahre alte Brücke – lange wird sie das nicht mehr aushalten. Zum Vergleich: 1911 zählt man pro Tag nur rund 330 Fahrzeuge! Vielleicht sollte man doch wieder einen Brückenzoll einführen …

DER VILLENVORORT BLASEWITZ

Blasewitz ist eine slawische Gründung, die ursprüngliche Siedlung hat ihr Zentrum nahe der alten Fährstelle. 1697 erwirbt Kurfürstin Magdalena Sybilla das große Blasewitzer Bauerngut am Dorfplatz und lässt darauf für den Revierförster ein Jagdhaus mit Schänkstube errichten. Später kehrt Friedrich Schiller gern hier ein. Angeblich hat es ihm die liebliche Stimme der Wirtstochter angetan. So findet die *Gustel von Blasewitz* in *Wallensteins Lager* Eingang in die Weltliteratur. Zu Schillers einhundertstem Geburtstag tauft man die Schankwirtschaft auf den Namen *Schillergarten*. Dem Bau des Blauen Wunders muss das Vorderhaus des Bauerguts weichen. Daraufhin entwirft Karl Emil Scherz einen neuen Schillergarten mit Zierfachwerk-Obergeschoss und pittoresken Dachaufbauten. Gegen Ende der DDR ist das Gebäude nahezu abbruchreif. Doch ebenso wie das historische Gutsgebäude wird es in den 1990er Jahren grundlegend saniert und durch moderne Anbauten erweitert. Der Schillergarten ist nach wie vor ein beliebtes Restaurant, das Hauptgebäude vom Bauerngut jedoch dient als *Senioren Centrum*. Ab der zweiten Hälfte des 19. Jahrhunderts bauen zu Reichtum gekommene Fabrikanten, hohe Beamte und Offiziere sowie berühmte Künstler und Wissenschaftler ihre Landhäuser und Villen auf bewaldeter Blasewitzer Flur. Trotz des Baubooms bleibt ein Teil des ausgedehnten Auwalds elbabwärts vom Blauen Wunder erhalten. Denn der Geheime Regierungsrat Arthur Willibald Königsheim gründet und finanziert 1869 den *Waldparkverein*. Seine Aufgabe ist der dauerhafte Schutz einer 23 Hektar großen, weitgehend naturbelassenen Waldfläche inmitten des Villenviertels. Sogar außerhalb dieses *Blasewitzer Tännichts* dürfen zahlreiche Bäume auf den Baugrundstücken nicht abgeholzt werden. Dadurch gelingt ein fließender Übergang von der städtischen Be-

▲ Der Blasewitzer Brückenkopf neben dem Gasthof *Schillergarten*

▼ Das Gutsgebäude mit seiner symmetrischen Fassade und der großen Toreinfahrt

bauung in den Waldpark. Der zu beachtlichem Reichtum gelangte Vorort Blasewitz wird 1921 gegen den massiven Widerstand seiner Bewohner per Zwangsverordnung nach Dresden eingemeindet. 1996 erklärt man Blasewitz zum Denkmalschutzgebiet, es sieht inzwischen in weiten Bereichen wieder so aus wie vor dem Zweiten Weltkrieg. Auch in Blasewitz entsteht mit dem Bau des *Blauen Wunders* eine großzügige Platzanlage – der Schillerplatz. Hier fallen die Häuser meist noch etwas nobler aus als auf Loschwitzer Seite. Im Bild ist die Bebauung an der Rampe zum Blauen Wunder zu sehen, die den nicht enden wollenden Strom von PKW bewältigen muss.

Ein Wohn- und Geschäftshaus mit vielen abwechslungsreichen Details fällt durch seinen symmetrischen, mit Zierfachwerk gestalteten Dachaufbau besonders auf. Das damals als typisch deutsch empfundene Fachwerk ist hier zwar funktional völlig fehl am Platz, soll aber genau dieses Nationalgefühl transportieren. Die seitlichen Risalite sind zwar auch symmetrisch, doch bei genauerem Hinsehen offenbaren sich einige Abweichungen.

Mit der industriellen Revolution kommt auch die Mittelschicht zu höheren Einkommen. Deshalb entstehen schon zwei Jahrzehnte nach den ersten Blasewitzer Villen so genannte Mietvillen für nicht ganz so wohlhabende Bürger. Sie wollen ihre gestiegenen Wohnansprüche befriedigen – und damit auch ihren Status zum Ausdruck bringen. Beispiele solch nobler Miethäuser sind an der Spohrstraße zu finden, an deren Ende der Blasewitz-Grunaer Landgraben in die Elbe mündet.

Eine der ersten Villen von Blasewitz wird bereits 1860 für den Weinhändler Löschke errichtet. Sie steht nahe der Grenze zu Tolkewitz auf einem weitläufigen Ufergrundstück. Ihr Architekt ist Christian Friedrich Arnold, von ihm stammen zahlreiche neogotische Kirchen in Sachsen. Auch das Schloss Eckberg geht auf seine Entwürfe zurück. Das *Villa Emmaus* genannte Gebäude erinnert an sächsische Herrensitze des 17. Jahrhunderts. Es zeigt jedoch keine gotischen Einflüsse, sondern Stilmerkmale der deutschen Renaissance – beispielsweise zwei Erker und Staffelgiebel mit Obeliskschmuck.

Zum 100. Geburtstag des von Friedrich List unterstützten Blasewitzer Komponisten und Hofkapellmeisters Johann Gottlieb Naumann wird 1841 der Grundstein für eine Gemeindeschule gelegt (siehe Abb. S. 76). Für die Finanzierung sorgt die Naumannstiftung, auch die Straße ist nach dem Komponisten benannt. Die ursprünglichen, von Gottfried Semper angefertigten Baupläne sind verschollen. Schließlich wird die Schule erst 1850–51, nach einer weiteren Grundsteinlegung auf einem anderen Grundstück, in einer vom Maurermeister Carl Ludwig Klug leicht abgewandelten Form vollendet (linker Gebäudeteil). Es ist ein Bauwerk mit

Geschlossene Bebauung an der Zufahrt zum Blauen Wunder

Detailreiches Wohn- und Geschäftshaus am Abzweig zur Naumannstraße

▲ Prächtige Mietvillen am elbseitigen Ende der Spohrstraße

▼ Die Villa des Weinhändlers Löschke, auch Villa Emmaus genannt, rechts ein Nebengebäude der Villa

▲ Das aus drei unterschiedlichen Baukörpern bestehende Rathaus Blasewitz an der Naumannstraße

▼ Der eingeschossige Verbindungsbau mit Motiven der deutschen Renaissance

Die Sporthalle des Dresdner Ruderklubs am linkselbischen Uferweg

gotisierendem Einschlag, obwohl Semper als strikter Vertreter der italienischen Renaissance gilt. Der Putzbau steht auf einem L-förmigen Grundriss, die zwei unterschiedlich hohen Flügel enden in Treppengiebeln. Das Portal besteht aus gestaffelten Spitzbögen, über der Schulterbogentür füllt eine Maßwerkrosette die Lünette aus. Der äußere Spitzbogen neigt zur Form eines Eselsrückens. Sein Bogen ist mit Krabben geschmückt und wird von Fialen mit Kreuzblumen flankiert. Auch auf dem Scheitel erhebt sich eine Fiale mit Kreuzblume. Dem Treppengiebel sind Spitzbögen mit Maßwerk vorgeblendet, oben wird der Giebel durch einen Spitzbogen durchbrochen. Ab 1876 nutzen die Gemeindeverwaltung und das Standesamt den Bau, denn die Schule bekommt wegen der stark gewachsenen Schülerzahl ein neues, größeres Gebäude. Schon 1890 reicht der Platz für die Gemeindeverwaltung nicht mehr aus. Emil Wägner vergrößert den rechten Flügel, in seinem Obergeschoss ist ein prachtvoller Ratssaal eingebaut. Den Giebel gleicht er stilistisch dem ursprünglichen Portalgiebel an. Weil auch die neuen Räumlichkeiten bald nicht mehr ausreichen, entsteht nach Plänen von Karl-Emil Scherz 1904–05 ein ausgedehnter Gebäudekomplex auf dem angrenzenden Grundstück – hier ganz rechts angeschnitten zu sehen. Der Neubau hält respektvoll Abstand zum gut 50 Jahre älteren Gebäudeabschnitt und stellt mit einem raffinierten, eingeschossigen Verbindungsbau einen Anschluss her. Die Bombennacht im Februar 1945 übersteht das Rathaus mit nur leichten Beschädigungen. Hier kommt jetzt die Stadtbezirksverwaltung unter. Teile des Bauschmucks verschwinden, einige Einbauten werden vorgenommen, doch repariert wird nur wenig. So ist von 1991 bis 2009 eine umfangreiche Renovierung erforderlich. Jetzt ist hier das Ortsamt Blasewitz zu Hause. Der nur eingeschossige Verbindungsbau aus Sandstein leitet vom Neubau zum älteren Gebäudeteil über. Er ist von der deutschen Renaissance beeinflusst. Sein reich mit Blatt- und Rollwerk geschmücktes Rundbogenportal hat einen spitzgiebeligen Abschluss mit dem Blasewitzer Wappen im Tympanon. Seitlich schließen sich Arkaden mit Rundbogenfenstern an. Links und rechts sind neben dem Portal zwei der ersten, in Blasewitz aufgestellten Gaslaternen angebracht, doch heute werden sie zeitgemäß mit Energiesparlampen betrieben.

Der Dresdner Ruderklub bringt der DDR viele internationale Medaillen ein – das muss belohnt werden. Der geniale Experte für dünne Betonschalen, Ulrich Müther, entwirft die 1972 fertiggestellte, avantgardistische Sporthalle auf quadratischem Grundriss. Ihr wichtigstes Merkmal ist das Dach aus vier hyperbolischen Stahlbetonschalen. Mächtige Schrägstützen vor den Fassadenmitten und schräg verlaufende Säulen im Inneren fangen die Lasten ab und machen eine ringsum voll verglaste Fassade unter großzügigem Dachüberstand möglich. 2005 wird das Gebäude renoviert und steht seit 2008 unter Denkmalschutz.

Mit dem Elbdampfer von Pillnitz kommend, fällt schon in der Höhe von Tolkewitz ein schlanker Turmhelm mit kupfergrüner Spitze ins Auge. Er gehört zur 1893 geweihten Heilig-Geist-Kirche, dem wohl bedeutendsten Einzelbauwerk von Karl Emil Scherz. Ihre Fassaden bestehen – wie bei den Häusern am Schiller- und Körnerplatz – aus gelbbraunen Klinkern, aufgelockert durch filigrane Sandsteingliederungen. Der 75 Meter hohe Turm steht asymmetrisch an der Nordostseite, Spitzgiebel und Eckturmchen flankieren seinen Helm. Im Nordostgiebel ist über dem Portal ein großes Sandstein-Rosettenfenster eingelassen. Die Saalkirche hat vier kreuzrippengewölbte Joche, sie sind von außen an ihren Zwerchdächern erkennbar. Pro Joch gibt es einen eingetieften Spitzbogen, der vier schmale, hohe Kleeblattbogenfenster rahmt. Leider hat man beim Beseitigen der Kriegsschäden 1969 die über den Fenstern angeordneten Rosetten zugemauert. Bis 2005 wird vor allem der Innenraum und auch die große Rosette renoviert. Am Fuße des Blauen Wunders steht, der Elbe gefährlich nahe, die Villa Marie. Um 1860 lässt sie der Architekt Friedrich Pötzsch für sich und seine Familie im Stil italienischer Landhäuser als Sommerwohnsitz errichten. Zwar steht die Villa auf einem Sockel, doch dessen Niveau liegt nicht oberhalb der Hochwasserzone. Nach dem Zweiten Weltkrieg werden die Besitzer enteignet und schon nach kurzer Zeit verfällt das Gebäude. Anfang der 1980er Jahre soll die Villa wegen Baufälligkeit abgerissen werden, doch selbst dazu fehlen inzwischen die Mittel. Einheimische Künstler und Denkmalschützer besetzen das Haus und verhindern den Abriss. Solch ein Widerstand gegen die Staatsgewalt hat wenige Jahre zuvor noch langjährige Gefängnisstrafen zur Folge, doch die Kraft der SED und der von ihr kontrollierten „Organe" schwindet dahin – inzwischen sind sogar viele Parteigenossen unzufrieden. Nach 1990 wird die Villa liebevoll renoviert und ist nun ein schmuckes Restaurant mit Biergarten.

◀ Die Südostseite der Heilig-Geist-Kirche mit ihrem asymmetrisch angeordneten Turm

▲ Die große Rosette im Nordostgiebel

▶ Villa Marie am Fuße des Blauen Wunders

DER VILLENVORORT BLASEWITZ

DER KÖRNERWEG UND DIE ELBSCHLÖSSER

Der Körnerweg verbindet auf romantische Weise den Körnerplatz mit dem Stadtzentrum. Die Durchfahrt für Autos und Motorräder ist gesperrt, so können Fußgänger und Radfahrer diese Tour entlang der Elbe ungestört genießen. Nach dem Körnerhaus und dem Hafen fällt links der Blick auf die Villen von Blasewitz. Dann kommt rechts Dinglingers Weinberg. Nach dem tief eingeschnittenen Mordgrund folgen die drei Elbschlösser und am Fuße des Elbhangs das erste Wasserwerk Dresdens, *Saloppe* genannt. Gleich daneben mündet der Eisenbornbach in die Elbe. Wie der Mordgrundbach hat er sein Quellgebiet in der Dresdner Heide. Die Waldschlösschenbrücke quert die Elbe an einer Stelle mit beidseitig sehr breiten, unbebauten Uferstreifen, wie es sie wohl in keiner anderen Großstadt gibt. Entlang des Körnerwegs werden die rechtselbischen Hänge nach und nach flacher, bevor sich das grandiose Altstadtpanorama als krönender Abschluss der Wanderung zeigt. Linkselbisch setzt sich das ausgedehnte, weitgehend ebene Siedlungsgebiet mit großstädtischer Bebauung fort. Hier wird der Uferstreifen schon gleich nach dem *Blauen Wunder* deutlich breiter, landeinwärts begrenzt ihn eine Straße namens *Käthe-Kollwitz-Ufer*. Sie ist nur linksseitig bebaut – und zwar mit großzügigen Villen, deren Bewohner den freien Blick auf die Uferwiesen und die Elbschlösser genießen können.

Johann Melchior Dinglinger wird 1698 zum Hofjuwelier ernannt, er schafft unvergleichlich prachtvolle Preziosen (siehe Seite 82). Einige davon sind in der kurfürstlichen Schatzkammer, dem *Grünen Gewölbe* im Residenzschloss, zu besichtigen. Dinglinger erwirbt einen alten Weinberg und lässt um 1710 oben am Hang ein großes, barockes Landhaus errichten. Seine Besonderheit: An

Der Körnerweg auf dem schmalen Uferstreifen zwischen der Elbe und den Stützmauern am Hang

▲ Blick über die Elbwiesen am Käthe-Kollwitz-Ufer zur Waldschlösschenbrücke und der Kernstadt

▼ Blick vom Loschwitzer Ufer auf die drei Elbschlösser, von links: Schloss Albrechtsberg, Lingnerschloss, Schloss Eckberg

Dinglingers Weinberg mit Landhaus und Belvedere

der Decke des Festsaals gibt es eine prächtige Windrose mit einem Zeiger, der über eine Achse mit der großen Wetterfahne auf dem Dach verbunden ist. So lässt sich auch im Haus jederzeit die aktuelle Windrichtung ablesen. Bei einem Besuch ist Zar Peter I. so beeindruckt, dass er eine ähnliche Konstruktion in seinen Petersburger Palast einbauen lässt. Es bleibt nicht beim Bau des Landhauses, denn Dinglinger lässt außerdem einen barocken Garten mit Brunnenanlage und Kegelbahn sowie ein oktogonales Belvedere anlegen. Während der DDR-Zeit bewohnt Professor Hans Nadler, Nestor der Dresdner Denkmalpflege, dieses herrliche Anwesen. Nach 1990 rebt der neue Besitzer den Elbhang wieder auf und lässt die Gebäude denkmalgerecht renovieren.

Schloss Albrechtsberg mit seiner Brunnen- und Terrassenanlage

Seinerzeit dürfen Ausländer in Sachsen kein Land kaufen. Darum lässt der steinreiche schottische Lord Jacob von Findlater und Seafield durch seinen Geliebten, den in Dresden ansässigen Christian Fischer, ab 1806 alle Weinberge zwischen dem Mordgrundbach und dem Eisenbornbach erwerben. 1810 wird auf dem westlichen Hanggrundstück ein klassizistisches Palais nach Plänen von Johann August Giesel errichtet, doch schon ein Jahr später stirbt Lord Findlater. Rund zehn Jahre später öffnet das Restaurant *Findlaters* – ein beliebtes Ausflugsziel der Dresdner Prominenz. Prinz Albrecht von Hohenzollern, der jüngste Sohn des Preußenkönigs Friedrich Wilhelm III., begeht einen in der ständisch orientierten Gesellschaft des 19. Jahrhunderts gravierenden Fehler – er lässt sich von seiner adligen Gemahlin Prinzessin Marianne der Niederlande scheiden und heiratet aus Liebe die bürgerliche Tochter eines Generals. Konsequenz: Er muss den Berliner Hof verlassen. Doch so hart ist die Strafe dann doch wieder nicht, denn die Hohenzollern-Dynastie ermöglicht ihm den Bau eines außergewöhnlich prachtvollen Palais in Sachsen – nicht ganz uneigennützig, denn so können die in Sachsen ungeliebten Hohenzollern ganz nebenbei auch hier repräsentieren. 1850 wird *Findlaters* samt Weinberg aufgekauft. Adolph Lohse, preußischer Landbaumeister und Schüler Schinkels, entwirft die bis 1854 errichtete, schlossartige Anlage. Der symmetrische Hauptbau auf rechteckigem Grundriss zeigt sich spätklassizistisch. Er wird von zwei Türmen flankiert und hat einen nur leicht aus der Fassadenflucht hervortretenden Mittelrisalit. Diesem ist ein bis zum Boden reichender, dreiseitiger Erker vorgelegt. Hinter seinen großen Rundbogenfenstern befindet sich der prachtvolle Festsaal. Eine reich mit Skulpturen und Ziervasen geschmückte Balustrade fasst das flach gedeckte Dach ein. Vorbild des Gebäudes könnten römische Vil-

▲ Blick über die Brunnenterrasse zur Elbe und auf die Blasewitzer Villen

▶ Der Erker mit seinen fein geschmückten Rundbogenfenstern

Ein gut zehn Jahre altes Bild vom Bassin und der Säulenhalle

len des 16. Jahrhunderts gewesen sein, denn auch bei dieser Villa wird die Landschaft am Elbhang in die Gestaltung mit einbezogen. Die großartigen Terrassen- und Gartenanlagen werden bis 1863 realisiert, geplant vom preußischen Gartenbaudirektor Eduard Neide. Hunderte Arbeiter sind im Einsatz, sogar Bergleute zieht man hinzu, um die Anlagen auf dem schwierigen Hanggelände zu realisieren. Zentrum ist ein Bassin mit Fontäne, gerahmt von einer halbkreisförmigen Säulenhalle nach antikem römischem Vorbild. Leider ist die Anlage seit über zehn Jahren wegen Baufälligkeit gesperrt. Die ausgedehnte Parkanlage leitet rechts zum benachbarten Lingner-Schloss über. Hier hinterlässt das romantische Zeitalter seine Spuren. Es gibt einen Viadukt mit steinernen Bögen und einen künstlichen Teich mit Insel. Die Wege verlaufen „ganz natürlich" in gewundener Form.

Nicht weniger beeindruckend als die Schaufassade an der Elbe tritt das Schloss an der Bautzner Straße auf. Zwei spiegelsymmetrisch angeordnete Torbauten auf L-förmigen Grundrissen begrenzen einen großzügigen Hof. Von ihm aus führen links und rechts zwei ansteigende Wege zur Terrasse vor dem Hauptbau – hier lassen sich repräsentative Empfänge zelebrieren. Die Mitte nimmt eine Brunnen- und Terrassenanlage mit Balustraden und Grünflächen ein. Ein dreibogiges Portal im Mittelrisalit dient als prachtvoller Eingang in das Palais. Darüber weisen – wie an der Elbfassade – drei hohe Rundbogenfenster auf den dahinter befindlichen Festsaal hin. Sie werden von ionischen Säulen gerahmt, die einen Dreiecksgiebel tragen. In seinem Tympanon zeigt sich der preußische Adler. Nach dem Tod des Prinzen verkaufen die Erben das Schloss 1925 an die Stadt, die es ab 1930 öffentlich zugänglich macht. Gegen Ende des Naziregimes kommt hier der Volkssturm unter, danach die Sowjetarmee. In der DDR gibt es die Kinderorganisation *Junge Pioniere* unter dem Dach der *Freien Deutschen Jugend*, das Schloss wird zum *Pionierpalast*. Ab 1987 beginnt die denkmalgerechte Reparatur der Inneneinrichtung, nach 1990 auch die Renovierung der Außenanlagen – sie dauert an der Elbseite immer noch an.

Prinz Albrecht kommt mit seinem Kammerherrn, Baron Freiherr von Stockhausen, nach Dresden (siehe Seite 86). Auch er und seine Familie werden standesgemäß untergebracht. Sie bekommen, ebenfalls von Lohse, bis 1853 die prächtige, spätklassizistische Villa Stockhausen gebaut. Das Gebäude respektiert aber durch seine geringere Größe und die nicht ganz so üppige Ausstattung den Standesunterschied zum Prinzen. Es besteht, wie Schloss Albrechtsberg, aus einem symmetrisch aufgebauten, ganz mit Sandstein verkleideten Hauptgebäude mit zwei Türmen. Hier stehen die Türme jedoch an der Nordseite und haben oktogonale Grundrisse. In ihren Obergeschossen belichten allseitig angeordnete, große Rundbogen-

▲ Die Hofseite von Schloss Albrechtsberg an der Bautzner Straße

▼ Die terrassierte Brunnenanlage auf dem Hof, oben eines der beiden Torhäuser

Das Lingnerschloss, rechts unten an der Hochwasserschutzmauer das kleine, ovale Mausoleum

fenster die Räume. Auch dieses Palais ist mit einem balustradengefassten, flachen Dach abgeschlossen. Die flachen Pyramidendächer der Türme werden von einer Art Zinnenkranz eingefasst. An der Parkseite ist zwischen den Ecktürmen eine von ionischen Säulen getragene Vorhalle angeordnet, die auch als Altan genutzt werden kann. 1891 kauft der Dresdner Nähmaschinenfabrikant Bruno Naumann (Firma Seidel & Naumann) das Anwesen, 1906 geht es an Karl August Lingner. Er ist der geschäftstüchtige Erfinder des bis heute erhältlichen ODOL-Mundwassers und Initiator des Dresdner Hygienemuseums. Lingner lässt 1908 das Innere von Wilhelm Kreis umgestalten, sogar eine Orgel kommt in den großen Festsaal. Die sich östlich an den Hauptbau anschließende Galerie wird zwecks besserer Nutzbarkeit verglast, sie bekommt bei der Gelegenheit einen veränderten Pavillon als Abschluss. Lingner lädt Künstler, Wissenschaftler und Persönlichkeiten des öffentlichen Lebens in sein Anwesen ein und fördert deren Dialog. Seitdem spricht man auch vom Lingnerschloss. In seinem Testament vermacht der 1916 gestorbene Unternehmer das Schloss der Stadt mit der Auflage, es für die Bevölkerung zugänglich zu machen: „Gebäude und Parkanlage mögen auf Dauer zum Besten der Bevölkerung von Dresden und der Umgebung dienen". Nach eigenem Wunsch wird Lingner in einem Mausoleum am Weinberg seines Schlosses bestattet. Hans Poelzig und seine Frau Marlene entwerfen den schlichten Bau auf ovalem Grundriss, die Skulpturen stammen von Georg Kolbe. Die Stadt weiß zunächst nicht, wie sie Lingners Auftrag umsetzen soll. Der Park ist nun zwar öffentlich zugänglich, im Schloss selbst jedoch wohnen erst Offiziere der Albertstadt, dann nutzt ein Kinderheim die Räume. Im Zweiten Weltkrieg wird ein Lazarett eingerichtet. Nach

Die Ost- und die Nordseite vom Lingnerschloss, die oktogonalen Türme und der Altan

1945 nutzen sowjetische Militärs das Anwesen, später wird es zum Studentenwohnheim umgestaltet. Die historische Innenausstattung geht bei den unterschiedlichen Nutzungen nach und nach verloren. 1957 richtet man auf Initiative des Physikers Manfred von Ardenne den *Dresdner Klub* ein, der nach einem Umbau hier seinen Treffpunkt hat. Dieser Klub knüpft an die Lingner'sche Tradition des Austauschs zwischen Kunst und Wissenschaft an, ist jedoch der SED ein Dorn im Auge – er erfordert hohen Überwachungsaufwand durch die Stasi. Darum wird der Klub 1972 unter die Aufsicht des staatlichen Kulturbundes der DDR gestellt und zum *Dresdner Klub der Intelligenz*. Vermutlich soll damit der im Arbeiter-und-Bauern-Staat nicht sonderlich angesehenen Bevölkerungsgruppe, die durch Übersiedlungen in die Bundesrepublik zudem schon dezimiert ist, ein Gefühl von Wertschätzung vermittelt werden. Trotzdem verfällt das Schloss, weil notwendige Instandhaltungsarbeiten unterbleiben. Nach 1993 steht das Lingnerschloss zunächst leer und der Verfall geht weiter. 2002 gründet sich auf Initiative der *Von Ardenne Anlagentechnik GmbH* der Förderverein *Lingnerschloss e.V.* 2003 beschließt der Stadtrat die Unterstützung des Wiederaufbaus per Erbbaurechtsvertrag mit dem Förderverein, seitdem wird das herrliche Anwesen Schritt für Schritt rekonstruiert. Auch die Deutsche Stiftung Denkmalschutz steuert Mittel bei, mehrere Unternehmen und Einzelpersonen engagieren sich durch Spenden. In der östlichen Galerie ist bereits eine öffentliche Gaststätte eingerichtet und die Terrasse lädt zu einem atemberaubenden Blick über das Elbtal ein, der vom Blauen Wunder bis zur Altstadt reicht.

1821 übernimmt Hotelbesitzer Johann Krebs, dem bereits *Findlaters* gehört, das fünfzehn Hektar große Anwesen *Eckberg* am steilen Abhang zum Mordgrund (siehe Seite 88). Krebs eröffnet hier eine weitere Ausflugsgaststätte. Der reiche Dresdner Kaufmann John Daniel Souchay erwirbt 1859 den Eckberg, lässt die Gaststätte abreißen und 1861 einen Bau nach seinem Geschmack errichten – die Villa Souchay. Architekt ist der Neogotiker Christian Friedrich Arnold. Das Gebäude besteht aus mehreren, ineinander verschach-

▲ Der Altan vor dem Mittelrisalit an der elbseitigen Terrasse

▼ Einer der Türme vom Lingnerschloss, rechts davon die Balustrade des begehbaren Dachs

DER KÖRNERWEG UND DIE ELBSCHLÖSSER

Schloss Eckberg mit verwildertem Garten am Hang

telten Baukörpern mit flachen Dächern. Außerdem hat es drei unterschiedlich hohe Türme. Erker, Altane, Balkone, Gesimse, von Maßwerk durchbrochene Geländer und Zinnenkränze schmücken den im Gegensatz zu seinen Nachbarn völlig unsymmetrischen Bau, der in romantischer Manier an englische Landschlösser der Tudorzeit erinnert. Auch innen ist die Neogotik unübersehbar – sie zeigt sich mit Kreuzrippengewölben, Kassettendecken und Vorhangbögen. In Richtung Bautzner Straße dehnt sich eine Parkanlage im englischen Stil aus. An der Elbseite erhebt sich als Abschluss der großzügigen Terrasse eine hohe Stützmauer mit einem Aussichtsrondell. 1925 kauft der Dresdner Botaniker, Industrielle und Erfinder der Zahnpasta in Tuben, Ottomar Heinsius von Mayenburg (Leo-Werke), den Komplex. Sein Bruder Georg und sein Sohn Maximilian, beide sind Architekten, nehmen innen einige Veränderungen vor. Mayenburgs große Leidenschaft gilt der Botanik. So werden der Park und der Elbhang mit Hil-

Die elbseitige Parkansicht des Luxushotels Schloss Eckberg

Der Sonnenanbeter, eine Statue von Sascha Schneider, steht am Aussichtsrondell der Terrasse

fe von 18 fest angestellten Gärtnern zu einer das ganze Jahr über in großer Farbenpracht blühenden Oase. Weil das außergewöhnliche Gebäude neben zwei „Schlössern" steht, will man nicht nachstehen und nennt es nach der Bezeichnung seines Bergsporns *Schloss Eckberg*. Nach 1945 werden die Erben enteignet, das Schloss wird zur Arbeiter-und-Bauern-Fakultät. Später ziehen der FDGB und ab 1985 ein Jugendtourist-Hotel hier ein. Nach 1990 erhalten die Erben das Anwesen zurück, sie lassen es zu einem Luxushotel umbauen.

Alle drei Elbschlösser haben Terrassen am oberen Rand der Elbhänge. Von hier aus bietet sich ein fantastisches Panorama, das von Loschwitz und Blasewitz über die südöstlichen Stadtteile bis hin zu den Türmen der Altstadt reicht. Im Vordergrund fließt geruhsam die Elbe, am linken Ufer dehnen sich weitläufige Wiesen aus. Man muss schon recht genau hinschauen, um die winzigen Wanderer und Radfahrer auf den Elbwegen zu entdecken – so weit und großzügig ist hier die Uferlandschaft.

Links der Elbe verläuft das Käthe-Kollwitz-Ufer mit seiner gleichnamigen Straße. Sie ist nur einseitig bebaut, denn an der Elbseite dehnen sich großzügig die Uferwiesen aus – mit einer Breite zwischen einhundert und zweihundert Metern. Die Uferstraße beginnt etwa 500 Meter nach dem Brückenkopf des Blauen Wunders und reicht bis zur Albertbrücke. Der zu Blasewitz gehörende Abschnitt endet am Gelände des Uniklinikums der Johannstadt und zeichnet sich durch prächtige Villen auf großzügig bemessenen Grundstücken aus. Von den Terrassen vor den Elbschlössern aus bietet sich der beste Überblick. Ab dem Klinikum beginnt die Johannstadt und unmittelbar nach dem Klinikgelände quert die Waldschlösschenbrücke die breite Uferwiese.

▲▲ Blick von den Elbschlössern elbaufwärts zum Blauen Wunder, rechts liegt Blasewitz, links Loschwitz

▲ Blick von den Elbschlössern in Richtung Altstadt

▶ Von Schloss Albrechtsberg aus kurz nach Sonnenaufgang gesehen: die Elbe, die Uferwiesen mit dem Elbradweg und die Blasewitzer Villen am Käthe-Kollwitz-Ufer

DIE SALOPPE, DIE STASI UND DAS WALDSCHLÖSSCHEN

Während der Gründerzeit wächst die Stadt rasant und damit auch ihr Trinkwasserbedarf. Mit herkömmlichen Brunnen und Zuleitungen von den Nebenflüssen ist das nicht mehr zu schaffen – ein städtisches Wasserwerk muss her. Stadtbaurat Theodor Friedrich und Ingenieur Bernhard Salbach entwerfen die Anlage, sie wird 1871–75 nahe der Mündung des Eisenbornbachs auf einem Sockel aus mächtigen Hochwasserschutzmauern errichtet. Es ist das erste zentrale Wasserwerk Dresdens. Über mehrere Brunnen, die man im Uferbereich bohrt, wird Uferfiltrat ohne weitere Aufbereitung zu einem Hochbehälter gepumpt und von dort aus in das städtische Wassernetz eingespeist. 1892 weist das Dresdner Wasserrohrnetz bereits eine Gesamtlänge von 190 Kilometern auf – die Saloppe gerät an ihre Kapazitätsgrenze. Im Zuge einer Modernisierung wird 1925 der Dampfmaschinenantrieb auf Elektromotoren umgestellt. Den Namen *Saloppe* übernimmt das Wasserwerk von einer zuvor hier befindlichen Gaststätte. Er leitet sich vermutlich von *Wutki Chalupka* (Schnapsbude) ab, so nennen die 1813 am Russlandfeldzug

Das Wasserwerk Saloppe ist nach einer Modernisierung eine außergewöhnliche Wohnresidenz

teilnehmenden Kosaken eine damals hier stehende Bretterbude mit Ausschank. 1821 reißt man sie ab und ersetzt sie durch eine massive Gaststätte namens Saloppe. Sie muss 1871 dem Bau des Wasserwerks weichen und wird 1876 etwas oberhalb als großes, zweigeschossiges Gebäude mit Aussichtsturm und ausgedehnter Gartenterrasse neu errichtet – aber 1945 durch Bombentreffer völlig zerstört. Heute ist an ihrer Stelle im Wald ein interessanter Biergarten zu finden. Auch das Wasserwerk wird schwer getroffen, nur seine westliche Hälfte bleibt erhalten. Trotzdem kann die Anlage nach einer Reparatur noch bis 1980 betrieben werden. Dann folgen viele Jahre des Leerstands, bevor die Saloppe 2018 zur Wohnresidenz für gehobene Ansprüche umgebaut wird. Im denkmalgeschützten Gebäude entstehen 34 Wohnungen mit Flächen zwischen 92 und 320 Quadratmetern. Um mehr Raum zu gewinnen, fügt man im Dachbereich eine durchgehende Gaube mit Fensterreihen hinzu. Die nach dem Krieg nicht wiederhergestellten Türme werden nach alten Bildern und Plänen rekonstruiert. Ein angepasster Neubau ersetzt die zerstörte Osthälfte. Das langgestreckte Maschinenhaus vermittelt mit seinen spitzen Türmen den Charakter einer mittelalterlichen Festung. Es ist in Joche unterteilt, die durch Lisenen zwischen den Fenstern kenntlich gemacht werden. Besonders interessant kommt die Westfassade mit ihrer kolossalen, dreiachsigen Fensterfront daher. Ihr ist in barocker Manier eine zweiarmige, geschwungene Freitreppe vorgelagert.

Der Bauherr der rechts abgebildeten neobarocken Villa hat vermutlich die Terrassen- und Brunnenanlage von Schloss Albrechtsberg im Sinn, als er sein Stück Elbhang gestalten lässt. Zwei diagonal angeordnete Wege führen zu einem kleinen, mittig angelegten Brunnen aus Bruchsteinen. Im Zickzack gehen die Wege weiter und treffen sich an einem weiteren Brunnen gleicher Machart. Dahinter erhebt sich eine durch Lisenen gegliederte Stützmauer für die Terrasse der Villa. Als Geländer dient eine Balustrade. Die Villa selbst zeichnet sich durch einen übermächtigen Risalit aus, der mit seinem gewölbten Zeltdach den Hauptbau überragt. Das barocke Symmetrieprinzip ist zwar erkennbar, wird

Neobarocke Villa mit Zickzackwegen am Elbhang

DIE SALOPPE, DIE STASI UND DAS WALDSCHLÖSSCHEN

Die Ostseite vom Haftgebäude, davor der überdachte „Freihof"

Die Stasi am Elbhang, in der Mitte das Hafthaus

Eine Zweimannzelle im Haftgebäude

jedoch bewusst verletzt. Die seitlich hervortretenden Baukörper und der linke Turmaufbau halten sich nicht daran. Auch die beiden Fensterachsen links und rechts neben dem Risalit sind recht unterschiedlich. Doch der Risalit selbst und seine Anordnung am Gebäude befolgen die Symmetrie.

Das gesamte Areal zwischen der Bautzner Straße und dem Elbhang – samt einiger Villen, der 1932 zu einem Mietshaus umgebauten Papier- und Kartonagenfabrik und dem westlichen Teil des Brockhausparks – wird 1945 von den Sowjets enteignet, um hier das Hauptquartier der Sowjetischen Militäradministration für Sachsen aufzubauen. Man richtet in den Kellern der Gebäude Haftzellen des sowjetischen Geheimdienstes ein – anfangs für Nazi- und Kriegsverbrecher, doch bald auch für politische Gegner des neuen Regimes. Zahlreiche Verfahren enden mit dem Todesurteil, das dann in der Sowjetunion vollstreckt wird. Nach dem Volksaufstand im Juni 1953 wollen die Machthaber „konterrevolutionäre Tendenzen" ein für allemal unterbinden. Dazu braucht es den bereits 1950 gegründeten Staatssicherheitsdienst, im Volksmund *die Stasi* genannt. Sie übernimmt das Areal und richtet mit Unterstützung des sowjetischen Geheimdienstes die *MfS Bezirksverwaltung Dresden* ein. Gebäude werden abgerissen oder umgebaut und durch Zweckbauten ergänzt – für Betriebswohnungen, die Verwaltung und das Archiv, für Werkstätten und den Fuhrpark –, sogar für eine autarke Versorgung bei Stromausfall ist gesorgt. Ein großer Festsaal für die Stasi-Mitarbeiter darf nicht fehlen. 1954 wird ein neues, großes Haftgebäude gebaut und als Untersuchungshaftanstalt mit 44 Zellen, einer Fahrzeugschleuse und Verhörräumen eingerichtet. Auch ein überdachter Freihof ist vorhanden – für die täglichen 45 Minuten frische Luft, die den Häftlingen zustehen. Eine hohe, stacheldrahtbewehrte Mauer umgibt das gesamte Gelände, sie steht seinerzeit auch an der Bautzner Straße und verdeckt die heute sichtbaren Fassaden. Am Elbhang wird die Mauer zusätzlich von Hunden an Laufleinen bewacht. Wer sich kritisch zur Partei- und Staatsführung äußert oder plant, die DDR zu verlassen, wird hier inhaftiert, von psychologisch geschulten MfS-Offizieren verhört und anschließend den DDR-Gerichten zur Verurteilung übergeben. Fast immer drohen lange Haftstrafen. Die „Hilfsbereitschaft" des sowjetischen Geheimdienstes dauert während der gesamten DDR-Zeit an – unter anderen hat von 1985 bis zum Ende der DDR der Geheimdienstoffizier Wladimir Putin in Dresden seinen Arbeitsplatz. Rund 3 500 hauptamtliche Mitarbeiter beschäftigt die Stasi allein im Bezirk Dresden, denn das Aufrechterhalten der „Diktatur des Proletariats" ist aufwendig. Am 5. Dezember 1989 besetzen Demonstranten die MfS-Bezirksverwaltung, um die Stasi zu entmachten und die bereits angelaufene Aktenvernichtung zu stoppen. 1994 wird die Untersuchungshaftanstalt unter Denkmalschutz gestellt. Es beginnt die Umgestaltung zu einer für die Öffentlichkeit zugänglichen Gedenkstätte. Verhör-Räume, Haftzellen des KGB und der Stasi, der Stasi-Festsaal, das Bü-

Das *Waldschlösschen* der Baroness Anna O'Kelly

ro des Stasi-Bezirksleiters und weitere Einrichtungen können im Originalzustand besichtigt werden, außerdem gibt es umfassendes Info-Material über die menschenverachtenden Stasi-Methoden sowie originale Tonaufnahmen aus dem Stasi-Archiv.

Eines der ersten Gebäude auf dem Areal ist die Villa *Waldschlösschen*. Kabinettsminister Camillo Graf Marcolini-Ferretti lässt sie 1790 für seine irische Gemahlin Baroness Anna O'Kelly nach Plänen von Johann Daniel Schade errichten. Das Haus auf quadratischem Grundriss soll mit seinen Vorhangbogenfenstern, Eselsrückenbögen, Astwerkverzierungen im Erdgeschoss und Fialen im Dachbereich romantisch-irisches Flair vermitteln. Über dem Spitzbogenportal prangt das Doppelwappen der Familien Marcolini und O'Kelly. Um 1830 gibt es hier einen Ausschank.

Nach 1800 wird der Alkoholismus zum gravierenden Problem. Insbesondere härtere Sachen wie Branntwein werden immer beliebter – mit fatalen Folgen nicht nur für die Gesundheit. Mehrere Versuche, den Alkoholkonsum einzuschränken, schlagen fehl. So kommt man auf die Idee, Hochprozentiges durch Bier zu verdrängen. Bislang ist das Bierbrauen ein Privileg, was nur wenigen gewährt wird. 1836 genehmigt man die Grün-

dung der Waldschlösschenbrauerei. Aber schon 1857 brennt ihr Hauptgebäude ab. Gleich danach folgt der Aufbau eines deutlich größeren Gebäudes. Eine breite Terrasse mit Blick auf die Stadt macht die Waldschlösschenbrauerei bis heute zu einem beliebten Ausflugsziel. Doch 1982 wird der Braubetrieb eingestellt. Nach 1990 entstehen zahlreiche Neubauten, das Waldschlösschen-Areal wird ein Wohn-, Geschäfts- und Vergnügungszentrum und damit zu einem eigenen, kleinen Stadtviertel.

Schon 1876 zieht man eine Brücke zwischen der Radeberger Vorstadt und der Johannstadt in Erwägung. Seinerzeit gibt es eine äußere Ringstraße um Dresden, den Environweg, der mit Hilfe dieser Brücke geschlossen werden soll. 1935 wird der Baugrund untersucht, doch der Zweite Weltkrieg verhindert einen Brückenbau. 1988 beschließt das Ministerium für Verkehrswesen der DDR, hier eine Brücke zu bauen und schreibt einen Wettbewerb aus. Aber 1990 wird der Plan einer Schrägseilbrücke mit vier Fahrbahnen als nicht mehr zeitgemäß angesehen und ad acta gelegt. 1994 findet die Elbquerung am Waldschlösschen Eingang in das sächsische Verkehrskonzept, es werden verschiedene Brücken- und Tunnellösungen untersucht. Ein Bürgerentscheid mit der Frage „Sind Sie für den Bau der Waldschlösschenbrücke?" wird 2005 mehrheitlich mit „Ja" beantwortet. Hintergrundinformationen gibt es zwar über die geplante Lage der Brücke und ihre verkehrstechnischen Vorteile. Das Thema UNESCO-Welterbe wird jedoch nicht erwähnt. Die UNESCO wertet den Bau der Waldschlösschenbrücke von Anfang an als landschaftszerstörend, denn sie zerteilt auf knapp 800 Metern Länge „… den zusammen-

▲▲ Die *Societäts-Brauerei zum Waldschlösschen*, rechts der Tempietto als östliches Ende des Königsufers

▲ Das Torhaus der Brauerei aus dem Jahr 1910 mit seiner fein reliefierten Türlaibung

◀ Am Aufgang zum Brauhaus gibt es ein Relief. Darauf ist links die Waldschlösschen-Villa zu sehen.

Die Waldschlösschenbrücke spannt sich über die Elbe und die breiten Uferwiesen

hängenden Landschaftsraum des Elbbogens an der empfindlichsten Stelle". Daraufhin entbrennt ein erbitterter Streit zwischen Befürwortern und Gegnern der Waldschlösschenbrücke. Er spaltet die Dresdner Bevölkerung, führt zu erheblichen Differenzen zwischen der Stadtverwaltung und der sächsischen Landesregierung und findet auch deutschlandweit große Beachtung. Mehrere Gerichtsverfahren werden angestrengt, doch eine einvernehmliche Lösung bleibt aus. Noch vor Baubeginn kommt das Dresdner Elbtal auf die Rote Liste und gilt nun als gefährdetes Welterbe. Eine Tunnellösung, die laut UNESCO das Welterbe nicht gefährden würde, setzt sich trotz positiver Machbarkeitsstudien nicht durch. Ab 2007 wird die Brücke auf Anordnung der sächsischen Landesregierung gebaut. 2009 kommt es zur Streichung des Dresdner Elbtals von der UNESCO-Welterbeliste. Das ist weltweit bislang erst der zweite Fall, in welchem ein Welterbe von der UNESCO-Liste gestrichen wird. Die Welterbekonvention wird 1972

Die nicht besonders elegante Kontur der Brückenbahn

Unter der Waldschlösschenbrücke am rechten Elbufer, rechts im Hintergrund Gebäude der Johannstadt

Der zum Königsufer gehörende Tempietto am Waldschlösschen

verabschiedet und ist bislang von 186 Staaten ratifiziert. Die Vertragsstaaten – dazu gehört auch Deutschland – verpflichten sich, ihre Welterbestätten im Sinne der Konvention zu schützen und für zukünftige Generationen zu erhalten. Hier in Stichpunkten die Daten der Waldschlösschenbrücke: Der große Brückenbogen hat 148 Meter Spannweite über der Elbe. Er ragt mit seinem Scheitel 26 Meter über das Ufergelände. Die Gesamtlänge der Stahlverbundkonstruktion beträgt 636 Meter – dazu kommen noch die Auffahrten. Die Brückenbahn ist 29 Meter breit, sie hat vier Fahrspuren und beidseitig einen kombinierten Rad- und Fußweg mit einer Breite von je 2,35 Metern. Die Gesamtkosten inklusive Verkehrsanbindung betragen 179 Mio. €, für Instandhaltung und Wartung sind jährlich rund 3,8 Mio. € eingeplant. Am 24.8.2013 wird die Waldschlösschenbrücke für den Verkehr freigegeben. Der Tempietto steht am östlichen Ende des im nächsten Kapitel beschriebenen Königsufers. Stadtbaurat Paul Wolf entwirft den 1935 aufgestellten *point de vue* am Hang zu den Elbwiesen. Von hier aus bietet sich ein überwältigender Ausblick auf die Altstadtsilhouette. Die Wetterfahne auf dem kuppelförmigen Schieferdach zeigt den Weißen Hirsch, das Wappensymbol für den sich im Osten anschließenden Stadtteil.

Blick durch den Tempietto zur Altstadt, im Vordergrund die Rampe der Waldschlösschenbrücke

DIE RADEBERGER VORSTADT UND DIE ÖSTLICHE NEUSTADT

An der rechten Elbseite setzt sich das breite Elbufer fort, der Elbhang wird noch flacher und zieht sich nach Norden zurück. Das hier beginnende und bis nach Kaditz reichende Gebiet nennt man auch Heidesandterrasse, weil seine sandigen Böden gemächlich zur Dresdner und zur Jungen Heide überleiten. Am Diakonissenhaus mündet die Prießnitz in die Elbe – nach der Weißeritz ist sie der zweitgrößte Zufluss im Stadtgebiet. Über Jahrtausende bildet die Prießnitz einen Schwemmkegel heraus und formt damit den großzügigen Elbbogen, der schwungvoll zwischen der Alt- und der Neustadt verläuft. Linkselbisch bleibt es beim ausgedehnten, relativ flachen und großstädtisch bebauten Siedlungsgebiet, das im Süden zur Dippoldiswalder Heide ansteigt – einer Hochebene vor den Bergen des Osterzgebirges.

Am sonnigen Südhang der Radeberger Vorstadt herrscht ein angenehmes Mikroklima. Darum lassen sich hier schon im 18. Jahrhundert vermögende Bürger und Adlige einzelne Garten- oder Landhäuser errichten. Ab 1850 wird die Erschließung des Gebiets vorangetrieben. Es gilt ein strenges Baureglement mit offener Bauweise auf großzügigen Parzellen – Industrie- und Gewerbeanlagen sind tabu. Überwiegend Offiziersfamilien bewohnen die Villen und Landhäuser, denn die nordwestlich angrenzende Albertstadt ist ein Stadtteil nur fürs Militär. Mit der Gründung des preußisch dominierten Kaiserreichs 1871 wird das sächsische Militär preußischen Offizieren unterstellt. Vermutlich trägt das Villenareal der Radeberger Vorstadt deshalb den Beinamen *Preußisches Viertel*.

Freiherr von Drießbach lässt 1734 am Elbufer einen Garten mit Lusthäuschen anlegen. Akziserat Carl Christian Lincke über-

Die Elbe zwischen Waldschlösschen- und Albertbrücke. Auf der Elbe ist Johanna, die Johannstädter Fähre, unterwegs.

nimmt 1766 das Anwesen. Er erweitert es um einen Bierausschank, eine Mineralwasseranstalt, ein Gewächshaus und eine Orangerie. Dann kommt ein 500 Gäste fassendes Komödienhaus hinzu, in dem zur Sommerzeit neben Gartenkonzerten und Tanzveranstaltungen auch klassische Opernwerke gegeben werden. Beispielsweise kommt hier 1815 Beethovens *Fidelio* zur Uraufführung. Einen besonderen Höhepunkt bilden die dem Publikum angebotenen Gondelfahrten auf der Elbe. Bis 1945 bleibt das Linckesche Bad eine Dresdner Attraktion, dann wird es durch Bombentreffer zerstört. Später hat man auf den Grundmauern eines nur noch als Ruine vorhandenen Baus die Drachenschänke errichtet. Doch seit 2002 steht sie leer.

Zwischen der Radeberger Vorstadt und der Johannstadt besteht seit 1875 eine Fährverbindung, 1959 hat man sie an die Stelle zwischen der Drachenschänke und einem Biergarten auf der Johannstädter Uferwiese verlegt. Das heutige Fährschiff wird 2004 in der Laubegaster Werft gebaut und trägt den passenden Namen *Johanna*. Es hat einen Sechszylinder Dieselmotor mit einer Leistung von 118 kW und ersetzt die beim Hochwasser 2002 schwer beschädigte *Dresden*.

Ein Kreis adliger Damen mit sozialen Ambitionen gründet 1844 das Diakonissenhaus mit dem Ziel, auch den ärmsten Schichten der Bevölkerung eine angemessene medizinische Behandlung zugänglich zu machen. Zwei Jahre später zieht die Einrichtung auf das heutige Areal an der Prießnitzmündung. Bereits hier stehende Gebäude werden umgebaut und erweitert. Auch danach gibt es immer wieder Erweiterungen, dazu kommen Außenstellen im Dresdner Umland. 1893 kann das neue, große Krankenhausgebäude geweiht werden. Im Februar 1945 sind rund 70 % der Gebäude zerstört. Englische und

▲▲ Versteckt hinter Bäumen: Villen am Elbufer der Radeberger Vorstadt. Vor der Ufermauer verläuft der Körnerweg.

▲ Die Drachenschänke auf dem Gelände des *Linckeschen Bades*

◀ Blick über den Johannstädter Anleger auf die Drachenschänke am Körnerweg deutsche Jugendliche beteiligen sich in den 1970ern im Rahmen der Aktion *Frieden durch Versöhnung* am Wiederaufbau des kirchlichen Krankenhauses.

Der junge Architekt Woldemar Hermann entwirft das wegen ihres Reliefschmucks *Schwanenvilla* genannte Gebäude im Jahr 1826, seit 1928 gehört es auch zum Diakonissenhaus.

Am Diakonissenhaus mündet die Prießnitz in die Elbe, für den Körnerweg baut man eine Brücke (siehe Seite 100). Im Tal der Prießnitz führt ein ansprechender Wanderweg bis nach Klotzsche und in die Dresdner Heide. Der Sommer 2018 ist sehr trocken. Die Schifffahrt auf der Elbe wird eingestellt, zeitweise sind sogar die Fähren außer Betrieb. Viele der Zuflüsse versiegen – selbst die beim Diakonissenhaus in die Elbe mündende Prießnitz trocknet komplett aus, obwohl sie der zweitgrößte Zufluss im Dresdner Stadtgebiet ist.

Das Diakonissenhaus bekommt bereits 1857 eine kleine Anstaltskirche. Sie wird 1929 nach Plänen des Architekten Oswin Hempel durch ein neues Gotteshaus ersetzt. Außergewöhnlich ist sein bis auf 32 Meter Höhe aufragender, komplett mit Kupfer verkleideter Glockenturm, der als mächtiger Dachreiter realisiert ist. Schmale, hohe Fensterbänder belichten das Innere der Kirche.

Gegenüber der kleinen Gaststätte im Rosengarten steht einst der Urtyp zahlreicher Dresdner Villen, aber auch von mehreren Villen in ganz Deutschland und Europa. Es ist die 1839 nach Plänen von Gottfried Semper für den Bankier Oppenheim errichtete *Villa Rosa*. Semper entwirft sie in Anlehnung an die berühmte *Villa Rotonda* bei Vicenza, die vom Architekten Andrea Palladio aus der Zeit um 1550 stammt. Deren vier Portiken ersetzt Semper durch dreifach gekoppelte Bogenfenster und eine vorgesetzte Bogen-

▲▲ Hauptgebäude des Diakonissenhauses

▲ Giebel am Mittelrisalit des Hauptgebäudes

▶ Reliefschmuck an der Schwanenvilla in der Holzhofgasse

Loggia an der Gartenseite. Ein weiteres Merkmal ist der zentrale Saal im Inneren. An ihn grenzen ringsum die Räume und sein Licht bekommt er – ähnlich wie bei einem Atriumhaus – über das verglaste Dach. 1945 ist die Villa zerstört, aber wiederaufbaubar. Doch 1955 reißt man sie ab und errichtet auf dem großzügigen Grundstück ein schlichtes Schulgebäude. Heute erinnert nur noch eine Gedenktafel an die architektonisch herausragende Villa.

Während der Gründerzeit wächst die Äußere Neustadt rasant, bald zählt die Dreikönigs-Kirchgemeinde 55 000 Glieder. Deshalb wird 1880 die Martin-Luther-Gemeinde ausgepfarrt – sie braucht natürlich auch eine Kirche. Das *Eisenacher Regulativ* von 1861 legt fest, dass neue Kirchbauten nur im romanischen oder gotischen Stil errich-

▲ Blick von der Prießnitzbrücke für den Körnerweg zur Altstadt

◀ Die Mündung der Prießnitz in die Elbe mit der Brücke für den Körnerweg

◀▼ Die im Jahr 2018 ausgetrocknete Prießnitz

tet werden dürfen. Doch schon 1890 schafft man diese Regelung wieder ab. Die Martin-Luther-Kirche zeigt sich in ihren Formen und Proportionen überwiegend gotisch, viele Details (Blendarkaden, Rundbogenfenster – zum Teil auch gekoppelt, halbrunder Chor usw.) sind aber eher romanisch. Nach einem Entwurfswettbewerb wird der Bau bis 1887 unter Leitung der zweitplatzierten Architekten Ernst Giese und Paul Weidner errichtet – die geplanten Baukosten von 350 000 Mark werden am Ende um mehr als das Doppelte überschritten. Der komplett mit Sandstein verkleidete, einschiffige Bau hat ein kurzes Querschiff, der weithin sichtbare Turm ragt mit seinem massiven Helm 81 Meter in die Höhe. Ungewöhnlich sind seine großen Rundbogenöffnungen. Seitlich wird der Turm von zwei Treppentürmen flankiert, sie tragen ebenfalls Sandsteinhelme. Im Osten schließt das Halbrund des Chors die Kirche ab, die eine Orgel der Gebrüder Jehmlich ihr Eigen nennt. Im Laufe der Zeit wird die Orgel mehrfach verändert und erweitert, denn sie erweist sich schon von Anfang an als zu klein für den Kirchraum. Glücklicherweise bleibt die Kirche beim Bombenangriff 1945 weitgehend verschont, sogar die Glasfenster sind größtenteils im Original erhalten. Doch für Rüstungszwecke müssen in beiden Weltkriegen jeweils die zwei größten Glocken abgegeben werden. Mit Hilfe von Spenden können sie 1922 und 1951 ersetzt werden. Leider hat man bei einer Renovierung im Jahr 1962 die reiche Innendekoration entfernt, sie gilt damals als nicht mehr zeitgemäß.

▼ In der Bildmitte der baumbestandene Platz der *Villa Rosa*, links die Gaststätte im Rosengarten, rechts das Schulgebäude und im Hintergrund die Martin-Luther-Kirche der Äußeren Neustadt

▲ Die Anstaltskirche mit ihrem expressiv gestalteten Glockenturm und der halbrunden Apsis

▶ Die Martin-Luther-Kirche mitten auf dem Martin-Luther-Platz

Der Rosengarten mit dem Pavillon, dahinter die Gaststätte

Der Staudengarten, im Hintergrund rechts die Sächsische Staatskanzlei, links die Neue Synagoge

Die trutzige Halle am Platz zwischen Rosen- und Staudengarten

Bereits 1912 konzipiert Hans Erlwein die Gestaltung des rechtselbischen Ufers und lässt die dafür benötigten Grundstücke von der Stadt aufkaufen. Er will einen harmonischen Übergang von der Elbe zur großstädtischen Bebauung der Neustädter Seite schaffen. Doch der Erste Weltkrieg und die Nachkriegszeit bescheren der Stadt dringendere Probleme. Erst während der Nazizeit wird der gut drei Kilometer lange Bereich zwischen dem Waldschlösschen und der Marienbrücke als *Königsufer* gestaltet. Stadtbaudirektor Paul Wolf und Gartenbaudirektor Heinrich Balke planen die während des *Reichsarbeitsbeschaffungsprogramms* 1933–36 realisierte Anlage. Das Königsufer mit seinen Promenaden, Terrassen, Parks und kleinen Pavillons bildet einen interessanten Kontrast zur dicht bebauten Altstadt und bietet reizvolle Blicke auf die Stadtsilhouette und den Strom der Elbe. Eigentlich sollen ab 1933 ein „Forum nationaler Kundgebungen" und ein „Memorialbezirk für die Gefallenen des Ersten Weltkrieges" entstehen, außerdem ein „Mahnmal des nationalen Aufbruchs". Doch Hitler entscheidet sich für den Bau eines gigantischen Gauforums am Großen Garten. Nur deshalb bleibt das Elbufer an dieser städtebaulich besonders sensiblen Stelle frei von nationalsozialistischem Pomp – bis auf das Forum vor dem Finanzministerium. Schließlich verhindert der von den Deutschen begonnene Zweite Weltkrieg auch das Gauforum, an dem bereits Fundamentarbeiten durchgeführt werden. Zwischen Prießnitzmündung und Albertbrücke gehören der Rosen- und der Staudengarten zum Königsufer. Der Rosengarten eröffnet zur Gartenbauausstellung 1936. Er umfasst eine 1,5 Hektar große, von Hecken eingefasste Gartenanlage mit Sandsteintreppen, Ruhebänken, einem Pavillon und einigen Skulpturen. Entlang der Wege pflanzt man 6 000 Rosen. Bäume spenden Schatten, ein Gartenrestaurant mit Terrasse bietet Speisen und Getränke an. Der bereits 1934 angelegte Staudengarten schließt sich elbabwärts an.

Zwischen Rosen- und Staudengarten befindet sich eine trutzige Halle, die das Stilempfinden der Nazizeit erkennbar macht: Mit schmuckloser Fassade und kantig-rustikalen Säulen strahlt sie Strenge und Wehrhaftigkeit aus. Doch gegen die großstädtische

Sprayer-Szene ist sie machtlos. Durch die Halle geht es zur Straße namens Carusufer, vor der Halle gibt es einen inzwischen baumbestandenen Platz. Er leitet zur Treppe über, die zum Elbufer führt. Am Fuß der Treppe gibt es zwei Sockel für Fahnenmaste, an denen damals anlässlich von Kundgebungen und Feiertagen Naziflaggen gehisst werden. Heute sind sie als Ruheplatz an der Elbe beliebt.

In der Gründerzeit wächst die Stadt rasant und mit ihr auch das Verkehrsaufkommen. Stadtbauingenieur Karl Manck bekommt 1872 den Auftrag, eine neue Brücke zu planen. Zusammen mit Carl Ludwig Lisske und Hugo Strunz entwirft er die 316 Meter lange Albertbrücke. Die 1877 eingeweihte Brücke ähnelt der damaligen, von Matthäus Daniel Pöppelmann gebauten Elbbrücke zwischen Schlossplatz und Neustädter Markt, erreicht aber nicht deren Eleganz. Über den Pfeilern gibt es beispielsweise nur kleine Austritte für die Fußgänger, die nicht so recht zu den Proportionen der Brücke passen wollen. Das gusseiserne Gitter jedoch lässt mehr Blickfreiheit zu als das massive Sandsteingeländer der 1910 nach Plänen von Wilhelm Kreis neu errichteten Augustusbrücke, die Pöppelmanns Brücke ablöst. Vier Strombögen haben mit je 31 Metern eine größere Spannweite als die Uferbögen mit ihren von 17 auf

Treppenanlage mit mächtigen Sockeln für Fahnenmasten, dahinter der Platz mit der Halle

Die Albertbrücke, dahinter die Hochhäuser vom Wohnkomplex Johannstadt-Nord

12 Meter abnehmenden Weiten. Die Brücke sieht zwar wie aus Sandstein gemauert aus, besteht aber nur aus einer etwa 50 Zentimeter starken Sandsteinhülle, die komplett mit Beton ausgegossen ist. Auf der zwölf Meter breiten Fahrbahn verlaufen mittig die beiden Gleise der Straßenbahn. Links und rechts gibt es drei Meter breite Fuß- und Radwege. Der nordwestliche Brückenkopf passt sich in das Konzept des Königsufers ein. Auch seine Gestaltung lässt in einigen Details das Stilempfinden der Nazizeit erkennen. Insbesondere am rechten Abschluss zeigt sich die runde Säulenhalle mit schmucklosen, kantigen Pfeilern, die Härte und Kompromisslosigkeit ausstrahlen. Abziehende SS-Truppen sprengen einen Tag vor der bedingungslosen Kapitulation auf jeder Seite drei Uferbögen, die jedoch schon bis 1946 repariert werden können. Eine Komplettsanierung der in die Jahre gekommenen Brücke wird 2017 abgeschlossen. Dabei hat man das historische Geländer zwar originalgetreu nachgebildet. Jedoch entspricht es nicht mehr den aktuellen Sicherheitsbestimmungen und muss durch zusätzliche Stangen erhöht werden.

Die 1945 zerstörten Bauten am Neustädter Brückenkopf sind verschwunden, hier stehen jetzt anspruchslose Neubauten. 1997 entsteht auf einer großen Brachfläche ein Baukomplex mit zwei Innenhöfen und einer überdachten Einkaufspassage, *Atrium am Rosengarten* genannt. In modernen Formen aus Stahlbeton errichtet und mit viel Glas verkleidet, beherbergt das Ensemble ein Hotel, eine Bank, Büros und verschiedene Ladengeschäfte.

▲▲ Blick vom linken Elbufer entlang der Albertbrücke in Richtung Neustadt, ganz rechts angeschnitten das Atrium am Rosengarten

▲ Der nordwestliche Brückenkopf ist Teil des Königsufers

◀ Der Kopfbau des *Atriums am Rosengarten* mit seiner halbrunden Glasfassade

DIE JOHANNSTADT

Im 18. Jahrhundert ist das Areal der heutigen Johannstadt Weideland. Neben vier Bockwindmühlen sind auch Vorwerke und Ziegeleien vorhanden – während der Napoleonischen Kriege werden sie zerstört. Im Boom der Gründerzeit stellt Ernst Giese einen Bebauungsplan auf, welcher geschlossene, viergeschossige Bauweise vorsieht. Es dominieren qualitativ hochwertige Gründerzeithäuser für den gehobenen Mittelstand. In der Nähe des Großen Gartens gibt es auch einige frei stehende Häuser und Villen. 1877, im Jahr der Fertigstellung der Albertbrücke, bekommt das neue Stadtviertel zu Ehren König Johanns seinen Namen. Nach der Bombardierung im Februar 1945 ist die Johannstadt zu 90 % zerstört. Aus den Trümmern werden Ziegel geborgen, mit dem unbrauchbaren Schutt füllt man die Elbwiesen auf. Später dient gemahlener Ziegelsplitt als Zuschlagstoff für Plattenbauten aus dem Werk in der Gerokstraße. Insgesamt überwiegen heute Plattenbauhäuser mit fünf bis siebzehn Etagen, sie bieten Platz für rund 20 000 Bewohner. Die scheibenförmigen Häuser bilden häufig gigantische Höfe, in denen jedes laute Geräusch ein Echo erzeugt – manche Leute nennen dieses Neubaugebiet *Echostadt*.

Die erste Planung einer Brücke zwischen der Radeberger Vorstadt und der Johannstadt aus dem Jahr 1876 sieht den linkselbischen Brückenkopf an der Stelle des heutigen Thomas-Müntzer-Platzes vor (siehe Seite 106). Doch der Platz selbst wird erst um 1910 angelegt. Von einer halbkreisförmigen Straße zweigen in regelmäßigen Abständen drei Straßen in die landseitige Bebauung ab. Uferseitig wird

▲ Blick vom rechten Elbufer auf die Johannstadt, links im Hintergrund der Turm der Trinitatiskirche

▶ Das Plattenbaugebiet Johannstadt Nord, im Hintergrund der Turm der Dreikönigskirche

▲ Die halbkreisförmige Bebauung am Thomas-Müntzer-Platz

▲ Die von Bäumen gesäumte Grünanlage in der Platzmitte
▼ Abfertigungsgebäude des Wasserflughafens

der Platz von der Straße namens *Käthe-Kollwitz-Ufer* begrenzt. Die geschlossene Bebauung zeigt sich als Reformarchitektur mit vereinzelten Jugendstileinflüssen.

Die Johannstadt wartet mit einem kuriosen Kapitel der Luftfahrtgeschichte auf. Am 10. August 1925 öffnet am Elbufer ein Wasserflugplatz der *Junkers Luftverkehrs A.G.* Hier starten und landen speziell konstruierte Wasserflugzeuge, sie bedienen die erste deutsche Wasserfluglinie zwischen Dresden und Hamburg mit Zwischenlandung in Magdeburg. Allerdings haben die beiden Flugzeuge nur Platz für jeweils vier Passagiere, doch zusätzlich wird Luftpost befördert. Bei Hoch- und Niedrigwasser sowie bei Eisgang fallen die Flüge aus. Weil der Flugbetrieb von Anfang an unwirtschaftlich ist, stellt man ihn schon im Herbst 1926 wieder ein. Denn vom damaligen Flugplatz auf dem Heller starten konventionelle Linienflugzeuge in Richtung Hamburg und diese Linie ist wirtschaftlich. Heute existiert nur noch das ehemalige Abfertigungsgebäude vom Wasserflughafen. Es wird seit 2019 zum „johann restaurant & elblounge" umgebaut, das 2020 eröffnet werden soll.

Das Käthe-Kollwitz-Ufer geht ab der Albertbrücke in das Terrassenufer über. Hier verläuft die Uferstraße auf erhöhtem Gelände, das durch eine Stützmauer begrenzt wird. Alter Baumbestand steht am Rand der breiten Uferwiesen. Durch die Bäume hindurch ist die Carolabrücke vor der Altstadtsilhouette zu sehen.

Die Trinitatiskirche wird 1894 nach Plänen von Karl Barth errichtet. Das einschiffige, mit einem Querhaus ausgestattete Gotteshaus hat eine mit Sandstein verblendete Fassade und zeigt Elemente der Renaissance, wie zum Beispiel das Ädikulamotiv. Lisenen, Gesimse, Fensterverdachungen und Dreiecksgiebel zählen zur reichhaltigen Gliederung. Der Turm erhebt sich mit einem mächtigen Baldachin über seinem Sockel bis auf eine Höhe von 65 Metern. Über dem Baldachin ist ein Geschoss mit großen Zifferblättern in den vier Himmelsrichtungen angeordnet. Auch der Turmhelm besteht aus Sandstein, er geht in eine kräftige Spitze über, die von einem großen, vergoldeten Kreuz mit Knauf bekrönt wird. Vier kleinere Türme an den Ecken der Kirche dienen als Treppenhäuser. Beim Bombenangriff auf Dresden wird die

▲ Das Terrassenufer vor der Johannstadt mit Blick auf die Altstadt

▼ Die Ruine der Trinitatiskirche ist heute ein Jugendzentrum

DIE JOHANNSTADT

▲ Das nach oben offene Kirchenschiff mit seinem Sport- und Spielplatz für die Jugend

▼ Die Synagoge auf dem Jüdischen Friedhof an der Fiedlerstraße

Kirche 1945 zerstört, nur ihr Turm kommt mit relativ geringen Schäden davon. Obwohl die Johannstadt sozialistisches Plattenbaugebiet wird, bleibt die Ruine stehen. Nach 1990 baut man einige der nicht völlig zerstörten Nebenräume aus und nutzt sie für die Jugendarbeit. Manchmal finden in der warmen Jahreszeit auch Freiluftgottesdienste im nach oben offenen Kirchenschiff statt. Die Fiedlerstraße verläuft nördlich des Trinitatisplatzes. Hier liegen zwei Friedhöfe direkt nebeneinander: der 1815 angelegte Trinitatisfriedhof und der 1866 angelegte Neue jüdische Friedhof. Hier wird nach Plänen von Ernst Giese (Baufirma Giese & Weidner) eine Parentationshalle errichtet. In der Reichspogromnacht zerstören die Nazis nicht nur die Neue Synagoge am Hasenberg, sondern auch die Parentationshalle. 1950 hat man sie als schlichte, einstöckige Synagoge für die durch das mörderische Naziregime fast völlig ausgelöschte jüdische Gemeinde Dresdens wieder aufgebaut. Der symmetrische, stark gegliederte Baukörper wird von Rundbogenöffnungen geprägt, der Rundbogen erscheint auch als Blendarkade an den seitlichen, auf oktogonalen Grundrissen angelegten Pavillons. Aus dem flach geneigten Dach des Hauptbaus ragt mittig eine flache, geschweifte Kuppel mit einem runden, durchfensterten Tambour auf, bekrönt wird sie von einem Davidstern. Der Tambour ist genau genommen ein Kegelstumpf, denn er hat eine leichte Verjüngung nach oben. Die für europäische Verhältnisse recht eigenwillige Gestaltung erinnert etwas an byzantinische Bauwerke aus mittelalterlicher Zeit.

Am Johannstädter Brückenkopf der Albertbrücke beginnt die relativ kurze Sachsenallee, sie mündet in den Güntzplatz. Hier steht einst ein baufälliges Haus der Sparkasse. Es wird 1914 durch einen ansprechend gestalteten Mehrzweckbau auf unregelmäßigem Grundriss ersetzt, der einen malerischen Innenhof mit Arkaden aufweist. Die Pläne für dieses Stadthaus stammen von Hans Erlwein. Es bietet neben der Sparkasse Platz für städtische Dienststellen, Läden im Erdgeschoss und Wohnungen in den Obergeschossen. 1945 bekommt das Haus Bombentreffer ab und wird anschließend nur stark vereinfacht wieder aufgebaut. Weil auch die Dokumentation des ursprünglichen Zustands verloren

▲ Das von Hans Erlwein entworfene Stadthaus der Johannstadt

▶ Der Haupteingang zur Sparkasse mit der Erlwein-typischen Bogenform

geht, rekonstruiert man die Fassaden nach alten Fotos und in Anlehnung an andere Gebäude von Erlwein. Das Innere ist heute komplett neu, dabei verschwindet leider auch der Innenhof. Erlwein nutzt das Grundstück nicht bis an die vorderen Grenzen aus, sondern versetzt die Hauptfassade zurück und schafft damit eine interessante Vorplatz-Situation. Die sachlich und klar gegliederte Fassade besteht für die beiden unteren Geschosse aus glattem Sandstein. Wie Arkaden wirken die großen Bogenöffnungen im Erdgeschoss. Über ihnen sind jeweils Dreiergruppen von schlichten Rechteckfenstern in die Sandsteinwand eingeschnitten, die der Fassade einen klaren Rhythmus verleihen. Fast über die ganze Breite ist diesen zwei Geschossen ein nur schwach hervortretender Altan vorgelagert, dessen Austrittsfläche von einem vergoldeten Metallgeländer begrenzt wird. Auch die Bogenflächen der Arkadenfenster sind mit vergoldeten Ziergittern geschmückt. Wie Edelsteine wirken die darin eingesetzten, weißen Lampen, die eine blendarme Beleuchtung dieser einst als Schaufenster dienenden Bogenöffnungen bewirken. Ursprünglich reichen alle Arkadenfenster bis zum Boden, doch beim Wiederaufbau hat man größtenteils Brüstungen eingezogen. In den hellgelb verputzten Obergeschossen strahlen die Sprossenfenster wegen ihrer grün gestrichenen Fensterläden auf den ersten Blick einen eher ländlichen Charakter aus, doch ihre lange Reihung und die Lünetten über der unteren Zeile bewirken eine noble, städtische Ausstrahlung. Betont wird dies durch den kräftigen Zahnschnitt am Kranzgesims und durch die Dreiecksgiebel im Bereich des hohen Mansarddachs. Bei genauerem Hinsehen fallen auch einige Jugendstil-Elemente auf, so im Erdgeschoss die teilvergoldeten Figuren, die Erlwein-typische Gestaltung der Bogenöffnungen mit kleinen, konvexen Schwüngen über den Kämpfern, einige Formen der vergoldeten Ziergitter und im Dachbereich die Putzornamentik der Dreiecksgiebel.

DIE JOHANNSTADT

DIE INNERE NEUSTADT: REGIERUNGSVIERTEL UND CAROLABRÜCKE

Die Neustadt liegt an der Innenseite des von der Prießnitz verursachten Elbbogens. Am westlichen Ende wird der Gegenschwung eingeleitet – durch den Schwemmkegel der Weißeritz, die über Jahrtausende linkselbisch an der Marienbrücke mündet. 1893 bekommt die Weißeritz ein neues Flussbett, seitdem mündet sie rund fünf Kilometer flussabwärts und damit erst hinter dem von ihr verursachten Schwemmkegel in die Elbe. Im Bereich der Kernstadt ist das Siedlungsgebiet beidseitig der Elbe heute nahezu eben. Rechtselbisch steigt es in der Albertstadt, also erst nördlich der Inneren und Äußeren Neustadt allmählich an. 1403 erhält die damals *Altendresden* genannte Siedlung eingeschränktes Stadtrecht. Schon 1549 befiehlt der Kurfürst die Eingemeindung – seitdem bildet die Elbe das Zentrum Dresdens. Die recht einfache Wehranlage von Altendresden wird erst ab 1631 erweitert und bekommt Stadttore. Ein Brand vernichtet 1685 fast die gesamte Bausubstanz der Neustadt. Der Wiederaufbau soll sich nicht an den mittelalterlichen Straßenzügen orientieren, sondern nach barocker Manier mit strahlenförmig vom Neustädter Markt ausgehenden Straßenzügen gestaltet werden. Doch erst ab 1714 nimmt die Bautätigkeit Schwung auf, sie dauert über Jahrzehnte an. 1732 bekommt

Die Innere Neustadt von der Albertbrücke bis zum Regierungsviertel am Carolaplatz.
An der Baumgruppe auf der Uferwiese hinter der Albertbrücke mündet die den Schwemmkegel verursachende Prießnitz.

Altendresden den Namen *Neue Königstadt Dresden*, später wird sie nur noch *Neustadt* genannt. Das Gründungsgebiet am linken Elbufer nennt man fortan *Altstadt*. Nach der Demontage der Festungsanlagen bis 1829 dehnt sich die städtische Besiedlung weiter aus. Im Osten erreicht sie bald die Prießnitz, im Westen geht sie bis zur heutigen Marienbrücke. Das Königsufer setzt sich auch im Bereich der Kernstadt fort. Kurz nach der Albertbrücke beeindruckt es mit einer Bronzeplastik. Ernst Moritz Geyger schafft sie 1895 für den Park von Sanssouci in Potsdam. 1902 bekommt Dresden einen Zweitguss. Die Figur entspricht mit ihrer makellosen, wehrhaften Schönheit auch den Idealen des NS-Regimes. Sie findet ihre Aufstellung auf einem Sockel an der Stützmauer einer erhöht geführten Promenade und zielt auf einen – unsichtbaren – Feind in der Ferne.

Nach dem 1879 abgeschlossenen Umzug des Militärs in die neu erbaute Albertstadt bedarf das Gelände einer umfassenden Neugestaltung – vermutlich ist das immer so, wenn das Militär ein von ihm genutztes Gelände räumt (siehe Seite 112). Man will nun der prachtvollen Altstadtsilhouette etwas architektonisch Gleichwertiges entgegensetzen und das sollen zwei monumentale Gebäude für die sächsische Landesregierung sein. Oberhalb der Carolabrücke entsteht zwischen 1900 und 1904 nach Plänen von Edmund Waldow das *Gesamtministerium*, die heutige *Sächsische Staatskanzlei*. Die künstlerische Leitung und die Betreuung des Baugeschehens übernimmt Heinrich Tscharmann. Natürlich zeigt die prachtvolle Schauseite des Gesamtministeriums zur Elbe – so wie auch die Altstadtsilhouette zur Elbe hin orientiert ist. Hier tritt der mächtige Mitteltrakt hervor, auf dem etwas zurückgesetzt ein kupferner Dachreiter über der Kuppelhalle mit dem zentralen Treppenhaus thront. Obenauf sitzt eine vergoldete Krone. Zwei Verbindungs-

▲ Die Innere Neustadt vom Blockhaus am Neustädter Markt bis zur Marienbrücke. An ihrem linken Ufer beginnt der Schwemmkegel der Weißeritz.

▶ Auf einem Sockel der Elbpromenade steht der Bogenschütze

Die monumentale Schauseite der Sächsischen Staatskanzlei

bauten leiten zu den Seitenflügeln über. Diese sind ähnlich strukturiert wie die Elbfassade, mit der sie die pavillonartigen Eckbauten gemeinsam haben. Das mit Sandstein verkleidete, an einen Palast erinnernde Gebäude nimmt mit seinen Dachformen und den pavillonartigen Eckbauten Bezug auf das Japanische Palais, doch anfangs wird der Bau von einigen als zu wuchtig und plump angesehen. Inzwischen akzeptiert man ihn, wie auch das benachbarte Finanzministerium, als dominantes Element der Neustädter Stadtsilhouette. Stilistisch zeigt sich die Staatskanzlei mit im Sinne der Reformarchitektur vereinfachten Formen des Dresdner Barock, aber auch Elemente der Neorenaissance und des Jugendstils sind zu finden – zum Beispiel im Dachbereich der Pavillons und des Mittelbaus. Dank ihrer massiven Bauweise übersteht die Staatskanzlei die Bombardierung relativ glimpflich, sie wird in den 1950ern renoviert und anschließend vom Rat des Bezirks Dresden genutzt. Die für einen sozialistischen Staat unpassende Krone ersetzt man durch eine Friedenstaube. Sie wird vom Volksmund ob ihrer plumpen Erscheinung *Brütende Henne* genannt. Doch die Henne hält sich nicht lange hier oben, weil ihre Befestigung bald schon durchrostet. 1990 zieht die sächsische Landesregierung unter Ministerpräsident Kurt Biedenkopf ein – im Volksmund *König Kurt* genannt. Unter seiner „Herrschaft" wird die vergoldete Krone rekonstruiert und nimmt seitdem wieder ihren angestammten Platz ein.

Knapp zwanzig Jahre nach dem Bau der Albertbrücke wird für die wachsende Großstadt eine weitere Brücke erforderlich. Stadtbaurat Hermann Klette und Architekt Karl Manck planen sie als flache Eisenträgerbrü-

Der Komplex mit seiner westlichen Seitenfassade und dem mächtigen Dachreiter über dem Mittelbau, ganz links im Hintergrund ein modernes Gebäude des Regierungsviertels am Carolaplatz.

Die Carolabrücke vom rechten Elbufer in Richtung Pirnaische Vorstadt, rechts die Neue Synagoge, dahinter das „DER SOZIALISMUS SIEGT"-Haus am Pirnaischen Platz

cke auf massiven Pfeilern. 1895 wird die Brücke dem Verkehr übergeben, sie ist 500 Meter lang und hat nur zwei Strompfeiler, um die Elbschifffahrt möglichst wenig zu behindern. Die 16 Meter breite Brückenbahn für Fußgänger, Straßenbahn- und Fahrverkehr liegt auf vollwandigen Stahlbögen. Einerseits erfüllen sie die geforderte Durchfahrtshöhe für den Schiffsverkehr, andererseits sind sie so flach wie möglich gehalten, damit die Brücke die Sicht auf die berühmte Stadtsilhouette nur minimal beeinträchtigt. Die grazilen, schmiedeeisernen Geländer tragen zur schlanken Erscheinung bei und die Auskragungen über den Brückenpfeilern antworten auf die Pöppelmann'sche Augustusbrücke rund 500 Meter elbabwärts. Namensgeberin der Brücke ist die Gemahlin König Alberts, Carola von Wasa – eine Albertbrücke gibt es ja bereits. In der Bombennacht des Februar 1945 wird die Carolabrücke schwer beschädigt. Die vor der Sowjetarmee flüchtenden Nazitruppen sprengen auch noch die brauchbaren Reste – nur die Pfeilerstümpfe bleiben stehen. 1964 reißt man diese ab und baut bis 1971 eine atemberaubend moderne, äußerst schlanke Spannbetonbrücke, entworfen vom Kollektiv um Eckhart Thürmer,

Rolf Berger und Michael Franke. Auch jetzt gelten die beiden Grundsätze: Elbschifffahrt möglichst wenig behindern sowie Blickbeziehungen zwischen Stadt und Umland, so gut es geht, freihalten. Städtebauer in Ost und West verfolgen seinerzeit das Konzept einer autogerechten Stadt mit viel Freiraum zwischen getrennten Bereichen für Wohnen, Arbeiten und Leben – es geht auf die so genannte *Charta von Athen* zurück und soll mit den engen, mittelalterlichen Städten aufräumen. Auf Neustädter Seite führt die stark zerstörte Albertstraße zur Carolabrücke. Sie wird beräumt, auf vier Fahrspuren mit be-

Die Carolabrücke mit ihren drei separaten Brückenbahnen am linken Elbufer

grüntem Mittelstreifen verbreitert sowie am Rand mit Plattenbauten besetzt, die auf der westlichen Seite einen zusätzlichen Abstand zur Straße einhalten. Auch auf Altstädter Seite verbreitert man den Straßenzug bis in die Südvorstadt auf vier Spuren mit einem überbreiten Grünstreifen in der Mitte. Die neue Brücke in dieser Nord-Süd-Trasse ist in Summe mehr als doppelt so breit wie ihre Vorgängerin. Eigentlich sind es drei Brücken, denn sie besteht aus drei statisch voneinander unabhängigen Fahrbahnen auf Spannbetonhohlkästen.

Im Bild auf Seite 113 verläuft rechts die Fahrbahn in Richtung Norden, an der Ostseite hat sie einen kombinierten Rad- und Fußgängerweg. In der Mitte ist die Fahrbahn in Richtung Süden zu sehen. Der linke Brückenstrang trägt zwei Gleise für die Straßenbahn und an der Westseite einen weiteren Rad- und Fußgängerweg. Jetzt gibt es nur noch einen Strompfeiler, der asymmetrisch im Flusslauf angeordnet ist. Wie die Uferpfeiler ist er mit rötlichem Granit verkleidet. Die Hauptöffnung erreicht die beachtliche

▲ Eine der Skulpturen der alten Carolabrücke: *Nereide – Elbe in Ruhe*

▼ Das Finanzministerium, davor die zum Königsufer gehörende Freilichtbühne. Hier ist sie für die Dresdner Filmnächte am Elbufer eingerichtet.

Spannweite von 120 Metern. Auch die neue Brücke hat eine sehr flach geführte Brückenbahn ohne störende Aufbauten, jedoch vermisst man das Eingehen auf ortstypische Besonderheiten – sie könnte in jeder beliebigen Stadt einen Fluss queren. Ihren Namen erhält sie nach dem ersten Dresdner Nachkriegs-Oberbürgermeister, Dr. Rudolf Friedrichs. Obwohl sie nur den Standort mit ihrer Vorgängerin gemein hat, heißt sie seit 1991 wieder Carolabrücke.

Am Altstädter Brückenkopf stehen noch zwei Relikte ihrer Vorgängerin. Es sind die Skulpturen *Nereide – Elbe in Ruhe* und *Triton – Elbe in Bewegung* des Bildhauers Friedrich Offermann. Ihre monumentalen Sockel verschwinden fast komplett in der Anschüttung für die neue Brücke. Zwischen den beiden Skulpturen verläuft einst die Straße – heute befindet sich hier ein Grünstreifen.

Knapp ein Jahrzehnt vor dem Gesamtministerium wird 1890–94 elbabwärts der Carolabrücke ein großes Gebäude für das Finanzministerium erbaut. Auch dieses steht auf ehemals militärisch genutztem Gelände, den im Mittelalter vom Augustinerkloster genutzten Stallwiesen. Wie beim Gesamtministerium zeigt seine Schauseite zur Elbe. Otto Wanckel ist der planende Architekt, Ottomar Reichelt leitet den Bau. Die Vierflügelanlage bildet durch ihre Verbindungsbauten drei Innenhöfe – zwei größere links und rechts, sowie einen kleinen in der Mitte. Er ist heute mit Glas überdacht. Auch dieser massive Bau wird 1945 nur leicht beschädigt. In den 1950er Jahren rekonstruiert man ihn, das Innere und der Dachbereich werden jedoch nur stark vereinfacht wiederhergestellt. Von 1953 bis zum Ende der DDR befinden sich die Bezirksbehörde der Volkspolizei sowie eine Ingenieurschule für Geodäsie und Kartografie in seinen Räumen, jetzt ist wieder das sächsische Finanzministerium eingezogen. Bis 1995 wird das Dach originalgetreu rekonstruiert, außerdem hat man störende Änderungen aus der DDR-Zeit entfernt und innen die Büroräume modernisiert. Das Finanzministerium zeigt mit seinen symmetrischen, durch Risalite gegliederten Sandsteinfassaden Anklänge an die Renaissance. Seine nach oben hin immer weniger wuchtig wirkenden Geschosse stehen auf einem hohen, stark rustizierten So-

Das Tympanon im Dreiecksgiebel ist dem Thema Geld gewidmet

Das prächtige Portal an der Ostseite des Finanzministeriums

ckel. Den Obergeschossen am Mittelrisalit ist eine Art Tempelfront aus kolossalen Säulen vorgelegt, die einen Dreiecksgiebel tragen. Nach antikem Vorbild hat er ein Tympanon – hier ist es ein Majolika-Mosaikbild des Historienmalers Anton Dietrich, das passenderweise dem Thema Geld gewidmet ist. Völlig anders sind die Fassaden der Innenhöfe gestaltet, sie bestehen aus roten Klinkern. Dieses Gestaltungsprinzip findet man auch beim Amtsgericht der Pirnaischen Vorstadt und beim Akademiegebäude auf der Brühlschen Terrasse. Übrigens befindet sich bis 1945 am Carolaplatz, dem heutigen Regierungsviertel, der beeindruckende Rundbau des Zirkus Sarrasani. Er bietet rund 4 000 Zuschauern Platz. 1918 wird hier die Republik ausgerufen und damit die 829-jährige Herrschaft der Wettiner unblutig beendet.

Hinter dem Finanzministerium stehen die Reste vom Jägerhof. Sie zählen zu den wenigen erhalten gebliebenen Renaissancebauten

in Dresden. 1404 gründet Markgraf Wilhelm I. am rechten Elbufer das Augustinerkloster. Die Mönche halten ihre Andachten in der kleinen Antoniuskapelle ab, die sich in der Nähe des heutigen Neustädter Bahnhofs befindet. Damals reicht das Waldgebiet der Dresdner Heide noch bis zur Kapelle. In Folge der Reformation wird das Kloster aufgelöst und abgebrochen. An seiner Stelle entsteht ab 1568 der Jägerhof. Die Jagd liegt dem Herrscherhaus sehr am Herzen und so wächst der Jägerhof bis 1617 zu einer Vierflügelanlage mit großem Innenhof heran. In den Gebäuden sind Hunde, Waffen, Ausrüstungen und Werkstätten für die Jagd untergebracht. Auch später gibt es immer wieder Erweiterungen – bis in das 18. Jahrhundert hinein. Nun hält das Herrscherhaus hier sogar exotische Tiere – eine frühe Form des Zoos. Doch dann siegt das Militär über die kurfürstliche Jagdleidenschaft. Ab 1831 wird der Komplex erneut erweitert und fortan als Kaserne der Kavallerie genutzt. Die Jagdschlösser der Umgebung, zum Beispiel das in Moritzburg, sind jedoch ein vollwertiger Ersatz für den Hofstaat. Für den Umbau zur Kaserne muss ein Teil der al-

▲ Der Volutengiebel an der Köpckestraße

▼ Der Westflügel des kurfürstlichen Jägerhofs mit seinen Renaissance-Treppentürmen

ten Gebäude abgerissen werden. Weil der Platz für die anwachsende Truppe bald nicht mehr ausreicht, baut man bis 1879 einen komplett neuen Stadtteil nur für das Militär – die Albertstadt. Der Jägerhof jedoch verfällt und wird teilweise abgerissen. Um 1900 soll auch noch der Westflügel verschwinden, er ist der älteste Teil der Anlage. Doch nun finden sich engagierte Bürger unter Oskar Seyfferts Leitung zusammen und verhindern durch ihre Proteste den Abriss. Aus dieser Bewegung geht 1908 der *Landesverein Sächsischer Heimatschutz* hervor. 1913 wird der Westflügel renoviert und dabei innen umgestaltet. Er beherbergt seitdem das Landesmuseum für Sächsische Volkskunst. Drei für die deutsche Renaissance charakteristische Treppentürme prägen das Bild. Auch der Volutengiebel an der Köpckestraße weist auf diese Stilepoche hin. Die achteckigen, auch als Wendelsteine bezeichneten Turmvorbauten mit ihren Parallelogrammfenstern und den geschweiften, „welschen" Hauben gehören ursprünglich zur westlichen Innenhof-Fassade. 1945 ist das Gebäude – wie die gesamte Bebauung in seiner Nachbarschaft – zerbombt und ausgebrannt. Auf den stehen gebliebenen Erdgeschossmauern werden bis 1954 die Obergeschosse originalgetreu wieder aufgebaut. Zur Verbesserung der Lichtverhältnisse kommen lange Gauben-Fensterreihen ins Dach. Die benachbarte Bebauung aber, darunter mehrere herrschaftliche Bürgerhäuser und die berühmte Ritterakademie, wird abgerissen. Geblieben sind bis heute große, freie Flächen, auf denen einzelne Plattenbauten stehen.

Zum Königsufer gehört das 1936 vor dem Finanzministerium errichtete „Forum für nationale Kundgebungen", ein Aufmarschplatz und Freilufttheater vor der Kulisse der Dresdner Altstadt. Es wird von monumentalen Fahnenmasten gerahmt, von denen noch die mächtigen Sockel zeugen. Im Zentrum steht damals ein durch Treppen erhöhtes Rednerpult aus Sandstein – für die „Ansprachen an das deutsche Volk". Heute werden die entfernt an ein Amphitheater erinnernden, bogenförmigen Terrassen gern als Ruheplatz genutzt. In den Sommermonaten finden hier die *Dresdner Filmnächte an der Elbe* statt – ein beeindruckendes Open-Air-Kino- und Konzertfestival mit Platz für 3 500 Besucher.

Die Freilichtbühne vor dem Finanzministerium, gerahmt von mächtigen Sockeln für Fahnenmaste

DER NEUSTÄDTER MARKT, DIE HAUPTSTRASSE UND DER ALBERTPLATZ

Aus einem mittelalterlichen Dorfplatz entwickelt sich der Neustädter Markt. Nach dem Brand von Altendresden wird er zu einem großartigen, barocken Platz umgestaltet. Seine Aufgabe: die Überleitung von der Augustusbrücke zur Hauptstraße der Neustadt. Dazu wird der Platz zunächst erhöht, was die Gefahr von Überflutungen bei Hochwasser verringert und außerdem eine bessere Sicht über die Elbbrücke auf die Altstadt mit sich bringt.

Nach und nach rahmen monumentale, aber auch bürgerliche Häuser den Platz. 1753 kommt das Neustädter Rathaus hinzu. Die gut 500 Meter lange Hauptstraße wird nach einem raffinierten Prinzip angelegt. Am Goldenen Reiter beginnt sie mit 57 Metern Breite und verjüngt sich bis zum heutigen Albertplatz, dem damaligen Bautzner oder Schwarzen Tor der Stadtbefestigung, auf nur noch 38 Meter. Zusammen mit den im Jahr 1750 beidseitig installierten Straßenlaternen und der Doppelreihe junger Lindenbäumchen wirkt die Hauptstraße vom Neustädter Markt aus gesehen perspektivisch viel länger, doch vom Stadttor aus entsteht der Eindruck einer Verkürzung – man meint, fast unmittelbar vor einem monumentalen Platz zu stehen. Heute ist der Effekt nicht mehr zu beobachten, denn große Platanen versperren die Sicht auf die Fassaden. Sie spenden dafür im Sommer Schatten auf der als Fußgängerzone eingerichteten Hauptstraße. Nach der Bom-

Der Neustädter Markt von der Laterne der Frauenkirche aus gesehen, rechts die Augustusbrücke und das Blockhaus, links die Baumreihe der Hauptstraße und die Dreikönigskirche. Die roten Dächer in der Bildmitte gehören zum erhalten gebliebenen Barockviertel mit der Königstraße und der Rähnitzgasse.

bardierung 1945 und der anschließenden Beräumung der Ruinen ist von der ursprünglichen Bebauung am Neustädter Markt nur noch das Blockhaus übrig. Alle anderen Bauten entstehen erst während der DDR-Zeit unter Missachtung der ursprünglichen Platzgrenzen. Zudem zerschneidet eine vierspurige Straße den Platz und fordert die Hälfte seiner Fläche für den Autoverkehr. So wird der Neustädter Markt nach dem Krieg zu einer langgezogenen, weiten Fläche ohne rechten Platzcharakter – der einst wie selbstverständlich die Platzmitte markierende Goldene Reiter wirkt heute ziemlich verloren.

Am Eingang der Hauptstraße steht seit 1893 eine symmetrische Fahnenmastanlage. Sie ist nach dem Vorbild der Renaissance-Anlage auf dem Markusplatz in Venedig gestaltet und besteht aus Bronzesockeln mit geschwungenen Balustraden aus schwedischem Granit. Heinrich Epler entwirft die Bronzesockel mit den 25 Meter hohen Masten und Heinrich Schubert plant die Balustraden. König Albert will seine Verbundenheit mit dem deutschen Kaiser Wilhelm I. symbolisieren, der kurz nach Aufstellung der Anlage in Dresden zu Besuch weilt. Die Ikonografie der Bronzereliefs ist ganz auf dieses Thema abgestimmt.

1736, drei Jahre nach dem Tod des Kurfürsten, stellt man den *Goldenen Reiter* mitten auf dem Platz auf. Das Reiterstandbild zeigt August den Starken in der Pose eines antiken, römischen Herrschers mit Schuppenpanzer und Kurzschwert bewaffnet, wie er gen Osten, in das von ihm seit 1697 regierte Königreich Polen stürmt. In der Rechten hält er einen Feldherrenstab. Das Postament für den Goldenen Reiter wird erst 1884 nach einem Entwurf von Constantin Lipsius vollendet. Im Zweiten Weltkrieg lagert man den Goldenen Reiter ein, deshalb entgeht er der Zerstörung. Erstaunlicherweise wird das kurfürstlich-königliche Reiterstandbild während der DDR-Zeit geduldet, man hat es zur 750-Jahr-Feier Dresdens sogar neu vergoldet.

▲ Blick in die Hauptstraße in Richtung Albertplatz

▶ Der Goldene Reiter, im Hintergrund das Hotel Bellevue mit dem vor der Sprengung geretteten Barockhaus

DER NEUSTÄDTER MARKT, DIE HAUPTSTRASSE UND DER ALBERTPLATZ

Das Blockhaus mit seiner schlichten, elbseitigen Parkanlage

Ursprünglich soll der Neustädter Brückenkopf symmetrisch mit zwei Bauwerken eingefasst werden. Dabei soll das westliche Gebäude auf der Achse der Hauptstraße stehen.

Das Blockhaus um 1975, hier noch mit dem 1892 hinzugefügten Dachgeschoss

Auf seinem pyramidenförmigen Dach will man den Goldenen Reiter aufstellen. Doch die unterschiedliche Ausrichtung von Augustusbrücke und Hauptstraße macht eine symmetrische Anordnung unmöglich und so hat der Brückenkopf nur ein Gebäude – das auf die Hauptstraße ausgerichtete Blockhaus. Oberlandbaumeister Zacharias Longuelune plant einen einstöckigen Bau auf quadratischem Grundriss, umgeben von einem offenen Arkadengang. 1732 beginnt man zu bauen, doch 1739 ist das Gebäude erst bis zum Hauptgesims fertig. Nun wird ein Interimsdach darauf gesetzt – der Goldene Reiter steht ja inzwischen bereits auf dem Neustädter Markt und die Pyramide braucht man nicht mehr. 1747 zerstört ein Sturm das Interimsdach, das halbfertige Haus wird daraufhin dem Militärbauamt übergeben. Dieses lässt es bis 1755 zur Neustädter Wache mit Kommandeurswohnung ausbauen. An Stelle der steilen Pyramide setzt man ein Mezzaningeschoss und ein Walmdach mit Gauben und Zierschornsteinen auf, der offene Arkadengang wird – bis auf die drei zum Neustädter Markt zeigenden Bögen – mit Rund- und Stichbogenfenstern geschlossen. 1851 zieht das Kriegsministerium ein, es bleibt bis zur Revolution im Jahr 1918 hier. 1892 will man noch mehr Platz gewinnen und stockt das Blockhaus auf. Über drei Jahrzehnte nach seiner Zerstörung im Februar 1945 bleibt das Blockhaus eine Ruine. Erst 1976–82 wird es als *Haus der Deutsch-Sowjetischen Freundschaft* im Aussehen von 1755 wieder aufgebaut – das nicht zum ursprünglichen Charakter passende Dachgeschoss lässt man weg. Der auf dem Traufgesims angebrachte, historische Bauschmuck findet 1986 seinen neuen Platz an

▲ Die Dreikönigskirche an der Hauptstraße

Die Dreikönigskirche an der Königstraße

▼ Die Ostfassade mit dem Portal an der Hauptstraße

der Stirnwand der Neustädter Markthalle. An der Elbseite wird ein kleiner Park angelegt, der das Königsufer an dieser Stelle komplettiert.

Der erste Vorgängerbau der Dreikönigskirche wird nach Verleihung des Stadtrechts an Altendresden gestiftet, er steht inmitten eines Friedhofs. Auch die heute noch als Institution bestehende Dreikönigsschule stammt aus dieser Zeit. Die gotische Kirche hat ein flaches Schiff mit spitzem Dachreiter. 1429 zerstören die Hussiten das Gotteshaus, kurz danach wird es wieder aufgebaut. Zwischen 1514 und 1524 erweitert Hans Schwabe den Bau zu einer dreischiffigen Hallenkirche mit Chor. Der große Stadtbrand von 1685 vernichtet auch die Dreikönigskirche, ihr Turm wird schon 1608 durch Blitzschlag zerstört. Aber die Gemeinde gibt nicht auf. Maurermeister Johann Benedikt Knöffel und Zim-

DER NEUSTÄDTER MARKT, DIE HAUPTSTRASSE UND DER ALBERTPLATZ 121

mermeister Johann Andreas Voigt bauen die Kirche 1688 in einfacherer Form wieder auf. Doch inzwischen sind die Planungen für die barocke Neugestaltung Altendresdens fertig. Die Dreikönigskirche stört die von August dem Starken geforderte Hauptstraße – die prachtvolle Achse von der Augustusbrücke bis zum Schwarzen Tor. Er setzt 1731 zwar auf seine Kosten, aber gegen den Protest der Bevölkerung den Abriss der Kirche und die Verlegung des Friedhofs durch. Weil die Gemeinde auch während der Bauzeit einer neuen Kirche ein Gotteshaus braucht, errichtet Pöppelmann zuerst eine Interimskirche. Im Auftrag des Kurfürsten liefert er dann die Pläne für die neue Kirche, doch seitens der Stadt fertigen George Bähr und Johann Gottfried Fehre Gegenentwürfe an. Schließlich wird bis 1739 rund 200 Meter weiter nördlich der alten Kirche unter Leitung von Ratsmaurermeister Fehre und seinem Sohn die neue Kirche so errichtet, dass ihre östliche Fassade in der Flucht mit der Bebauung der Hauptstraße steht. Den Friedhof verlegt man auf ein neues Gelände weit außerhalb der damaligen Festung in die heutige Leipziger Vorstadt. Trotzdem heißt der Gottesacker dort immer noch *Innerer Neustädter Friedhof*. Der von Benjamin Thomae geschaffene Hauptaltar liegt entgegen der Regel im Westen, was erneut zu heftigen Protesten der Bürger führt. An der Hauptstraße, also dort, wo eigentlich der Chor mit dem Altar hingehört, hat die Kirche einen Eingang. Ein steiles Walmdach schließt das rechteckige Kirchenschiff ab, in dem zehn im Oval angeordnete Pfeiler die Dachkonstruktion tragen. Die zweigeschossigen, bis an die Pfeiler heranreichenden Emporen und Betstuben bilden einen ovalen Raum heraus, der durch einen in den Dachraum eingewölbten Deckenspiegel abgeschlossen ist. In den Gebäudeecken sind die vier Treppenanlagen untergebracht. Diese Konzeption stammt von George Bähr, er bringt sie später in der Frauenkirche zur Perfektion. Der Turm im Westen wird aus Geldmangel nur bis zum Dachsims ausgeführt und provisorisch mit einem Pultdach abgeschlossen. Das Portal im Turmsockel stammt noch vom Vorgängerbau. Die unter dem Dach aufgehängten Glocken können jedoch ihren Klang nicht richtig entfalten. Erst 1857 kommt der knapp 88 Meter hohe, ganz aus Sandstein bestehende Turm nach Plänen von Karl Moritz Haenel und Frommherz Lobegott Marx zur Vollendung. Er passt sich mit seinem neobarocken Aufbau an die Türme der Hof- und der Kreuzkirche an. Wegen des zusätzlichen Gewichts muss der inzwischen über 100 Jahre alte Sockel samt seiner Fundamente verstärkt werden. Über der Uhr gibt es damals eine Türmerwohnung mit Wohnzimmer und Kochnische sowie einem Schlafzimmer eine Treppe höher. Der Turmumgang an der Wohnung dient seit 1999 als Aussichtsplattform für Besucher. Ein interessanter Rundblick über die Innere Neustadt und auch ins Dresdner Elbtal mit der Altstadt ist die Be-

Der konservierte Torso des Barockaltars von Benjamin Thomae

lohnung für den Treppenaufstieg. 1859 erhält das während der ganzen Bauzeit unter Finanzierungsproblemen leidende Gotteshaus endlich auch sein dem barocken Stil angemessenes Mansarddach. Im Februar 1945 zerstören Bomben die Kirche bis auf ihre Umfassungsmauern. Sogar die Glocken schmelzen im Feuersturm, doch der Turm ist nach wie vor standfest. An einen Wiederaufbau der Dreikönigskirche ist nicht zu denken. Die SED plant, an Stelle der Kirche die Gaststätte *Broilerbar* zu errichten. Doch die engagierte Gemeinde versammelt sich regelmäßig in einer im Turmsockel notdürftig eingerichteten Kapelle, um den Abriss zu verhindern – was ihr letztendlich auch gelingt. 1973 werden in Apolda neue Glocken gegossen. Die Reste der alten Glocken schmilzt man ein und verwendet sie für den neuen Glockenguss. Im Dezember 1977 wird das erneuerte Geläut geweiht.

Erst 1984–90 kann das Gotteshaus mit „Westgeld" der evangelischen Kirche schrittweise wieder aufgebaut werden. Bis 1997 wird dann der Bau auch innen umfassend renoviert. Äußerlich sieht die Kirche wieder so aus, wie einst von Bähr, Fehre und Pöppelmann entworfen. Jedoch dient nur noch ein kleiner Raum im Osten dem Gottesdienst – dort steht jetzt auch der 1945 teilweise zerstörte Barockaltar als konservierter Torso. Sehenswert ist außerdem das unter der Orgelempore angebrachte Relief *Dresdner Totentanz* vom alten Georgenbau. Christoph Walther I. lässt sich bei seinen eindringlichen Darstellungen des Todes wahrscheinlich von den grausamen Pesterfahrungen des Mittelalters inspirieren. Die anderen im Kirchbau eingerichteten Räume sind für Tagungen, Veranstaltungen und Ausstellungen im Sinne eines *Hauses der Kirche* nutzbar. Von 1990–93 tagt hier übrigens der neu konstituierte Sächsische Landtag, da es für ihn zu dieser Zeit keine geeigneten Räumlichkeiten gibt. Manche nennen die Kirche deshalb auch *Sächsische Paulskirche* in Analogie zur Frankfurter Paulskirche, in der 1848 die Nationalversammlung tagt.

Der ab 1817 neu geschaffene Albertplatz, ein beeindruckender Rundplatz mit parkähnlich gestalteter Mitte und vielen einmündenden Straßen, wird neben dem Neustädter Markt zu einem zweiten Zentrum.

Der *Dresdner Totentanz* von Christoph Walther I.

Der Albertplatz mit seinen zahlreichen Straßeneinmündungen. Rechts unten leitet der Jorge-Gomondai-Platz zur Hauptstraße über.

1945 ist die Neustadt schwer zerstört, doch einige Bereiche kommen glimpflich davon. Zwischen Haupt- und Königstraße spürt man noch etwas von der barocken Ausstrahlung, die auf die Zeit Augusts des Starken zurückgeht. In der Theresienstraße und der Erna-Berger- Straße, also im Bereich der demolierten Festungsanlagen, sind einige freistehende Wohnhäuser erhalten geblieben, die zu den Spitzenleistungen des Klassizismus in Deutschland zählen. Reste der meist geschlossenen Bebauung in der Hospital-, Glacis- und Tieckstraße machen etwas vom bürgerlichen Dresden aus der Wendezeit vom 19. zum 20. Jahrhundert erfahrbar.

DIE AUGUSTUSBRÜCKE

Seit der Gründung Dresdens ist die Elbbrücke ein nicht mehr wegzudenkendes Element der Stadt. Vor ihrem Bau müssen Fernhändler die Elbe umständlich durch Furten überqueren – drei davon sind im heutigen Stadtgebiet nachgewiesen, eine davon gleich an der Frauenkirche. Die Entstehung der ersten Brücke wird zwischen 1173 und 1222 angenommen, um 1230 ist ein Ablass für eine Brückenreparatur belegt. Initiatoren und Geldgeber sind die Mitglieder der Kaufmannschaft, die auch den Vorgängerbau der Kreuzkirche errichten. Brückenzoll, Spenden, Kircheinnahmen und Zinsen mehrerer Dörfer werden gemeinsam im *Brückenamt* verwaltet und sowohl für kirchliche Zwecke als auch für Brückenreparaturen ausgegeben. Die erste steinerne Brücke hat 23 Bögen, ist achteinhalb Meter breit und mit 560 Metern damals die längste Brücke Deutschlands. Seinerzeit weist die Festung Dresden nur einen Durchmesser von etwa 600 Metern auf – damit kommt der Brücke eine überragende Wirkung auf das Stadtbild zu. Um Feinden das Eindringen in die Stadt zu erschweren, gibt es im Brückenverlauf eine Zugbrücke, einen Wehrturm, ein leicht zu entfernendes Holzfeld, das Torhaus, ein Fallgattertor und noch eine Zugbrücke. Immer wieder kommt es zu Schäden, vor allem durch Hochwasser und Eisgang. Urkunden dokumentieren Brückenreparaturen für die Jahre 1311, 1319, 1342/43 und 1432/33. Reparaturen und Verbesserungen werden von den berühmtesten Baumeistern der Zeit geleitet, unter anderen von Bastian Kramer, Peter Ulrich von Pirna, Nicl von Zwickau und Melchior Trost. Zwischen 1511 und 1517 müssen ganze Teile neu gebaut und sogar Pfeiler ausgewechselt werden. Hans Schickentanz, der 1514 zum Dresdner Ratsherrn ernannte Baumeister und Steinmetz, leitet diese Arbeiten. Dabei entsteht auch das sagenumwobene Brückenmännchen. Es soll den legendären Erbauer der ers-

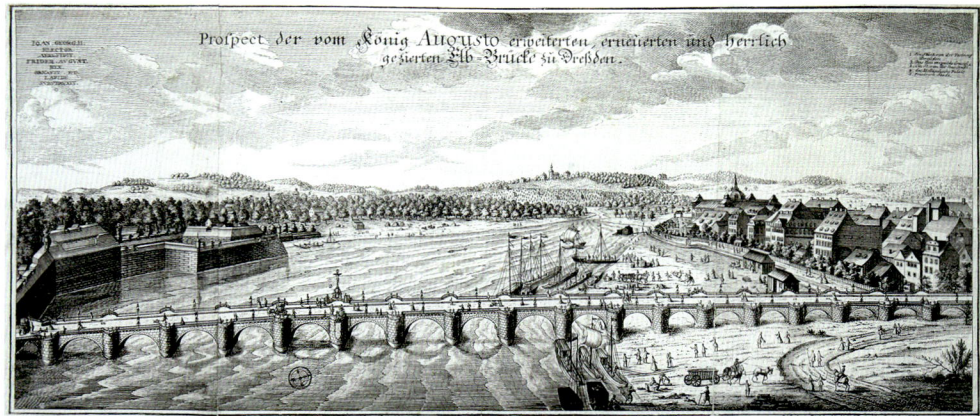

Die Elbbrücke, Stich von Moritz Bodenehr, 1739. Von rechts aus der Neustadt kommend steigt sie leicht an, ab dem Kruzifix fällt sie Richtung Schlossplatz etwas stärker ab.

ten steinernen Brücke, *Signor Matteo Foccio* (Matthäus Focius) darstellen – ein Hinweis auf frühe Aktivitäten italienischer Baumeister in Dresden. Der heutige Pfeiler am Terrassenufer trägt elbabwärts das Brückenmännchen. Das Original wird bei der Sprengung des Pfeilers durch die Franzosen 1813 zerstört. Man birgt die Bruchstücke und Christian Gottlieb Kühn fertigt 1814 eine Nachbildung an. In der Mitte der alten Steinbrücke steht eine Kapelle. 1469 wird sie erneuert und dem heiligen Alexius geweiht.

Die Augustusbrücke von der Carolabrücke aus gesehen

Doch nach der Reformation gewinnt das Geldeintreiben die Oberhand, aus der Kapelle wird 1543 ein Zollhaus – auf dem Kupferstich aus dem Jahr 1572 im Kapitel *Die besondere Bedeutung der Elbe für Dresden* ist es zu erkennen. Durch Erweiterungen am Schloss und an der Festung in den Jahren 1534–47 verschwinden linkselbisch fünf Pfeiler in der Uferanschüttung. 1670 lässt Johann Georg II. ein 4,5 Meter hohes Kruzifix aus Bronze auf dem Hauptpfeiler aufstellen. Es stammt von Christoph Abraham Walther, einem Mitglied der berühmten Dresdner Bildhauerfamilie. Ab 1718 müssen 12 schadhafte Pfeiler erneuert werden. Dann bekommt Pöppelmann den Auftrag, eine neue Brücke nach dem Vorbild der Rialtobrücke Venedigs zu planen – mit einem unvergleichlichen Blick auf die Stadtsilhouette. 1727–31 wird unter Leitung des Ratsmaurermeisters Johann Gottfried Fehre die Brücke deutlich erhöht und auf elf Meter verbreitert. Die noch aus dem Mittelalter stammenden Pfeiler nutzt man weiterhin, doch Verteidigungsanlagen sind nicht mehr vorgesehen. Zwar kann die bogenförmige Erhöhung auf Grund der deutlich größeren Länge nicht wie bei der Rialtobrücke realisiert werden, doch durch den allmählichen Anstieg von der Neustädter Seite und dem etwas steileren Abfall zum Schlossplatz entsteht eine sich stetig steigernde Wirkung des Altstadtpanoramas. Nun hat die Brücke eine Länge von 402 Metern und verfügt über 18 Bögen. Über den mit großen Sandsteinblöcken verbreiterten und erhöhten Pfeilern gibt es Auskragungen mit Ruhebänken. Hier kann man man beim Genießen der Stadtansicht verweilen, ohne den Verkehr zu behindern. Die neuen Geländer sind nicht mehr massiv, sondern bestehen aus kunstvoll gestalteten Eisengittern, was der Brücke eine besondere Eleganz verleiht. Zusätzlich wird sie nachts von Laternen beleuchtet. An der höchsten Stelle stellt man das alte Kruzifix wieder auf. Eigentlich soll hier das Reiterstandbild Augusts des Starken seinen Platz finden, doch die Brückenstatik lässt das nicht zu. Bis 1739 verschwinden erneut zwei Brückenpfeiler, denn für den Bau der Hofkirche wird der Schlossplatz angeschüttet. Bei einer bis dahin unübertroffenen Elbflut stauen sich 1845 angeschwemmte Bäume und Reste ganzer Häuser derart, dass der Hauptpfeiler einstürzt und das Kruzifix in den Fluten versinkt – es wird nie wiedergefunden. Während der industriellen Revolution nimmt die Elbschifffahrt rapide zu, die Schiffe werden größer und auch der Verkehr über die Brücke steigt stark an. Da wird die Brücke mit ihren niedrigen, engen Bögen und der geringen Fahrbahnbreite mehr und mehr zum Hindernis. Zudem ist sie aus statischen Gründen für schwere Fuhrwerke gesperrt. Nach jahrelangen Kontroversen bricht man die Pöppelmann'sche Brücke schließlich 1907 ab. Bis 1910 entsteht nach Plänen von Wilhelm Kreis und Stadtbaurat Hermann Klette eine komplett neue Brücke. Während der Bauzeit läuft der Verkehr über eine aufwendige Interimsbrücke, von der

Das sagenumwobene Brückenmännchen Matthäus Focius

Die Westseite der Augustusbrücke mit Blick auf die Altstadt

aus auch die Baustelle versorgt wird. Die neue, mit Sandstein verkleidete Korbbogen-Gewölbebrücke besteht aus Stampfbeton und hat nur noch neun, dafür aber deutlich weitere Bögen mit Spannweiten zwischen 18 und 39 Metern. Ihre Unterseiten bestehen aus durch Kassettierung verzierten, sandsteinfarbigem Beton, alle anderen Sichtflächen sind mit Sandstein verkleidet. Auf der Altstädter Seite wird die Straße namens *Terrassenufer* durch einen Brückenbogen geführt. Neben den Verbesserungen für den Verkehr ist es an dieser exponierten Stelle jedoch eminent wichtig, der städtebaulichen Wirkung der Pöppelmann'schen Brücke möglichst nahe zu kommen. Deshalb hat die neue Brücke ebenfalls oberhalb der Pfeiler angeordnete Nischen mit Sitzbänken aus Sandstein – teilweise werden sogar Steine der abgebrochenen Brücke zur Verkleidung verwendet. Und auch die bogenförmige Erhöhung des Scheitelpunktes der Brückenbahn wird wieder realisiert – an der bisherigen Stelle und 1,3 Meter höher als bei der Vorgängerbrücke. Leider kommen beim Neubau keine kunstvollen Eisengeländer, sondern massive Steinbrüstungen zum Einsatz. Nun ist die Brücke zwar beachtliche 18 Meter breit, aber nur noch 390 Meter lang. Es fällt auf, dass jede neue Brücke kürzer als ihre Vorgängerin ist. Denn beide Ufer rücken durch Aufschüttungen immer näher in Richtung Elbe – große Teile des Schloss- und Theaterplatzes sind früher Elbwiesen oder liegen gar im Flusslauf, auch das rechtselbische Ufer ist einst weiter von der Elbe entfernt. 1945 sprengen – nur einen Tag vor der bedingungslosen Kapitulation – die vor der anrückenden Sowjetarmee flüchtenden SS-Mannschaften einen Brückenpfeiler der Neustädter Seite, zwei Bögen stürzen ein. Sowjetische Pioniere bauen zunächst eine Behelfsbrücke, bis 1949 wird die Augustusbrücke repariert. Man erkennt die Stelle an den glatten, nicht kassettierten Unterseiten der Bögen und dem im Stil der 1950er Jahre gestalteten Figurenschmuck. Neue Herrscher etablieren neue Helden. So benennt die SED-Führung die Augustusbrücke nach einem bulgarischen Kommunistenführer in Georgi-Dimitroff-Brücke oder kurz Dimitroff-Brücke um. Die Dresdner machen gleich einen Spruch darauf und der geht so: August der Starke fährt in seiner Kutsche über die Brücke zu einem der ausschweifenden Feste nach Moritzburg. Er sieht attraktive junge Damen flanieren, zeigt auf die hübschesten Mädchen und weist seine Dienerschar in purem sächsisch an: „Die mit droff un die mit droff off de Kutsche" (für Nicht-Sachsen: „Die mit rauf und die mit rauf auf die Kutsche"). Seit April 2017 wird die Augustusbrücke grundlegend renoviert.

HOTEL BELLEVUE, DAS JAPANISCHE PALAIS UND DIE MARIENBRÜCKEN

Nach dem Brand von Altendresden wird bis 1693 das Haus des Dresdner Bürgermeisters Elias Jentzsch erneuert. 1724 bekommt es zwei rechtwinklige Flügel in Richtung Elbe und eine barocke Fassadengestaltung. Der sächsische Hof kauft das Gebäude und lässt es nach Plänen von Pöppelmann für die Königliche Kanzlei und das Appellationsgericht erweitern. Ein Querhaus schließt nun den elbseitig offenen Hof, die Flügel werden verlängert und ein weiteres Querhaus angefügt – der Grundriss ähnelt somit einer eckigen 8. Am linken Elbufer steht hinter der Semperoper seit 1820 die *Calberlasche Zuckersiederei*. 1853 gestaltet man das repräsentative Werksgebäude zum *Hotel Bellevue* um. Nach seiner Zerstörung 1945 werden die Überreste 1951 abgerissen. Das Barockhaus jedoch übersteht die Bombardierung erstaunlicherweise mit nur leichten Schäden. Trotzdem soll es abgerissen werden und einem neuen, kühn in die Höhe strebenden *Hotel Bellevue* für in harter Währung zahlende West-Gäste Platz machen. Doch gegen den Abriss und gegen das Hotelkonzept gibt es trotz drohender Verhaftungen durch die Stasi offene Proteste der Bevölkerung. Die Proteste und die darüber berichtende „Westpresse" führen schließlich in Ostberlin zur Einsicht, dass ein Abriss der DDR mehr schadet als nützt. So stoppt die DDR-Regierung die sturen Dresdner SED-Genossen förmlich in letzter Minute, denn die Sprenglöcher sind bereits gebohrt. Bis zum Februar 1985 wird dann zwar trotzdem das neue Hotel errichtet, aber nach komplett überarbeiteten Plänen. Das japanische Unternehmen Kajima Corp. Tokyo mit seinem verantwortlichen Architekten Takeshi Inoue integriert den historischen Barockbau elegant in das Hotel. Dabei wird er außen denkmalgerecht rekonstruiert. Die modernen Ho-

Der Hotelkomplex mit dem Barockhaus in der Mitte, links das Japanische Palais

telgebäude richten sich in ihren Proportionen konsequent nach dem Barockbau. Auch mit der Form ihrer abgewalmten Kupferdächer passen sie sich an. Das Dachmaterial Kupfer korrespondiert außerdem mit dem des benachbarten Japanischen Palais. Die neuen Bauten nehmen das Barockhaus „in die Zange". Der elbseitige Innenhof wird 2004 überdacht und damit wetterunabhängig nutzbar. Die großzügig mit Wegen, Ruheplätzen und einem Brunnen gestaltete Parkanlage ergänzt in harmonischer Weise das Königsufer und den benachbarten Garten des Japanischen Palais. Übrigens malt Canaletto 1748 am Elbufer vor dem weitläufigen Garten des heutigen Hotels seine berühmte Stadtansicht, die im Kapitel *Die besondere Bedeutung der Elbe für Dresden* wiedergegeben ist.

August der Starke erwirbt 1717 das wohl auf seine Veranlassung hin schon zwei Jahre zuvor erbaute *Holländische Palais*. Bis dahin gehört es dem Grafen Jakob Heinrich von Flemming, der es als Unterkunft an den holländischen Gesandten von Craneborg vermietet. Das von Johann Rudolph Fäsch entworfene Palais ist Teil des vom Kurfürsten geforderten, sächsischen *Canale Grande*. Es hat einen zur Elbe hin ausgerichteten barocken Garten, der über eine Freitreppe zu einem kleinen, mittels einer Mauer abgetrennten Gondelhafen führt. Die Planung dieses überaus opulenten Gartens mit seinen Parterres, Bosketten, grünen Laubengängen, Terrassen, geschwungenen Freitreppen, Balustraden, Wasserfällen, Fontänen, Statuen und Prunkvasen obliegt Johann Friedrich Karcher. Hier steht seinerzeit auch die Skulptur *Die Zeit enthüllt die Wahrheit* von Corradini – jetzt ist sie im Großen Garten zu finden. Das Holländische Palais folgt dem Vorbild des französischen *Maison de plaisance* mit einem großen Saal im

▲▲ Die Elbseite des Hotels Bellevue mit den verlängerten Flügeln und dem zweiten Querhaus

▲ Der Drei-Grazien-Brunnen von Vinzenz Wanitschke aus dem Jahr 1986 ergänzt das Königsufer am Hotel Bellevue

◀ Das Barockhaus an der Großen Meißner Straße – flankiert von den modernen Erweiterungsbauten

Das Japanische Palais, mittig im Vordergrund der Japanische Pavillon – er gehört zum Königsufer

Erdgeschoss, der sich über eine Terrasse zum Garten hin öffnet. Der Kurfürst ist begeisterter Sammler wertvollen Porzellans. Seine Schätze sollen in einem passenden Ambiente präsentiert werden – die kurfürstliche Sammlung umfasst 1721 mehr als 25 000 Stücke aus Meißner, chinesischem und japanischem Porzellan. Dafür reicht der Platz im Holländischen Palais nicht aus. Doch 1719 sind zunächst Räumlichkeiten für hochherrschaftliche Gäste und Platz für die Feierlichkeiten vordringlich. Das Palais mit seinem barocken Garten bietet sich da geradezu an. Der Grund für die Feierlichkeiten: Kurprinz Friedrich August heiratet die Kaisertochter Maria Josepha. Erst als das pompöse Fest vorüber ist, gehen die Bauplanungen richtig los. Es soll mit drei zusätzlichen Flügeln in Richtung Stadt eine Vierflügelanlage entstehen. Die Arbeiten gehen aber nur langsam voran. Am Um- und Ausbau beteiligen sich gleich mehrere Baumeister: Pöppelmann als Bauleiter, Longuelune gestaltet die Elbfront, Jean de Bodt ist für die Stadtseite am Palaisplatz verantwortlich und Knöffel wirkt auch an der Gestaltung mit. Das ursprüngliche Palais bleibt der Mittelpunkt der Anlage und ist nun das Querhaus an der Elbe. August der Starke stirbt 1733, bis dahin sind die Erweiterungsbauten nur im Rohbau gediehen. Sein Nachfolger hat kein überragendes Interesse an Porzellan. Außerdem sind repräsentative Palais inzwischen nicht mehr zeitgemäß. Schäden durch den Siebenjährigen Krieg werden bis 1766 repariert. Ab 1786 wird das Palais nach einem Umbau für die auf 170 000 Bände angewachsene kurfürstliche Bibliothek genutzt. Zusammen mit der Antikensammlung und dem Münzkabinett im Erdgeschoss ist sie auch der Öffentlichkeit zugänglich. Seitdem trägt der Bau am Palaisplatz die Inschrift *MVSEVM PVBLICO VSVI PATENS*. Das bereits im Palais befindliche Porzellan kommt vorerst in den Keller, erst ab 1876 stellt man es im Johanneum aus. Gottfried Semper gestaltet 1835 die Säle für die Antikensammlung im Stil pompejanischer Wandmalereien – seine Polychromiestudien an antiken Ruinen Roms und Griechenlands dienen dabei als Grundlage. Später kommt die Brühlsche Bibliothek mit ihren 62 000 Bänden hinzu – gemeinsam mit der Kurfürstlichen Bibliothek ist sie die Basis für die Sächsische Landesbibliothek, die nach 1990 in der *SLUB (Sächsische Landesbibliothek, Staats- und Universitätsbibliothek)* aufgeht. Nach Beseitigung der Festungsanlagen wird 1852 der Palaisgarten deutlich in Richtung Nordwesten erweitert, er reicht heute bis an die Marienbrücke heran. Hofgärtner Carl Adolph Terschek entwirft eine Parkanlage im englischen Stil und bezieht Reste der alten Bastion, den *Schneckenberg,* in den Park mit ein. Unter Hubert Ermisch wird das Palais bis 1935 erneut umgebaut. Es bekommt feuerfeste Decken im zweiten Obergeschoss, das danach ebenfalls für die Bibliothek zur Verfügung steht. Der monumentale Bau hat mit seinen 56 mal 74 Metern Grundfläche fast schon die Ausmaße eines Schlosses. Seine mit Sandstein verkleidete Fassade wird dezent durch Lisenen gegliedert. Mit getreppten und geschweiften Kupferdächern abgeschlossene, pavillonartige Baukörper betonen die Ecken. Auch die Mitten des elb- und des stadtseitigen Flügels sind wie Pavillons gestaltet, sie tragen gewölbte Zeltdächer mit Plattformen obenauf. Der imposante Mittelrisalit bildet mit seinem Portikus den Eingangsbereich der Stadtseite. Auf vier Doppelsäulen ruht ein mächtiger Dreiecksgiebel. In seinem Tympanon wird eine Saxonia von Vertretern Europas und Asiens mit Porzellanen beschenkt. Das Relief stammt von Benjamin Thomae und erinnert an die geplante, aber

nie realisierte Nutzung als Porzellanschloss. Die elbseitige Fassade ähnelt der der Stadtseite, hat aber einen stärker barocken Einschlag. Der Risalit besteht hier aus zwei Doppelsäulenpaaren und seitlich rahmenden Pilastern, die ein gekröpftes Gebälk tragen. Darüber erhebt sich ein Attika-Wandabschnitt, der mittig einen Fronton mit Königskrone trägt. Wegen seines chinoisierenden Bauschmucks (Johann Christian Kirchner, Johann Matthäus Oberschall) und den geschweiften, an japanische Tempel erinnernden Kupferdächern bekommt das Gebäude den Namen *Japanisches Palais*. 1945 brennt das Japanische Palais aus, auch seine Parkanlage wird von Bomben getroffen. Die Hälfte des Bibliotheksbestandes fällt den Flammen zum Opfer. Ab 1954 kommt in einigen provisorisch wiederhergestellten Räumen das Landesmuseum für Vorgeschichte unter. Heute sind die Senckenberg Naturhistorische Sammlungen Dresden und das Museum für Völkerkunde Dresden im Japanischen Palais beheimatet. Seine Wiederherstellung ist jedoch auch 2019 noch nicht vollendet.

Das Königsufer wartet am Japanischen Palais mit einem besonderen Blickfang auf. Nach einem Entwurf von Paul Wolf wird 1937 der *Japanische Pavillon* errichtet, 1945 jedoch zerstört. Erst 1990 folgt eine Rekonstruktion, dabei bekommt das geschweifte und mehrfach getreppte Kegeldach zusätzlich ein kleines Glockenspiel aufgesetzt.

Jahrhundertelang gibt es im Dresdner Stadtgebiet nur einen einzigen Elbübergang – die Augustusbrücke mit ihren Vorgängerinnen. Allein kann sie jedoch den Verkehr der wachsenden Großstadt nicht mehr bewältigen, außerdem ist dem Herrscherhaus der zunehmende gewerbliche Verkehr vor dem Residenzschloss ein Dorn im Auge. 1846–52 wird deshalb unter Leitung des Wasserbau-

▲▲ Die Bastion *Schneckenberg*, dahinter befindet sich der Park im englischen Stil

▲ Das Japanische Palais vom Turm der Dreikönigskirche aus gesehen

◀ Konsolstein mit chinoisierenden Fratzen

▲ Das Japanische Palais mit Portikus und Dreiecksgiebel am Palaisplatz

▼ Der Japanische Pavillon am Königsufer – seit 1990 mit Glockenspiel

Die steinerne Marienbrücke, links im Hintergrund die *Yenidze*

direktors Johann Gottlieb Lohse und des Geheimen Baurats Major Karl Theodor Kunz die Marienbrücke erbaut, sie ist nach der Gemahlin König Friedrich Augusts II. benannt. 13 Pfeiler aus Sandstein tragen die 17 Meter breite Bahn der 433 Meter langen Brücke mit ihren regelmäßigen, je 28 Meter überspannenden Bögen. Was heute angesichts aktueller Großprojekte undenkbar scheint – die geplante Bauzeit wird eingehalten und von der mit rund 1,8 Millionen Mark veranschlagten Bausumme bleiben am Ende 270 000 Mark übrig. Die Brücke entsteht in konventioneller Steinbautechnik mit einem Geländer aus Eisenkunstguss. Über ihren Pfeilern hat sie Austritte mit massiven Brüstungen und geht somit auf die damalige Augustusbrücke Pöppelmanns ein. Da diese 1910 als sandsteinverkleidete Betonbogenbrücke komplett erneuert wird, ist die Marienbrücke seitdem Dresdens älteste Brücke über die Elbe. Neben Fußgänger- und Fahrverkehr dient sie anfangs auch als Verbindung zwischen den Bahnhöfen links und rechts der Elbe, also zwischen dem 1847 als Durchgangsbahnhof konzipierten Schlesischen Bahnhof (heute Neustädter Bahnhof) und dem Böhmischen Bahnhof im Süden der Altstadt (heute Hauptbahnhof). Der kombinierte Eisenbahn-, Fahr- und Fußgängerverkehr auf der Marienbrücke bringt jedoch unvorhergesehene Probleme mit sich. Denn die Pferde scheuen bei Annäherung

Die Marienbrücken vom Dachgarten der Yenidze aus gesehen – hier noch mit der alten Eisenbahnbrücke

einer dampfenden und zischenden Dampflok, so dass man vor jeder Zugfahrt die Brücke für Pferdegespanne sperren muss. Zudem steigt der Zugverkehr während der Gründerzeit stark an. Bis 1901 wird deshalb etwa 50 Meter elbabwärts eine separate Eisenbahnbrücke von 461 Metern Länge aus genieteten Stahl-Fachwerkträgern errichtet. Bauingenieur Claus Köpcke, bekannt für sein 1893 errichtetes *Blaues Wunder*, entwirft zusammen mit Manfred Krüger die Brücke mit ihrer Bogenkonstruktion. Köpcke wendet auch bei der Marienbrücke ein innovatives Verfahren an. Durch eine spezielle Konstruktion der Endfelder entsteht eine Zugkraft in den Untergurten, die der Verkehrs- und Baulast entgegenwirkt. Er nimmt damit die erst ein halbes Jahrhundert später angewendete Technik des so genannten Spannbetons vorweg. Nach Einweihung der zweiten Marienbrücke für die Eisenbahn gestaltet man die steinerne Brücke um, denn an Stelle der Eisenbahn soll nun die Straßenbahn die alte Brücke nutzen. An beiden Marienbrücken sprengen die 1945 vor der Sowjetarmee flüchtenden Nazitruppen je einen Pfeiler, doch bis 1947 werden die Brücken unter Verwendung von Stahlbeton repariert. Während der DDR-Zeit vernachlässigt man insbesondere die Pflege der steinernen Brücke, eindringendes Regenwasser richtet großen Schaden an. Deshalb muss die Bausubstanz bis 2002 grundlegend saniert werden. Dabei hat man die elbabwärts gelegene Seite verbreitert, so dass die Brückenbahn von 17,5 auf 20,5 Meter Breite wächst. Die der Altstadt zugewandte Seite wird nicht verbreitert, sie behält ihre unter Denkmalschutz stehende Ansicht. Die hundert Jahre alte Eisenbahnbrücke trägt man bis auf die Pfeiler ab und erneuert 2003 den kompletten Aufbau. Auf den Pfeilern ruhen nun jeweils zwei

▲▲ Die erneuerte Eisenbahnbrücke mit ihren Spannbeton-Hohlkästen

▲ Anlässlich der Brückenreparatur 1946 eingefügter Schlussstein mit Wassernixe. Sie trägt die Brückenpfeiler auf ihren Händen.

▶ Das wieder aufgebaute Torhaus mit seinem Säulenportikus

parallel verlaufende, bogenförmige Spannbeton-Hohlkästen. Obenauf verlaufen seitdem fünf statt der bisherigen vier Gleise. Am Palaisgarten des Japanischen Palais zweigt die *Kleine Marienbrücke* nach rechts ab – sie mündet in eine Kreuzung nördlich des Palaisplatzes. Hier steht einst das alte Torhaus am Weißen oder Leipziger Tor (siehe Seite 133). Es wird 1829 nach Plänen von Friedrich Gottlob Thormeyer durch zwei neue, symmetrisch angeordnete Torhäuser ersetzt. Denn trotz Demolierung der Festungsanlage gibt es immer noch Kontrollen an den Zugängen zur Stadt – hier geht es jetzt nicht mehr um militärische oder polizeiliche Aufgaben, sondern nur noch um Zolleinnahmen. Grund ist die 1709 eingeführte *Generalkonsumptionssteuer* (*Akzise*), sie wird in Stadt und Land in unterschiedlicher Höhe erhoben. Untereinander sind die Stadtzugänge durch eine Akzisemauer verbunden, an der entlang der *Environweg* verläuft. Erst 1850 schafft man die unterschiedliche Besteuerung ab, die Mauer und die lästigen Zollkontrollen verschwinden. Im Jahr 1945 sind die Torhäuser ausgebrannt. Das westliche Torhaus muss 1966 der auf vier Spuren verbreiterten Meißner Straße weichen. Bis 1952 wird das östliche Torhaus wieder aufgebaut. Man nutzt es als Standesamt, doch seit 1990 steht der Bau leer. Das kleine, kubische Gebäude hat eine symmetrische Gestaltung in klassizistischer Formensprache. Am mit Putzstreifen gebänderten Hauptbau gibt es beidseitig einen vorgelagerten Portikus mit von toskanischen Säulen getragenem Dreiecksgiebel. Links und rechts schließen sich niedrigere Seitenflügel mit glatten Putzfassaden an, deren seitliche Abschlüsse wiederum aus je vier vorgesetzten Säulen bestehen. Flache Walmdächer schließen die Baukörper ab.

DIE ALTSTADT

Die neu gegründete Stadt hat nur 600 Meter Durchmesser und ist von einem Erdwall mit Palisaden umgeben. Bis in das 19. Jahrhundert erweitert man die Festungsanlagen zwar mehrfach, trotzdem behindern sie eine Ausdehnung der Bebauung. Darum findet das Wachstum Dresdens überwiegend außerhalb der Festung statt. Schon im 13. Jahrhundert entstehen ungeschützte Siedlungen rings um Dresden. Die Einwohner gehören den „niederen Ständen" an, denn in der Festung ist Bürgergeld fällig und Wohnen recht teuer. Anfang des 19. Jahrhunderts zählt man zwölf Ansiedlungen und Gemeinden. Sie werden zu drei Vorstädten zusammengefasst und 1835 nach Dresden eingemeindet. Es sind dies die *Pirnaische Vorstadt* im Osten, die *Seevorstadt* im Süden und die *Wilsdruffer Vorstadt* im Westen. Heute bezeichnet man häufig das gesamte Gebiet mit einer Ausdehnung von rund 2 mal 3 Kilometern als Altstadt. Das ursprüngliche Areal wird *Innere Altstadt* genannt. Die Neustadt gehört schon seit 1549 zu Dresden. Auch bei ihr gibt es einen ursprünglichen Bereich, den man *Innere Neustadt* nennt, und spätere Eingemeindungen, die zur *Äußeren Neustadt* zählen. Das Gelände der Altstadt ist heute nahezu eben. Erst südlich des Hauptbahnhofs, im Stadtteil *Südvorstadt*, steigt es langsam in Richtung Räcknitzhöhe an.

▼ Das Panorama der Altstadt, von links: der Rathausturm, die Kunstakademie mit der „Zitronenpresse", dahinter die Frauenkirche, dann die Sekundogenitur, gefolgt vom Neuen Ständehaus, dem Georgenbau und dem Hausmannsturm, der Hofkirche, der Gemäldegalerie und der Semperoper

DAS AMTSGERICHT IN DER PIRNAISCHEN VORSTADT

Die gesamte Pirnaische Vorstadt wird 1945 großflächig zerstört, fast alle Ruinen reißt man später ab. Dem folgen DDR-weit standardisierte Plattenbauten. Nur das Amtsgericht übersteht den Feuersturm auf Grund seiner recht massiven Bauweise relativ glimpflich: Es brennt aus und verliert seinen westlichen Flügel. 1958 ist die provisorische Reparatur fertig – dabei verschwinden die Reste des westlichen Flügels. Das Amtsgericht ist nun Sitz des Bezirksgerichts Dresden. Nach 1990 wird das

Die Hauptfassade des Amtsgerichts, flankiert von mächtigen Ecktürmen

Gebäude umfassend renoviert, seit 1993 tagt hier das Oberlandesgericht Dresden. 2003 wird erneut am Bau gearbeitet. Dabei fügt man einen modernen Baukörper in die Lücke des Westflügels ein. 1856 wird das bislang von den Feudalherren ausgeübte Justizwesen verstaatlicht, ab 1879 gilt eine reichsweit einheitliche Gerichtsverfassung. Mit einem repräsentativen Bau soll die Bedeutung des Königlich-Sächsischen Amtsgerichts herausgestellt werden. Was liegt da als Vorbild näher als das Florenz des 15. und 16. Jahrhunderts? Es gilt gemeinhin als Vorläufer moderner, demokratischer Rechtsprechung. So entwirft der Leipziger Architekt Arwed Roßbach ein monumentales Gebäude im Stil Florentiner Paläste der Frührenaissance. 1892 ist die Vierflügelanlage auf abgeschrägtem, rechteckigen Grundriss fertig. Mächtige Türme stehen an den Gebäudeecken, auf ihnen sind weithin sichtbar Fahnenmasten aufgestellt. Das mit Quadern rustizierte Erdgeschoss ruht auf einem erhöhten, mit noch größeren Rustikaquadern gestalteten Sockel. Entgegen der bei italienischen Palazzi üblichen Anordnung hat es Rechteckfenster und die ebenfalls rustizierten, durch ein Gesims vom Erdgeschoss abgesetzten Obergeschosse haben Rundbogenfenster. Sie sind mit verzierten Schlusssteinen geschmückt, ihre Brüstungen tragen Rosetten und Spiegel. Im zweiten Obergeschoss rahmen eingestellte Säulen die hier bis auf das Gesims herabreichenden Fenster. Unter dem mit kräftigem Zahnschnitt versehenen Dachgesims ist ein Fries mit reichem plastischen Schmuck und ungewöhnlich kleinen, liegenden Rechteckfenstern zu sehen – sozusagen die Minimalversion eines Mezzanins. Trotz durchgehender Rustizierung wirkt die Fassade nach oben hin immer leichter, flächiger und filigraner – getreu dem Vorbild italienischer Renaissance-Palazzi. Hinter einer Balustrade verbirgt sich das flache Dach. Mittig über dem Portal steht ein Fronton mit einer als säch-

sisches Wappen gestalteten, vergoldeten Kartusche. In den Bau gelangt man durch einen von mächtigen Säulen getragenen Altan, der links und rechts – ähnlich wie die Hauptfassade – von turmartigen Vorlagen eingefasst wird. Davor thronen auf Postamenten die Sandsteinskulpturen *Wahrheit* und *Gerechtigkeit* (Johannes Schilling). Natürlich weisen auch sie auf die Bedeutung des Baus hin. Die Balustrade des Altans steht auf einem Gebälk, das mit Triglyphen und rosettenverzierten Metopen gestaltetet ist. An den Innenhöfen bestehen die Fassaden nicht aus Sandstein, sondern aus roten Klinkern – wie auch beim Finanzministerium und der Kunstakademie. Bei der letzten Renovierung hat man den mittleren Innenhof mit einem Glasdach versehen, er ist seitdem wetterunabhängig nutzbar. Die seitlichen Innenhöfe sind nach wie vor nach oben offen.

▲ Die Kartusche mit dem sächsischen Wappen

▼ Das Portal mit den Allegorien *Wahrheit* und *Gerechtigkeit* von Johannes Schilling

DIE SYNAGOGE, DAS KURLÄNDER PALAIS UND DER GONDELHAFEN

Schon im Mittelalter gibt es am Jüdenhof (heute Teil des Neumarkts) eine Synagoge. 1411 enteignet man die Juden und vertreibt sie aus der Stadt. Ihre Synagoge wird später zu verschiedenen Zwecken umgebaut und um 1690 schließlich abgebrochen. Sempers erstes größeres Werk in Dresden ist die 1840 vollendete Synagoge. Der klar gegliederte, würfelförmige Kuppelbau mit Platz für 500 Gläubige ist damals die größte Synagoge in Deutschland. Die Nazis stecken sie in der Pogromnacht 1938 in Brand – seit 1974 erinnert ein Gedenkstein vor der ehemaligen Hofgärtnerei daran. Auf Anordnung des Stadtbaurats Paul Wolf wird 1938 einer der beiden Davidsterne aus der Brandruine geborgen und als eine Art Trophäe auf die Feuerwache gebracht. Später versteckt ihn der Feuerwehrmann Alfred Neugebauer – eine damals lebensgefährliche Aktion. 1950 kommt dieser Davidstern in eine kleine, provisorisch wieder aufgebaute Synagoge in der Johannstadt. Zwei völlig schmucklose Kuben stehen einander gegenüber und bilden mit den sie verbindenden

Die weit geöffnete Nordfassade des Gemeindehauses

Mauern einen großen Hof. Metallkanten im Bodenbelag des Hofs markieren den Grundriss der zerstörten Synagoge, der nicht überbaut wird. Über die geschlossen wirkende Fassade des der Stadt zugewandten Kubus sind regellos liegende Rechteckfenster verteilt. Doch auf der Hofseite zeigt sich dieser Kubus weit geöffnet und besteht hier nur aus Glas und Holz. Dieses Gemeindehaus dient auch als Haus der Begegnung mit dem

Die *Neue Synagoge* am Brückenkopf der Carolabrücke

Der vom Vorgängerbau gerettete Davidstern

tung erst an der Traufkante erreicht wird. Das Material der Fassaden und Mauern sieht auf den ersten Blick wie Sandstein aus, ist aber sandsteinfarbener Beton. Mit ihrer Ausstrahlung soll die karge Wand am Hof an die Klagemauer in Jerusalem erinnern. Die Innenausstattung der Synagoge und des Gemeindehauses stammt von den traditionsreichen Deutschen Werkstätten Hellerau. Das Erscheinungsbild des kompromisslos modernen Gebäudes passt nicht mehr in den Kontext der Brühlschen Terrasse mit ihren Bauten aus dem späten 19. Jahrhundert, sondern eher zur östlich benachbarten, in Stahlbeton ausgeführten Carolabrücke. Somit steht die Synagoge am Übergang vom historischen Altstadtbereich zur von der Moderne geprägten Pirnaischen Vorstadt. Durch seine Lage am Ufer neben dem als Park gestalteten, ehemaligen Gondelhafen ist der Komplex ein bis in das Gebiet der Elbe ausstrahlender Solitär. Die Synagoge erringt 2002 die begehrte Auszeichnung *Beste europäische Architektur*.

Judentum. Der eigentliche Sakralraum ist der elbseitige, 24 Meter hohe Kubus – ein in sich schichtweise nach Osten gedrehter Würfel ohne Fenster. Die Drehung bewirkt, dass die für Synagogen übliche Ostausrich-

Um 1575 wohnt der Festungskommandant direkt am östlichen Wall in einem einstöckigen Haus. 1718 wird es für August Christoph von Wackerbarth, Gouverneur und Generalintendant der königlichen Bauten, um- und ausgebaut. Doch nur 10 Jahre später brennt es ab. An diesem Tag logiert gerade der Preußenkönig Friedrich Wilhelm I. mit seinem Sohn bei von Wackerbarth, Anlass ist ein Besuch bei August dem Starken. König und Kronprinz können sich gerade noch vor den Flammen retten. Bereits im Folgejahr ist der von Oberlandbaumeister Knöffel errichtete Neubau fertig – von Wackerbarth will mit dem Bautempo wohl auch demonstrieren, wie leistungsfähig seine Behörde ist. Ab 1740 besitzt Chevalier de Saxe das Palais. Der Sohn Augusts des Starken und der Gräfin Lubomirska lässt, wahrscheinlich auch durch Knöffel, einige Änderungen vornehmen. 1764 wird Hofbaumeister Krubsacius mit erneuten Änderungen beauftragt: die durch preußischen Kanonenbeschuss entstandenen Schäden beseitigen, dabei innen Rokoko-De-

Die Spiegelung des Abendhimmels in den an Palladio erinnernden Fenstern des Kurländer Palais

korationen anbringen und den Gartenhof zeitgemäß umgestalten. 1774 übernimmt Prinz Carl, Herzog von Kurland, das Palais – daher sein heutiger Name. Ab 1797 wird es Sitz des Stadtkommandanten. 1815 baut Christian Friedrich Schuricht das Palais für die Chirurgisch-Medizinische Akademie um, von 1865 bis 1912 hat das Königliche Landesmedizinal-Kollegium hier seinen Sitz. Dann wird der Bau vom Landesgesundheitsamt und ab 1924 vom Landesverein Sächsischer Heimatschutz genutzt – einer Art Vorläufer des Denkmalschutzamtes. 1945 brennt das Palais nach Bombentreffern aus. Später verschwinden auch noch die beiden Seitenflügel bis auf wenige Mauerreste, der Mittelbau bleibt bis 2006 eine Ruine. Nur der weitgehend erhalten gebliebene Keller wird nach dem Krieg notdürftig abgedichtet und zunächst als Lager verwendet. Seit 1981 hat das Jazzlokal *Die Tonne* in diesen Gewölben sein Domizil – damals ein Geheimtipp unter DDR-Jazzfreunden. Dieser ehemalige Weinkeller dient übrigens vor langer Zeit als Treffpunkt der von August dem Starken gegründeten *Gesellschaft zur Bekämpfung der Nüchternheit*. In den Jahren 2006–08 wird aus der Ruine des Kurländer Palais ein exklusives Wohn- und Geschäftshaus mit Restaurant und Büros. Außer den Fassaden entstehen auch der Gartenhof, das Vestibül, das Treppenhaus und der große Festsaal in nahezu originalgetreuer Form, die anderen Räume sind modernen Anforderungen angepasst. Das Palais besteht aus drei gestaffelt versetzten Baukörpern, die eine einheitliche Fassadenfront unmöglich machen. Deshalb hebt Knöffel den mittleren Teil durch eine besonders repräsentative Gestaltung hervor und lässt die Seitenflügel durch fast völlige Schmucklosigkeit optisch in den Hintergrund treten. Blickfang ist der von einem Giebeldreieck bekrönte, dreiachsige Risalit mit einem breiten Balkon über dem Portal. Er ruht auf figürlich gestalteten Konsolen. Im durchgehend mit Putznutung rustizierten Erdgeschoss dominiert der Stichbogen. Im Obergeschoss werden hohe Rundbogen-Sprossenfenster jeweils von zwei niedrigeren Rechteck-Sprossenfenstern flankiert. Das erinnert an das besonders in der italienischen Renaissance beliebte Palladio-Motiv, die vergoldeten Ziergitter steigern dessen noble Wir-

Die Ruine des Kurländer Palais nach dem Zusammenbruch der DDR

Der Gartenhof mit dem Arkadengang während der Rekonstruktion

kung. Die streng symmetrische Fassadengestaltung hat jedoch nicht viel mit dem schon vor der Zerstörung völlig unsymmetrischen Innenaufbau zu tun – hier gibt es unterschiedliche Raumformen und -größen, teils gerundet und mit Nischen versehen, teils rechteckig. Das große Treppenhaus zum Beispiel befindet sich links neben dem Mittelrisalit. Im rechten Flügel gibt es einen großen, trapezförmigen Gartenhof mit einem Korbbogen-Arkadengang auf toskanischen Doppelsäulen.

Der erste Hafen Dresdens erscheint in einer Urkunde, nach der König Heinrich II. im Jahr 1004 Schiffe für den Feldzug gegen den böhmischen König Boleslaw Chrobry zusammenzieht. Seine Lage ist jedoch umstritten. Vielleicht ist es dieser Hafen, der bei der Erweiterung der Festungsanlage um die Jungfernbastei integriert wird. Denn in den Ka-

sematten ist ein Hafentor zu erkennen, das man jedoch bereits 1590 zugemauert hat. 1854 wird der Gondelhafen vor der Festungsmauer zugeschüttet. Reste seiner Mauern schauen noch aus dem Rasen heraus und die künstlerische Installation von nachts in blauem Licht strahlenden, wellenförmigen Segmenten soll zusätzlich an den alten Hafen an der Elbe erinnern.

An der nordöstlichen Ecke der Festungsmauer ist das älteste Dresdner Denkmal, das *Moritzmonument*, angebracht. Hans Walther II. vollendet es bis 1555, wahrscheinlich wirken auch die Brüder Benedetto und Gabriele Tola an den Entwürfen mit. Die tragende und rahmende Architektur entwirft Caspar Voigt von Wierandt. Dargestellt ist Kurfürst Moritz von Sachsen, der in der Schlacht von Sievershausen tödlich verwundet wird und hier symbolisch das Schwert an seinen Nachfolger übergibt. Im Lauf der Jahrhunderte wird das Monument mehrfach an unterschiedliche Standorte versetzt und auch renoviert. Seine ursprüngliche Farbfassung und die mit Ornamenten verzierte Einrahmung gehen dabei leider verloren. Im Jahr 2000 bringt man das originale Denkmal in ein Depot und ersetzt es hier durch eine Kopie.

▲ Die nächtlich illuminierte Installation am ehemaligen Gondelhafen

◄ Das Moritzmonument an der Nordostecke der Festungsanlage

DIE BRÜHLSCHE TERRASSE

Bereits während der Stadtgründung entsteht eine Wallanlage zum Schutz vor Angreifern. Sie wird im Lauf der Jahrhunderte mehrfach erweitert und modernisiert. Doch spätestens seit dem Angriff der Preußischen Armee im Jahr 1760, bei dem zahlreiche Kanonenkugeln über die Festungsmauern fliegen und großen Schaden in der Stadt anrichten, verlieren die Festungsanlagen ihre Bedeutung. Aber es dauert noch bis 1829, erst dann ist ihre Demolierung abgeschlossen. Das Altstadtpanorama jedoch zeigt sich bis heute mit der mächtigen Festungsmauer. Nicht nur die Mauer ist erhalten geblieben, auch die unterirdischen Wehranlagen, die *Kasematten*, sind noch vorhanden. Inzwischen reicht die Elbe nicht mehr bis an die Festung heran. Denn ab 1820 baut man eine Uferstraße mit Kaimauer.

Eine besonders bewegte Vergangenheit weist die nordöstliche Ecke der Festungsanlage auf. Hier oben beginnt Giovanni Maria Nosseni 1590 mit dem Bau eines Lusthauses. Verzögert durch den Tod Christians I. werden die Arbeiten erst 1617 fortgesetzt. Im Dreißigjährigen Krieg ruht der Bau erneut, das Lusthaus wird schließlich erst 1645 vollendet. Es ist äußerst wertvoll mit edlem Marmor, Säulen und Sandsteinreliefs, einem Alabasterbrunnen und sogar mit einer Orgel ausgestattet – sie hat, was recht ungewöhnlich ist, Pfeifen aus Serpentin. All diese Kostbarkeiten stammen von Sebastian Walther und Carlo de Cesare. In den Kasematten gelingt 1709 die Erfindung des berühmten

▲ Blick von der Brühlschen Terrasse auf die mächtigen Mauern der Festung Dresden. In der Mitte sind Schießscharten zu sehen, hinter denen sich Räume der Kasematten befinden.

▶ Der Platz des Belvedere, rechts die Mauerreste mit den Sphingen, im Hintergrund die Synagoge

Die Freitreppe zur Brühlschen Terrasse mit den Allegorien der vier Tageszeiten

Meißner Porzellans, seit 1982 erinnert eine Stele mit einem Medaillon aus Meißner Porzellan daran. Das Lusthaus geht 1747 bei einer Explosion verloren, denn durch Blitzschlag entzündet sich das in den Kasematten gelagerte Schießpulver. Nach Plänen Knöffels wird für den Premierminister Brühl 1751 ein neues Belvedere im Stil des Dresdner Rokoko erbaut, es hat einen Saal mit ovalem Grundriss. Dieses Lusthaus zerstören preußische Truppen 1760 auf expliziten Befehl ihres Königs – aus Rache an seinem politischen Gegner Brühl. Die Trümmer liegen noch bis 1814, erst dann baut Christian Friedrich Schuricht ein drittes Belvedere – nun in klassizistischen Formen. Da die Brühlsche Terrasse inzwischen jedermann offen steht, bringt man eine Gaststätte unter, sie ist sehr beliebt und wird stark frequentiert. Vor allem deshalb entsteht schon dreißig Jahre später das vierte Belvedere, denn Schurichts Bau ist für den Andrang der vielen Gäste zu klein. Jetzt kommt der Architekt Otto von Wolframsdorf zum Zug. Mit seiner halbrunden Elbfront bezieht sich der historische Neubau auf Sempers erstes Opernhaus von 1841, mit seiner Rückseite auf Sempers berühmte Villa Rosa. Dieses Belvedere wird schließlich am 13. Februar 1945 zerstört. Nur noch zwei Sphingen markieren den ehemaligen Eingang. Dieser exponierte, der Elbe zugewandte Platz an der Nordostecke der alten Festung ist ein geradezu idealer *Point de vue*. Ob aber nach solch einer an Katastrophen reichen Geschichte jemand den Mut aufbringt, ein fünftes Belvedere zu bauen? Friedrich August II. schenkt dem Grafen Heinrich von Brühl 1737–48 Stück für Stück die gesamte, gut 500 Meter lange Terrasse auf der Festungsanlage. Obwohl Brühl nicht der Königsfamilie angehört, hat er eine bis dahin unerreichte Machtposition inne. Als Page kommt er an den Hof und schafft es, sich mit Intrigen und Korruption zum Premierminister „hochzuarbeiten". Brühl bestimmt weitgehend die Regierungsgeschäfte und die Außenpolitik Sachsens, während sich der Kurfürst um seine Kunstsammlungen kümmert. Gegen Ende seines Lebens ist Brühl der reichste Mann Sachsens, hinterlässt aber ein hochverschuldetes Land. Brühl lässt die Kasematten zuschütten und wandelt die Terrasse in seinen privaten Lustgarten um. Sein Lieblingsarchitekt Johann Christoph Knöffel errichtet hier oben mehrere anmutige Barockbauten. Ab 1740 beginnt der Ausbau. Es entstehen von West nach Ost: 1. das Brühlsche Palais am Schlossplatz (heute Neues Ständehaus), 2. die Bibliothek (heute Sekundogenitur), 3. ein kleiner Gartenpavillon vor der Bibliothek (Er wird 1828–33 von der Technischen Bildungsanstalt genutzt. Nach deren Umzug

In der Bildmitte ist der Eingang zur Brühlschen Gasse mit installierter Hochwasserschutzwand zu sehen – tagelanges Regenwetter lässt den Elbpegel stark steigen, da will man vorbereitet sein

kommt der Bildhauer Ernst Rietschel mit seiner Werkstatt hierher. Heute erinnert das Rietschel-Denkmal an diese Stelle.), 4. ein Galeriegebäude (1884 für den Neubau der Kunstakademie abgebrochen) und 5. das dritte Belvedere – siehe oben.

Nach dem verlorenen Russlandfeldzug lässt der russische Gouverneur Fürst Nikolaus Repnin-Wolkonski 1814 die Terrasse für die Bevölkerung öffnen und dafür am Schlossplatz nach Plänen von Friedrich Gottlob Thormeyer eine großzügige, 14 Meter breite Freitreppe anlegen. Seitdem können die Dresdner und ihre Gäste auf dem „Balkon Europas" lustwandeln. Anfangs stehen am Treppenaufgang zwei große Sandstein-Löwen von Gottlob Christian Kühn. 1868 wird die Freitreppe erneuert. Der Bildhauer Johannes Schilling liefert für die neue Treppeneinfassung Allegorien der vier Tageszeiten. Im Uhrzeigersinn von links oben: der Morgen, der Tag, die Nacht, der Abend. Die Löwen werden am südlichen Ende der Querallee vom Großen Garten aufgestellt – vielleicht, weil sie dort näher am Zoo sind? Auch Schilling arbeitet seine Allegorien in Sandstein. Diese drohen jedoch schon bald zu verwittern und werden deshalb 1908 durch bronzene Kopien ersetzt. Am oberen Austritt der Freitreppe schließt sich ein Areal an, das wie eine gedeckte Säulenhalle wirkt. Die Stämme der im Raster gepflanzten Bäume sind die „Säulen", welche eine „Hallendecke" aus flach geschnittenen Baumkronen tragen. 1848 kommt eine weitere Treppenanlage an der Münzgasse hinzu.

Zur besseren Anbindung an die Uferstraße bricht man 1878 die Münzgasse und 1900 die Brühlsche Gasse durch die alte Festungsanlage. Doch dadurch gelangen die Wassermassen des Jahrhunderthochwassers von 2002 auch in die Stadt. Seitdem sind die Unterführungen für den schnellen Einbau mobiler Hochwasserschutzwände gerüstet. 1891 folgt die dritte Treppenanlage am Georg-Treu-Platz. Links daneben befindet sich der Eingang zu den Kasematten. Der Bombenangriff 1945 verursacht an der Brühlschen Terrasse selbst nur geringe Schäden. Bis in die 1960er Jahre werden die Kasematten als Lagerraum genutzt und geraten dann in Vergessenheit. Erst nach 1990 setzt eine private Initiative ihre Freilegung und Instandsetzung in Gang. Kleiner Tipp am Rande: Im Hochsommer ist es drinnen angenehm kühl, da lohnt sich ein Besuch gleich doppelt. Im östlichen Festungswall gibt es einen als *Bärenzwinger* bezeichneten Gewölbekeller. Der Name ist zwar von *Batardeau* (französisch: *Bär*) abgeleitet, das bedeutet im Festungsbau jedoch *steinerner Damm*. Seit 1968 ist hier ein uriger Studentenclub der TU Dresden zuhause.

Die Fassaden des Albertinums am Brühlschen Garten, im Dach das Lichtband für die Werkstätten

Zeughäuser sind mittelalterliche Gebäude des Militärs für die Unterbringung ihrer Kanonen, Mörser, Gewehre, Hieb- und Stichwaffen. Caspar Voigt von Wierandt ersetzt bis 1563 das alte, 1530 abgebrannte Zeughaus am östlichen Ende der Festung. Der neue, umfangreiche Komplex ist ein vierflügeliger Bau mit Innenhof. Er bietet viel Platz – sogar eine Geschützgießerei wird hier betrieben. Im Laufe von drei Jahrhunderten erfährt das Zeughaus mehrere Um- und Ausbauten. Doch bis zum Ende des 19. Jahrhunderts verwahrlost der ungenutzte Bau dann zusehends. Erst König Albert veranlasst – nach Genehmigung durch den Landtag – den Umbau zum Museum, denn die Königliche Antiken- und Skulpturensammlung und auch das Hauptstaatsarchiv brauchen eine neue Heimat. Nach seinem Bauherrn wird der Komplex *Albertinum* genannt. Nach König Albert ist in Dresden aber noch viel mehr benannt: die Albertbrücke, der Albertplatz, die Albertstraße, der Alberthafen, die Albertbahn, der Albertpark ... Das Militär zieht in dieser Zeit aus seinen Kasernen in der Neustadt in einen komplett neu erbauten Stadtteil um, in die – Albertstadt. Nach Plänen von Carl Adolf Canzler bekommt das Gebäude bis 1887 allseitig prächtige Sandsteinfassaden im Stil der italienischen Hoch-

renaissance und wird innen für Museumszwecke umgestaltet. Jedoch übernimmt man auch ganze Teile des alten Zeughauses – so das Kellergewölbe, die 75 Meter lange, zweischiffige Erdgeschosshalle mit ihren toskanischen Säulen und die zwei nordwestlichen Portale am Georg-Treu-Platz. Nach und nach wird der Bau mit monumentalen Skulpturen und großen Bronzereliefs geschmückt, die letzten Büsten und Reliefs an der Brühlschen Terrasse sind erst 1909 fertig. Der Bauschmuck und die Figurengruppen stammen überwiegend von Rudolf Hölbe, Richard König und Robert Ockelmann. Auch das Albertinum wird 1945 von Bomben getroffen – das Dach, die Obergeschosse, das Treppenhaus und der Lichthof brennen komplett aus. Doch der Bau ist nicht so schwer beschädigt wie die Semperoper oder das Residenzschloss. So können die Kriegsschäden bis 1970 beseitigt werden. Weil das Schloss zerstört ist, kommen hier zusätzlich zur Skulpturensammlung auch das Kupferstich- und das Münzkabinett sowie das Grüne Gewölbe und die Rüstkammer unter. Bereits 1965 öffnet im obersten Geschoss des Albertinums auch noch die Gemäldegalerie Neue Meister. 2004 ziehen das Münzkabinett und das Grüne Gewölbe wieder an ihre angestammten Plätze im rekonstruierten Residenz-

▲ Das Albertinum mit der von Fensterbändern gerahmten Arche über dem einst offenen Innenhof

▼ Renaissance-Portal am Georg-Treu-Platz

schloss um. Die Jahrhundertflut des Jahres 2002 bringt die Gefahren für die in Kellerdepots gelagerten Kunstschätze schlagartig ins Bewusstsein – in einer dramatischen Aktion können sie gerade eben noch vor den eindringenden Wassermassen gerettet werden. Daraufhin wird die hochwassersichere Umgestaltung des Albertinums geplant. Man entscheidet sich für das Konzept des Berliner Büros Staab Architekten und damit für eine raffinierte und behutsame Modernisierung, die möglichst viel der historischen Bausubstanz erhalten hilft. Bis 2010 werden im Dachbereich über dem Lichthof Depots und Werkstätten mit gut 1 100 Quadratmetern Nutzfläche „eingehängt". Ein Aufzug erschließt die Räume, sein Schacht dient gleichzeitig der Lastabtragung des neuen Baukörpers. Gegenüber ruht dieses zweigeschossige, 72 Meter lange und 2 700 Tonnen schwere Bauteil auf zwei Stützen hinter der historischen Fassade. Die Stahlkonstruktion wird auch Arche genannt, sie kann wohl jede denkbare Elbflut überstehen. Tageslicht für den Hof mit seinen 1 600 Quadratmetern Fläche kommt nun durch im Firstbereich des Dachs angeordnete Fensterbänder – bei Dunkelheit wird es durch künstliche Beleuchtung ergänzt. Die neuen Werkstätten bekommen ihr Licht vor allem durch ein dreieinhalb Meter hohes Fensterband an der Nordseite des Dachs. Der große Lichthof bleibt mit seinen ursprünglichen Fassaden nahezu unverändert erhalten. Da die Unterseite der Arche das Licht reflektiert, die Wände nun weiß gestrichen sind und der Boden hell glänzt, entsteht ein ganz neuer Raumeindruck. Neben dem bisherigen Haupteingang an der Brühlschen Terrasse besteht nun zusätzlich die Möglichkeit, direkt vom Georg-Treu-Platz aus durch die Portale des alten Zeughauses in den Lichthof zu gelangen. Und dem Museum steht jetzt viermal so viel Fläche für Ausstellungen zur Verfügung, weil auch die ehemaligen Depots dafür genutzt werden können. Von außen sieht man dem Bau diese Modernisierung nicht an. Nur der Blick von oben lässt diese rundum gelungene Sanierung erahnen.

1680 wird die *Zeichen- und Malerschule* gestiftet, 1705 geht daraus die *Malerakademie* hervor. Auf Anordnung des Kurfürsten wird sie ab 1764 zur *Allgemeinen Kunst-Academie der Malerey, Bildhauer-Kunst, Kupferstecher- und Baukunst*. Viele berühmte Künstler lehren an der Akademie: Maler wie Caspar David Friedrich, Philipp Otto Runge, Ludwig Richter und Otto Dix; Bildhauer wie Ernst Rietschel, Ernst Julius Hähnel, Johannes Schilling und Robert Diez sowie Architekten wie Friedrich August Krubsacius, Gottfried Semper, Georg Hermann Nicolai, Paul Wallot und Heinrich Tessenow. Ab 1791 findet die Akademie in der ehemaligen Bibliothek des Grafen Brühl Platz. In wilhelminischer Zeit soll ein neuer Bau augenfällig symbolisieren, dass Dresden die führende Kunst- und Kulturstadt in Europa ist. So wird 1887–94 nach umstrittenen und mehrfach abgeänderten Plänen des Architekten Constantin Lipsius eine Vierflügelanlage mit einem über 1 000 Quadratmeter großen Innenhof und einem sich östlich anschließenden Ausstellungsgebäude errichtet. Letzteres ist spitzwinklig über einen niedrigen Rundpavillon und zwei Galerien angebunden, wodurch sich ein kleiner, dreieckiger Innenhof ergibt. „Zitronenpresse" nennen die Dresdner die gefaltete gläserne Kuppel über dem Ausstellungsgebäude, auf der eine vergoldete Fama, die Göttin des Ruhms (Robert Henze) schwebt. Die Kuppel versteht sich als Antwort auf die „steinerne Glocke" der Frauenkirche. In akademischer Manier gestalteter Bauschmuck (unter anderen von Johannes Schilling, Robert Henze und Ernst Julius Hähnel) und klassische Stilelemente treten an der Kunstakademie in vergrößerten For-

▲ Der neue Innenhof mit historischen Fassaden und raffinierter Beleuchtung

▶ Der historische Tempelvorbau am Portikus des Ausstellungsgebäudes. Die Doppelsäulen tragen einen Dreiecksgiebel mit kräftigem Zahnschnitt und einem Tympanon-Relief. Darüber thront ein mächtiger Fronton, überladen mit großen Skulpturen.

DIE BRÜHLSCHE TERRASSE

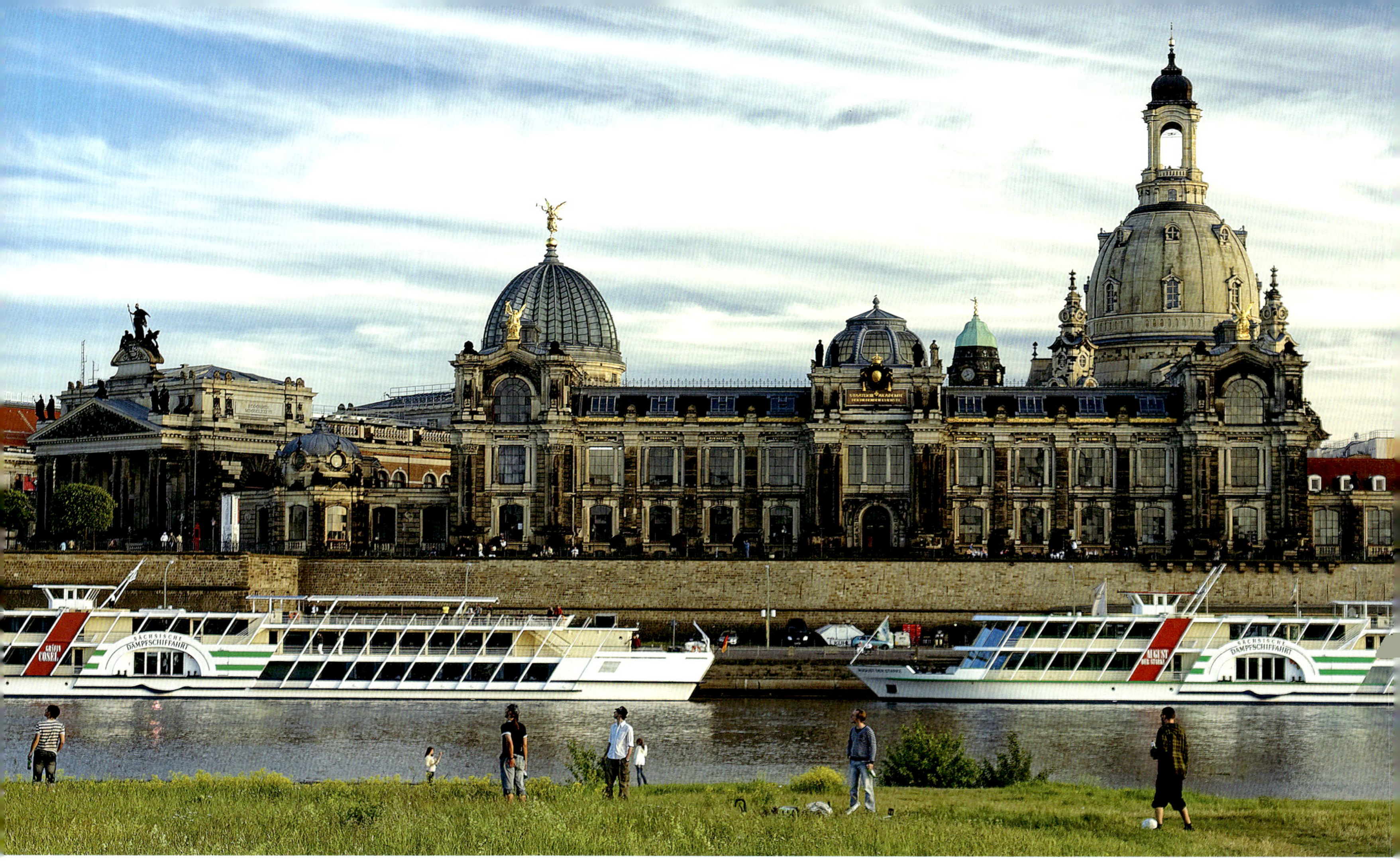

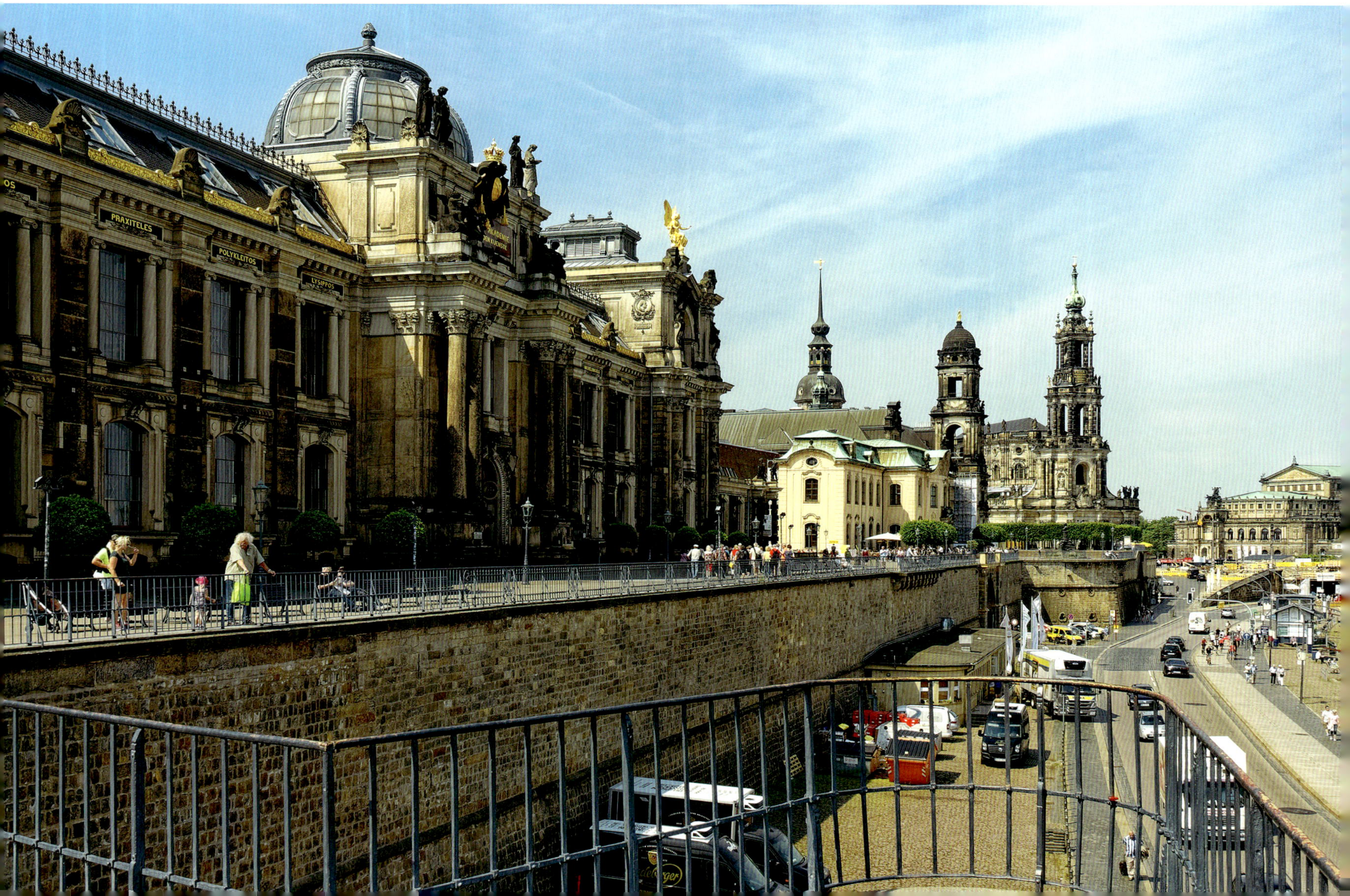

◂ Die mächtige Kunstakademie vor der Frauenkirche, links das Ausstellungsgebäude mit Tempelvorbau, Rundpavillon und „Zitronenpresse", rechts davon der symmetrische Akademietrakt

◂ ▾ Die neobarocke Sekundogenitur wirkt neben der Kunstakademie recht unscheinbar

Treppenhaus im Ausstellungsgebäude mit konservierten Spuren der Zerstörung

men auf. Sie sprengen den in der Antike und der Renaissance immer am Menschen orientierten Maßstab und wirken fast schon übermächtig und derb. Verstärkt wird dieser Eindruck durch die wuchtige Betonung der Mitte und der Gebäudeecken – mächtige Pavillonbauten mit vorgesetzten, kolossalen Säulen. Die Baumassen der Kunstakademie lassen die im Vergleich mit den barocken Bauten Brühls mächtig wirkenden Festungsmauern der Terrasse zu einem bloßen Sockel schrumpfen. Entgegen der Dresdner Tradition ist das Ensemble ziemlich protzig ausgefallen. Noch dazu muss dem Bau das elegante, einstöckige Galeriegebäude Knöffels weichen. All diese Merkmale der Kunstakademie sind letztendlich dem Zeitgeist des Kaiserreichs mit seiner übertriebenen Betonung des Nationalen geschuldet.

Die Kunstakademie wird 1945 von Bomben getroffen und brennt aus. Zunächst baut man nur den Akademietrakt provisorisch wieder auf, das Ausstellungsgebäude selbst bleibt Jahrzehnte ungenutzt. Erst zwischen 1991 und 2005 wird es wieder nutzbar gemacht. Dabei konserviert man einige der Innenräume mit ihren einst überreich dekorierten Wänden und Decken im Zustand der Zerstörung. Heute ist die Kunstakademie Sitz der Hochschule für Bildende Künste Dresden.

Von der Brühlschen Terrasse führt seit 1848 eine doppelläufige Treppenanlage zur Münzgasse. Seit 1556 ist sie als Große Fischergasse bekannt – denn rings um die Frauenkirche gibt es ursprünglich eine Fischersiedlung (siehe Seite 152/153). Erst später wird die Gasse nach der hier eingerichteten *Neuen Münze* benannt. 1878 bricht man die Gasse durch die Festungsmauer zur neuen Elbuferstraße durch. Von hier oben bietet sich ein abwechslungsreicher Blick auf die Frauenkirche, das Lutherdenkmal auf dem Neumarkt und auf den Turm des Neuen Rathauses. Die Bebauung der Münzgasse ist 1945 komplett zerstört.

In den 1980ern wird sie zusammen mit einem Hotelkomplex an der Töpferstraße auf den alten Grundstücksgrenzen mit Neubauten, die sich den ursprünglichen Traufhöhen anpassen, wieder hergestellt. Heute säumen Gaststätten und Kneipen diese vor allem von Touristen gern besuchte Gasse.

Zu Zeiten Brühls steht hier oben, rechts neben der Töpfergasse, die 1748 von Knöffel errichtete Bibliothek. Nach dem Ableben Brühls wird sie 1791 durch Johann Gottfried Kuntsch für die Kunstakademie umgebaut, bis diese 1894 ihren Neubau bezieht. Hofbauinspektor Gustav Frölich gestaltet 1899 den Bau auf dem Grundriss der alten Bibliothek in einem Akt der „schöpferischen Denkmalpflege" neu – mit symmetrischer

DIE BRÜHLSCHE TERRASSE

Die *Sekundogenitur* im Stil des Dresdner Rokoko

Putzfassade im Stil des Dresdner Rokoko und einem geschweiften, kupfernen Mansarddach. Der Hauptbau wird von zwei Seitenflügeln flankiert, sie treten jeweils um eine Achse zurück. Die Mitte ist konkav-konvex geschweift und durch einen geschwungenen Balkon aus Sandstein anmutig betont. Unter dem Balkon befindet sich das mit Säulen und geschweiftem Gebälk gerahmte Portal. In der Attikazone des Mittelbaus erhebt sich ein geschweifter und gebrochener Giebel, reich verziert mit Wappenschmuck und Königskrone. In dem nun *Sekundogenitur* genannten Bauwerk befinden sich erneut Bücher – nämlich die Bibliothek und die Kupferstichsammlung des zweitgeborenen Prinzen. Das Gebäude bildet einen wohltuenden Kontrast zu den anderen, doch recht monumental ausgefallenen Bauten an der Brühlschen Terrasse (neues Ständehaus, Kunstakademie, Albertinum) und erinnert ein wenig an die Zeit des barocken, Brühl'schen Lustgartens. Nach der Zerstörung 1945 erfolgt erst im Jahr 1964 der Wiederaufbau. Seit den 1980ern befindet sich in der Sekundogenitur eine Gaststätte.

◂ Blick von der Brühlschen Terrasse in die Münzgasse, links die Frauenkirche, mittig das Hotel de Saxe, dahinter der Turm des Neuen Rathauses

DIE DRESDNER FRAUENKIRCHE

Eine Stadt ist das Zentrum ihrer Region. Und jede mittelalterliche Stadt hat einen herausragenden Mittelpunkt – die Kirche. Doch in Dresden ist die Situation komplizierter. Gleich nach der Osterweiterung im Jahr 929 beginnt, von Meißen ausgehend, die Missionierung der slawischen Bevölkerung. Dazu werden lokal Missionskirchen errichtet. Der erste Vorgängerbau der Frauenkirche entsteht vermutlich Ende des 10. Jahrhunderts. Sie ist der geistliche Mittelpunkt des Gaus Nisan, dem Elbtal zwischen Meißen und Pirna. Ihre Lage ist optimal gewählt: Flussauf- und flussabwärts erscheint die Kirche über der Elbmitte, wenn man in die Bögen in Richtung Kernstadt einschwenkt.

Zur Gründung Dresdens liegt die Frauenkirche noch außerhalb der Stadtmauern – die Stadtbewohner bauen ihre eigene Kirche. Es ist die Nikolaikirche, Vorgängerin der heutigen Kreuzkirche. Trotzdem bleibt die Frauenkirche bis zur Reformation Hauptpfarrkirche und Landkirche für gut 20 Dörfer der Umgebung. Die Stadtbewohner müssen deshalb zu wichtigen kirchlichen Anlässen ihre befestigte Stadt durch das Frauentor verlassen. Erst mit der Stadterweiterung 1529 ändert sich diese paradoxe Situation. Die Frauenkirche gehört nun zur Festung Dresden – nein, sie wird ihr Mittelpunkt. Schon bald macht die Ausbreitung des Christentums einen größeren Bau erforderlich. Vermutlich Anfang des 12. Jahrhunderts wird die Holzkirche durch eine 21 Meter breite, dreischiffige Kurzbasilika mit über einen Meter dicken Mauern ersetzt. Ihr Name lautet *Beatate Mariae Virginis* – sie ist der heiligen Jungfrau Maria geweiht. In der zweiten Hälfte des 14. Jahrhunderts baut man sie zu einer Hallenkirche um, die jedoch breiter als lang ist. Denn in der sich eng an die Frauenkirche anschmiegenden Fischersiedlung ist eine Erweiterung in der üblichen Ost-West-Richtung nicht möglich. Der sie umgebende

Die Frauenkirche elbabwärts, davor die Albert-, dann die Carolabrücke und die Kunstakademie

Friedhof bleibt noch bis Anfang des 17. Jahrhunderts die einzige Begräbnisstätte Dresdens. Im späten 17. Jahrhundert wird die Frauenkirche für die wachsende Gemeinde zu klein, sie ist inzwischen auch baufällig. Sogar die Glocken dürfen wegen drohender Einsturzgefahr nicht mehr geläutet werden. Außerdem passt der durch seine diversen Anbauten doch recht unansehnlich gewordene Bau nicht mehr in das immer harmonischer werdende, barocke Stadtbild. Der Stadtrat plant deshalb eine komplett neue Kirche. Der zum Katholizismus übergetretene Kurfürst August der Starke nimmt wesentlichen Einfluss auf die Gestaltung, denn der neue Monumentalbau soll den Ansprüchen der Residenzstadt mit ihrer inzwischen europaweiten Bedeutung gerecht werden. Dem Herrscher schwebt eine Kirche im Charakter der venezianischen *Santa Maria della Salute* vor, die er von seiner Prinzentour durch Europa in Erinnerung hat. Bauherr ist jedoch die Dresdner Bürgerschaft. In ihrem Selbstverständnis ist die sächsische Residenz die Hauptstadt der Reformation und die Frauenkirche somit das Gegenstück zu Sankt Peter in Rom. Den Auftrag zur Anfertigung von Plänen bekommt der Ratszimmermeister George Bähr. Johann Christoph Knöffel steuert wesentliche Ideen zu den 1726 genehmigten Plänen bei. Sie sehen eine Außenkuppel als kupferverkleidete Holzkonstruktion vor. Während des Baus setzt Bähr jedoch durch, dass diese aus Sandstein gefertigt wird – dabei hilft ihm der hohe Kupferpreis. Die Fundamente für die Innenpfeiler lässt er von Anfang an schon so anlegen, dass sie die Last einer steinernen Kuppel tragen können. Die neue Frauenkirche wird bis 1743 direkt neben der alten Basilika errichtet, erst danach bricht man diese ab. Gottfried Silbermann, der berühmte sächsische Orgelbauer, liefert die Orgel. Bereits am 1. Dezember 1736 spielt Johann Sebastian Bach auf diesem herrlichen Instrument ein zweistündiges Orgelkonzert. Bach bekommt daraufhin prompt den Titel *Hofcompositeur* verliehen. Bei der Belagerung Dresdens im Siebenjährigen Krieg beschießen die Preußen 1760 auch die Frauenkirche. Ihre Kuppel ist jedoch so stabil, dass sie dem Kugelhagel von mehr als 100 Treffern trotzt. Friedrich II. von Preußen soll daraufhin zu seinen Kanonieren gesagt haben: „… dann lasst den ollen Dickkopp stehen". Die umfassenden Sanierungen 1924–32 unter Paul Wolf und 1938–43 unter Georg Rüth beseitigen zahlreiche Mängel des in die Jahre gekommenen Gotteshauses. Man glaubt, die Frauenkirche für die nächsten 200 Jahre gesichert zu haben – doch sie wird nur noch zwei Jahre stehen. Die während der Reparatur angefertigte Bauaufnahme des Istzustandes überdauert glücklicherweise den Krieg und hilft beim Wiederaufbau. Doch warum gehen auch während der Nazizeit und sogar noch während des Krieges die Arbeiten weiter – obwohl doch eigentlich nur noch kriegswichtige Vorhaben erlaubt sind? Vermutlich weil

Die Frauenkirche elbaufwärts, davor die Marienbrücken, die Augustusbrücke und die Sekundogenitur

schon ab 1933 der nazitreue Landesbischof hier predigt und ab 1938 die Frauenkirche zur Hauptkirche der *Deutschen Christen* wird. Was die Preußen 1760 nicht schaffen, gelingt der alliierten Bomberflotte in der Nacht vom 13. auf den 14. Februar 1945. Sprengbomben zerstören die Fenster, Brandbomben setzen die hölzernen Emporen in Brand – sogar aus der Laterne lodern die Flammen. Trotzdem bleibt die Frauenkirche zunächst noch stehen. Jedoch können die ausgeglühten Sandsteinpfeiler die schwere Steinkuppel nicht länger tragen und am Vormittag des 15. Februar gegen 10 Uhr stürzt sie in sich zusammen. Später schlagen kluge Denkmalschützer der SED-Führung „ideologiekompatibel" vor, die Reste der Frauenkirche als *Mahnmal gegen Faschismus und Krieg* zu erhalten. So wird der für die 1970er Jahre an dieser Stelle geplante Bau eines Wohnhochhauses verhindert. Die Ruine überdauert, geschützt von einer undurchdringlichen Wildrosenhecke, die Zeit der DDR. Für viele Dresdner ist die Frauenkirche nach wie vor Herz und Seele der Stadt und der Wille zum Wiederaufbau ist selbst nach 40 Jahren Sozialismus ungebrochen. Ab 1982 versammelt sich jedes Jahr am 13. Februar die Friedensbewegung an der Ruine – sie fordert die innere und äußere Entmilitarisierung der DDR. Bis 1989 wächst die friedliche Protestbewegung im ganzen Land auf breiter Basis an und führt schließlich zum Zusammenbruch des SED-Regimes. Am 13. Februar 1990 sendet eine kleine, engagierte Gruppe unter Leitung des Trompetenvirtuosen Ludwig Güttler den *Ruf aus Dresden* in die Welt. Sie will die Frauenkirche wieder aufbauen und wirbt um Mithilfe bei diesem visionären Vorhaben. Der Ruf aus Dresden startet die bislang erfolgreichste Bürgerbewegung Deutschlands: 15 Jahre später erstrahlt die Frauenkirche wieder in ihrer barocken Pracht. Die anfangs veranschlagten Baukosten hält man ein, die Weihe findet sogar ein Jahr früher als geplant statt. Über eine Million Spender aus aller Welt machen diesen einmaligen Wiederaufbau möglich – ihre Spenden decken zwei Drittel der Baukosten. Beim Wiederaufbau wählt man die Methode der archäologischen Rekonstruktion. Was heißt das? Die Fassadenbruchstücke werden

Die Ruine der Frauenkirche um 1975. Im Hintergrund verkündet das Hochhaus am Pirnaischen Platz: DER SOZIALISMUS SIEGT.

DIE DRESDNER FRAUENKIRCHE

Bruchstück im Schutthaufen

aus dem 22 000 Kubikmeter umfassenden Trümmerhaufen geborgen, mit Nummern versehen, fotografiert, vermessen und am Computer in ein dreidimensionales Puzzle eingeordnet. Dann beginnt der Wiederaufbau in der gleichen Technik wie zu Bährs Zeiten – also ohne Stahlbeton mit anschließender Sandsteinverblendung, wie sonst häufig bei Rekonstruktionen üblich. Längst vergessene Details werden erforscht – zum Beispiel die Mörtelzusammensetzung für Sandsteinmauerwerk, welches Wind und Wetter, Frost und Hitze ausgesetzt ist und jahrzehntelang dichte Fugen behalten soll. Die stehen gebliebenen Ruinenteile integriert man in den Neubau. Dabei bleibt deren Schiefstellung erhalten – die sich ergebenden Absätze zu den neu gebauten Teilen sind deutlich erkennbar. Fehlende und zu stark zerstörte Steine müssen ersetzt werden – man verwendet dazu neue Steine aus dem ursprünglichen Steinbruch in der Sächsischen Schweiz. In der Fassade ist das originale Material an seiner dunklen Färbung zu erkennen. Das Mauerwerk hinter der Fassade wird größtenteils aus Steinen des Trümmerhaufens gewonnen, da kommt es nicht auf die exakte, ursprüngliche Lage an. Ein besonderes Zeichen der Versöhnung der ehemaligen Kriegsgegner setzt das rekonstruierte, 5,20 Meter hohe Kuppelkreuz. Alan Smith, gelernter Kunstschmied und Sohn einer der englischen Bomberpiloten des Angriffs im Februar 1945, fertigt es in seiner Werkstatt mit Spendenmitteln aus ganz Großbritannien. Das aus den Trümmern geborgene Originalkreuz ist in seinem zerstörten Zustand im Kirchraum aufgestellt und erinnert an die sinnlose Bombardierung Dresdens. Eberhard Burger, der Baumeister der wieder aufgebauten Frauenkirche sagt: „Mit zunehmendem Baufortschritt ist in uns aber auch die Ehrfurcht vor den alten Meistern größer geworden. Wenn ich an unsere heutigen bautechnischen Möglichkeiten, die planerische Vorbereitung bis in das Detail und den Einsatz modernster Technik auf allen Gebieten denke, wird es mir immer unerklärlicher, wie George Bähr mit seinen Meistern dieses gewaltige Bauwerk organisatorisch, fachlich und menschlich in fast gleicher Bauzeit realisieren konnte." Die Frauenkirche zeigt sich mit wohlproportionierten und elegant rhythmisierten Fassa-

Bruchstück nach dem Einbau in die rekonstruierte Frauenkirche

Die Frauenkirche im Zentrum des wiederaufgebauten Neumarkts, davor das Mart n-Luther-Denkmal

den. Der raffinierte Grundriss besteht in der Unterkirche aus einem griechischen Kreuz. Darüber liegt der durch acht kreisförmig in Zweiergruppen angeordnete Pfeiler betonte Zentralraum. Nach Osten öffnet er sich zur Apsis. An den vier Ecken des Kirchbaus sind um 45° versetzte Treppenhäuser eingefügt. Die Kirche kann sowohl durch die Treppenhäuser als auch direkt durch drei weitere Portale betreten werden. In 35 Meter Höhe leiten konkav geschwungene Sandsteinflächen zur Kuppel über. Sie ist nach oben etwas gestreckt und steht auf einem Gesims, das den Kuppelanlauf abschließt. Oben geht sie in eine nach allen vier Seiten durch hohe Rundbögen weit geöffnete Laterne über. Eine geschweifte Haube aus Kupferblech, auf der ein goldener Knauf mit dem Turmkreuz thront, schließt die Laterne ab. Das Kreuz erreicht eine Höhe von gut 91 Metern – das Herrscherhaus legt großen Wert darauf, dass in Dresden kein Turm höher als der Schlossturm mit seinen 97 Metern ist. Über eines der Treppenhäuser gelangt man heute auf eine 162 Meter lange, spiralförmig zwischen der inneren und der äußeren Kuppelschale ansteigende „schiefe Ebene". George Bährs Bauleute transportieren seinerzeit die Sandsteine für die Kuppel und die Laterne mittels Eselskarren über diese Bahn. Die äußere Kuppelschale ist zwischen 2 Meter und 1,20 Meter stark, die innere nur 25 Zentimeter. Insgesamt wiegt die Kuppel 12 300 Tonnen und ist das wohl prägnanteste Wahrzeichen Dresdens. Aus der Ferne erinnert sie mit ihrem geschwungenen Anlauf an eine steinerne Glocke. Die Aussichtsplattform in der Laterne bietet einen atemberaubenden Rundblick über Dresden und das Elbtal bis hin zu den Bergen des Erzgebirges und der Sächsischen Schweiz. Bei günstiger Sicht sind sogar die Türme des Meißner Doms zu erkennen.
Schon von außen bietet die Frauenkirche einen grandiosen Anblick. Doch erst das Innere zeigt die ganze barocke Pracht. Der Raum strahlt in lichten Farben und Vergoldungen – so wie er wohl kurz nach 1743 ausgesehen haben mag. Zwischen den Pfeilern sind ein mit Fenstern abgeschlossener Bet-

◂ Die Laterne auf der Kuppel der Frauenkirche

stübchenring und vier offene Emporen mit unterschiedlich geschwungenen Wänden und Brüstungen übereinander angeordnet. Mit geschweiften Beichtstühlen und den darüber befindlichen Brüstungen der Sängeremporen setzt sich die schwingende Bewegung im Chorraum fort. Der Altar mit der biblischen Szene des Christus am Ölberg ist ein Werk von Johann Christian Feige d. Ä. Über 2 000 aus den Trümmern geborgene Einzelteile fügen die Restauratoren in akribischer Kleinarbeit zum rekonstruierten Altar zusammen. Die ursprüngliche Farbfassung wird nicht wiederhergestellt, so dass die Wunden der Zerstörung auch hier sichtbar bleiben. Über dem geschweiften und gesprengten Altargiebel erhebt sich die Orgelempore mit ihrem reich geschmückten Prospekt – auch dieses ist ein Werk Feiges. Unterstrichen durch seine reichhaltigen Vergoldungen bildet der Chorraum den faszinierenden Höhepunkt dieser großartigen Kirche. Im Laufe der Jahrhunderte wird die Silbermannorgel mehrfach verändert, so dass eine Rekonstruktion des 1736er Zustands nicht mehr in Frage kommt. So hat die Frauenkirche nun eine neue Orgel des Orgelbaumeisters Daniel Kern aus Strasbourg, die sich aber zumindest im Prospekt so zeigt wie die Silbermannorgel der Entstehungszeit. Am Rande sei bemerkt, dass Gottfried Silbermann ab 1702 in Strasbourg die Orgelbaukunst erlernt.

Die Innenkuppel hat ein großes Auge. Dort oben lässt sich sogar ein Chor platzieren, der auf diese Weise wahrhaft „himmlische Gesänge" hörbar machen kann (siehe Seite 162/163). 1843 wird das von Richard Wagner eigens für die Frauenkirche komponierte *Liebesmahl der Apostel* mit einem hier oben platzierten Chor uraufgeführt. Der Hofmaler Giovanni Battista Grone führt einst die Deckengemälde an der Hauptkuppel aus. Rekonstruiert hat sie der Dresdner Maler Christoph Wetzel. Hier sieht man sie durch das Auge der Innenkuppel. Der helle Kreis in der Mitte gehört schon zur Laterne, er lässt durch eine Glasabdeckung Tageslicht herein.

Das rekonstruierte Turmkreuz mit dem goldenen Knauf

Blick zur Apsis mit Altar und Orgel, beidseitig sind die Emporen zwischen den Pfeilern zu sehen

Blick zur von schlanken Säulen getragenen Kuppel

DER NEUMARKT UND DIE RAMPISCHE STRASSE

Rings um die Frauenkirche siedeln ursprünglich sorbische Fischer. Anschließend untersteht das Gebiet bis 1402 den Dohnaer Burggrafen, die mit den Wettinern verfeindet sind. Deshalb liegt es vor dem Frauentor der neu gegründeten Stadt und kommt erst 1529 in die Festung. Im Gegensatz zur neuen Stadt verlaufen die Gassen hier unregelmäßig, sie folgen der älteren Siedlungsstruktur. Ab Ende des 16. Jahrhunderts ziehen vermehrt Adlige, Beamte und wohlhabende Handwerker nach Dresden, am Neumarkt entstehen ihre herrschaftlichen Wohnsitze. Im Augusteischen Zeitalter will das Bürgertum den Lebensstil des Adels nachahmen. So werden Bürgerhäuser im Sinne des Barock modernisiert oder neu gebaut. Nach dem Bau der Frauenkirche erinnert nichts mehr an den spätmittelalterlichen Platz. Der preußische Kanonenbeschuss im Jahr 1760 zerstört ein Drittel aller Gebäude. Beim Wiederaufbau achtet man jedoch weiterhin auf die historischen Straßenzüge und die Gebäudehöhen in Relation zur Frauenkirche. Viele Häuser werden stilistisch modernisiert und mit den zeittypischen, hohen Mansarddächern versehen. Typisch ist auch die symmetrische Fassadengestaltung mit Betonung der Mitte. Nun ist der bürgerlich geprägte Neumarkt vollendet. Kein Gebäude ist höher als das Hauptgesims der Frauenkirche, die „steinerne Glocke" erhebt sich ungehindert über dem Meer der Dächer. Doch im Februar 1945 ist der Neumarkt nur noch eine Trümmerwüste. Obwohl einige Häuser nicht so stark zerstört sind, dass man sie nicht hätte wieder aufbauen können, muss fast alles weichen. Zum Beispiel werden bis 1958 die noch standfesten Ruinen der Rampischen Straße in einer Nacht-und-Nebelaktion gegen den Widerstand des Denkmalschutzamts komplett be-

Die gigantische Baustelle am Neumarkt, Aufnahme von 2006/2007   ▸ Die rekonstruierte Rampische Straße

Die leergeräumte Rampische Straße um 1975. Nur noch am Verlauf der Fußwege sind die ursprünglichen Bebauungsgrenzen zu erahnen. Im Hintergrund sieht man die Ruine der Frauenkirche, rechts daneben die Reste der Torhäuser des Coselpalais.

seitigt. Die Keller verfüllt man mit Schutt und planiert sie. Zunächst weiden Schafe auf den Brachen, später parken hier Autos und Busse. Über 40 Jahre lang bleibt der Neumarkt ein riesiger, öder und zugiger Platz mit der Ruine der Frauenkirche in seiner Mitte. Menschen halten sich hier nur selten auf. Die wiederaufgebaute Frauenkirche wirkt wie eine Initialzündung – das Fehlen der Gebäude am Neumarkt kann nicht länger hingenommen werden. Doch nur ein fein abgestimmtes Ensemble ist in der Lage, dem Neumarkt und damit auch der Stadt ihre Identität zurückzugeben. Dazu gehören vor allem die Einhaltung der alten Platz- und Straßengrundrisse, die Berücksichtigung der Traufhöhen sowie die Kleinteiligkeit der Fassadengestaltung. Gebäude von herausragender architektonischer Bedeutung werden als Leitbauten möglichst originalgetreu rekonstruiert, moderne Gebäude mit angepasster Gestaltung ergänzen das Ensemble. Als Tribut an die heutige Zeit will man natürlich auf eine gigantische Tiefgarage nicht verzichten, die zweigeschossig unter dem Platz angelegt wird. Vorher dokumentieren Archäologen den Untergrund, denn durch die Bauaktivitäten verschwinden die archäologischen Spuren für immer. In der Tiefgarage selbst sind noch Reste des mittelalterlichen Frauentors aus dem 13. bis 16. Jahrhundert zu besichtigen. Ähnlich wie nach seiner Zerstörung im Siebenjährigen Krieg entsteht der Neumarkt zwar wieder in seiner berühmten, räumlichen Gestalt, wird aber gleichzeitig modernisiert. Der gesamte Platz ist heute eine Fußgängerzone. Das sperrt die in anderen Stadtgebieten oft störenden Autos aus, was den Aufenthalt hier besonders angenehm macht. Bevölkerung und Besucher nehmen den Neumarkt überwiegend positiv auf – hier pulsiert inzwischen wieder städtisches Leben. Offenbar will es unserer Zeit einfach nicht gelingen, vergleichbar harmonische und die Allgemeinheit ansprechende Platzwirkungen mit modernen Bauten und Ensembles zu erzielen. Leider fehlt heutiger Architektur häufig die einfühlsame, auf die Geschichte und Ausstrahlung des Ortes eingehende und sich dem menschlichen Maßstab unterordnende Einstellung. Meist will sie Aufmerksamkeit erheischen, spektakulär daherkommen und von unserer modernen, der Vergangenheit angeblich weit überlegenen Zeit künden.

Das Coselpalais steht nordöstlich hinter der Frauenkirche (siehe Seite 168/169). Im Mittelalter gibt es hier eine Windmühle, die 1565 durch einen 23 Meter hohen Pulver-

Der Kopfbau gegenüber dem Kurländer Palais schließt die auf den alten Grundstücksgrenzen rekonstruierte Bebauung der Rampischen Straße ab

turm ersetzt wird. Er gehört zum Zeughaus, dem Vorläufer des Albertinums. Die mächtigen Turmfundamente werden 1995 bei archäologischen Grabungen dokumentiert, sie können im rustikalen Kellerrestaurant *Pulverturm* im Coselpalais besichtigt werden. Kurfürst Friedrich August II. schenkt um 1740 den Turm seinem Oberlandbaumeister Knöffel. Der lässt ihn abreißen und bis 1746 zwei Wohnhäuser errichten. Das eine behält er für sich, das andere verkauft er an den Oberzeugschreiber Johann Carl Caesar. Beide Häuser brennen 1760 durch preußischen Kanonenbeschuss aus. Bereits 1761 ist das Caesarsche Haus wieder aufgebaut. 1763 kauft Friedrich August Graf von Cosel (der Sohn Augusts des Starken und seiner berühmten Mätresse) das Caesarsche Haus und auch Knöffels Ruine. Er beauftragt Oberlandbaumeister Julius Heinrich Schwarze mit dem Neubau eines herrschaftlichen Palais. Schwarze vereint in raffinierter Weise die beiden Häuser – er verbindet sie so, dass ein kleiner Innenhof entsteht und spannt ein umlaufendes Mansarddach über alle Baukörper. Die Hauptfassade befindet sich nun an der Schmalseite und zeigt zur Frauenkirche. Lisenen bewirken eine dezente Gliederung, ein Dreiecksgiebel bekrönt den Mittelrisalit. Um die Bedeutung der neuen Schaufront hervorzuheben, ordnet Schwarze zwei Torhäuser an. Den so entstandenen Ehrenhof nach Pariser Vorbild schließt er mit Ziergittern und einem repräsentativen Tor ab. Der Bildhauer Gottfried Knöffler liefert die sich um Helme und Vasen balgenden Kindergruppen auf den Pfeilern der Hofeinfriedung, auch der Hofbrunnen unter dem Balkon an der Hauptfassade stammt von ihm. 1767 ist das Palais bezugsfertig. Es hat über dem Erdgeschoss hinter hohen Rundbogenfenstern einen prachtvollen, über zwei Geschosse reichenden Festsaal. Dem Grafen ist es nur kurz vergönnt, sein Palais zu bewohnen, er stirbt 1770. Später wohnen Gesandte hier, dann Graf Lüttichau. Der Bau wird als *Russisches Hotel* genutzt und schließlich als *Königliche Polizeidirektion*. 1902 reißt man die unansehnlichen Nebengebäude ab und gleicht die nun allseitig sichtbaren Fassaden der Hauptfassade an. Bis zu seiner Zerstörung im Februar 1945 befindet sich im Coselpalais das Dresdner Landbauamt. Die Ruine des Hauptgebäudes wird 1951 abgerissen, nur Reste der Torhäuser bleiben stehen – zu sehen in der Mitte des Bildes auf Seite 166. 1977 erringt das Institut für Denkmalpflege einen kleinen Erfolg: Die Torhäuser werden originalgetreu wiederaufgebaut und für Bürozwecke genutzt. Vom Hauptbau rekonstru-

Das Coselpalais mit seinem Ehrenhof nach französischem Vorbild

iert man nur ein Stück der Erdgeschossfassade und den Hofbrunnen. Erst im Jahr 2000 wird auch das Hauptgebäude rekonstruiert – außen weitgehend nach historischem Vorbild, innen bis auf den Eingangsbereich, das Treppenhaus und den Festsaal modern. Der

Gottfried Knöfflers Putten auf der Hofeinfriedung

kleine Innenhof verschwindet, um mehr Nutzfläche zu gewinnen. Im Erdgeschoss ist seitdem das Café-Restaurant *Coselpalais* zu finden.
Seit 1787 wird im Eckhaus an der Moritzstraße ein nobles Hotel betrieben. Da kein Mangel an zahlungskräftigen Gästen herrscht, kauft der Hotelbesitzer 1834 die beiden Nachbargebäude am Neumarkt hinzu und versieht alle drei Häuser mit einer gemeinsamen, zurückhaltend dekorierten Fassade im Stil des Klassizismus. Noch dem spätbarocken Dresden verpflichtet ist das zweigeschossig ausgebaute Mansarddach. Wie bei vielen barocken Palais ist im ersten Obergeschoss auch ein Saal vorhanden – hier mit breitem Balkon vor den Fenstertüren. Zeitzeugen bewerten ihn als Dresdens vornehmsten Konzertsaal. Es finden musikalische Aufführungen höchsten Ranges statt – unter anderen gastieren hier Paganini und Chopin. Da die Hotelbesitzer über viele Jahre nur Geld einnehmen, jedoch kaum in die Modernisierung investieren, bleiben bald die Gäste aus – wer will schon in einem heruntergekommenen Hotel logieren? Inzwischen ist Dresden eine bedeutende Großstadt, das soll sich auch in mächtigen, städtischen Bauwerken ausdrücken. So wird 1888 das *Hotel de Saxe* abgebrochen, an seiner Stelle

errichtet man ein großes Hauptpostgebäude mit einer in eklektizistischer Manier überladenen Fassade. Wie alle anderen Gebäude geht auch dieses Haus 1945 im Feuersturm unter. Beim Wiederaufbau nach 1990 entscheidet man sich, nicht das zerstörte Postgebäude wieder aufzubauen, sondern das Äußere des Hotels de Saxe nach alten Plänen und Fotos von vor 1888 zu rekonstruieren – seine zurückhaltende Fassade passt einfach besser zum Ensemble des Neumarkts. Das ebenfalls rekonstruierte Eckhaus links am Hotel beherbergt ab 1749 die berühmte Salomonis-Apotheke. Archäologen fördern Bruchstücke einer Skulptur des Königs Salomo zutage, eine danach gefertigte Kopie ziert nun wieder die Fassadenecke. Ab 1827 betreibt Dr. Friedrich Adolph August Struve die Apotheke im inzwischen nach klassizistischer Manier umgestalteten Haus. Er entwickelt ein Verfahren zur künstlichen Herstellung von Mineralwasser und wird damit sehr reich. Noch bis 1945 ist hier eine Apotheke zu finden – jetzt ist sie zu einer Gaststätte mutiert. Darin findet man die aus ihren originalen Bruchstücken zusammengesetzte Skulptur König Salomos. In den Obergeschossen des gesamten Gebäudekomplexes befinden sich heute moderne Räume des Hotels.

Das Coselpalais von oben

Das *Heinrich-Schütz-Haus* ist nach dem berühmten Komponisten und kurfürstlichen Oberkapellmeister benannt, er kauft es 1629 und wohnt hier bis 1657 (siehe Seite 170). Schon damals hat das Gebäude den Runderker an seiner Ecke. Um 1730 beauftragt der Kaufmann Christian Döppmann George Bähr und Gottlieb Bormann mit dem Umbau des Hauses. Die Renaissancegiebel werden abgebrochen, das Gebäude aufgestockt, mit einem hohen Mansarddach versehen und seine Fassadenmitte am Neumarkt dezent durch Bauschmuck betont. Der alte Erker bekommt einen Aufbau mit Altan. Rund

Das Hotel de Saxe, davor das Denkmal Friedrich Augusts II. und links die Salomonis-Apotheke

▲ Das Heinrich-Schütz-Haus, rechts sich anschließend das Köhlersche Haus an der Frauenstraße, links dahinter ein DDR-Bau aus den 1950er Jahren

▼ Der Kinderfries am Sockel des Runderkers

100 Jahre später wird das Haus zu seinen Ungunsten verändert: Es bekommt ein fünftes Geschoss und ein flaches Satteldach. Vor dem Abriss des 1945 zerstörten Hauses können mehrere Teile gerettet werden, so auch der um 1530 von Christoph Walther I. geschaffene Kinderfries. 1960 bringt man ihn an einem Nachkriegs-Wohnblock in der Gewandhausstraße an, jetzt ist er wieder an seinen angestammten Platz zurückgekehrt. Das an Hand von historischen Fotos und Fassadenfragmenten rekonstruierte Ensemble nutzt die erhalten gebliebenen, historischen Keller. Der Hauptbau wird in seiner barocken Fassung, also ohne die im 19. Jahrhundert stilwidrig vorgenommenen Veränderungen rekonstruiert. Auf der linken Seite schließt sich ein moderner Neubau an, der mit seiner geschwungenen Fassade ein Stück weit den mittelalterlichen Grundstücksgrenzen folgt.

DER SCHLOSSPLATZ UND DAS NEUE STÄNDEHAUS

Das Elbufer reicht ursprünglich fast bis an das Residenzschloss heran. Erst 1738 entsteht der Schlossplatz durch die Aufschüttung für den Bau der Hofkirche – sie steht mit ihrem Grundriss zur Hälfte im alten Flussbett der Elbe. Auf der Ostseite (hier links unten) führt die große Freitreppe zur Brühlschen Terrasse, daneben befindet sich das Neue Ständehaus (ganz links, angeschnitten). Südlich bieten die Durchgänge im Georgenbau Zutritt zur Schlossstraße. An den Georgenbau schließt sich die Schlossfassade mit dem Hausmannsturm an. Die Hofkirche, hier in der Bildmitte, teilt den Platzraum in Theater- und Schlossplatz auf. Rechts kommt man an der Kirche vorbei zum Theaterplatz – hier ist die Semperoper und rechts das Italienische Dörfchen zu sehen. Dazwischen schaut im Hintergrund die grüne Fassade vom Haus der Presse hervor. Noch weiter rechts kommt ein Stück vom Erlweinspeicher ins Bild. Nördlich geht der Schlossplatz in den Brückenkopf der Augustusbrücke über – der Straßenverlauf ganz rechts lässt es erahnen. Und unten rechts geht es hinunter zur Uferstraße. Schon im 14. Jahrhundert bilden sich *Landstände* heraus. Parallel zur feudalen und klerikalen Herrschaft sind hier lokale Vertreter des Adels, der Ritter und des Klerus organisiert, später gehören auch Vertreter der Städte (Ratsherren), Gilden (Fernhändler) und Zünfte (Handwerker) dazu. Der Herrscher muss sich von den Landständen beispielsweise seine Steuern genehmigen lassen. Im Gegenzug sorgen die Landstände für das

Der Schlossplatz mit der Hofkirche und der Übergang zum Theaterplatz

Eintreiben der Steuern und die lokale Durchsetzung der Herrschaft. Ab 1776 tagen die Landstände im Landhaus, dem heutigen Stadtmuseum. 1831 geht das Gremium in einem Zweikammerparlament auf. In den Folgejahren wachsen die Aufgaben des Parlaments und damit auch sein Raumbedarf. Nun fordert der Zeitgeist ein monumentales Bauwerk, das der Residenz und Landeshauptstadt alle Ehre machen kann – doch wo soll es stehen? Natürlich im Zentrum, möglichst nahe am Schloss! Weil es da aber keinen Platz mehr gibt, müssen das großartige barocke Palais des Grafen Brühl, das Palais Fürstenberg und das Charonsche Haus weichen. Paul Wallot, Lipsius-Nachfolger an der Akademie und Architekt des Berliner Reichstags, muss seine Pläne für den Landtag mehrfach abändern, bevor 1901–07 der massige Vierflügelbau auf trapezförmigem Grundriss gebaut wird. Im umfangreichen Komplex gibt es vier kleine Innenhöfe und einen großen Innenhof. Das seinerzeit immer noch probate Stilmittel für repräsentative Bauten ist die noble italienische Hochrenaissance. Am Schlossplatz kommt das klassische Dreier-Schema zum Tragen: eine dreigeteilte, dreigeschossige Fassade – ein dreiachsiger Mittelrisalit, seitlich flankiert von je drei Achsen. Kolossale Doppelsäulen fassen das Portal ein, sie tragen mächtige Gebälkstücke mit Skulpturen obenauf. Kleinere Säulen rahmen das von einem hohen Bogen überfangene Tor, auf ihnen ruht ein Dreiecksgiebel. Zwischen Brühlscher Terrasse und Landtag vermittelnd schließt sich ein 50 Meter hoher Turm an, der von einer vergoldeten Saxonia (Johannes Schilling) bekrönt wird. Die zwei Baldachingeschosse im oberen Turmbereich nehmen Bezug auf den benachbarten Turm der Hofkirche. Man mag das Neue Ständehaus im Vergleich mit dem Residenzschloss oder der Hofkirche nicht gerade als Juwel bezeichnen, jedoch fügt es sich unaufdringlich in das Stadtbild ein und ist inzwischen als eines seiner Bestandteile anerkannt. 1945 brennt das Gebäude aus. Denkmalpfleger sind die ersten Nutzer nach dem Krieg. Sie räumen Schutt weg, sichern die Bausubstanz, machen Räume wieder nutzbar und verhindern so den Abriss. Erst 1993 wird das Neue Ständehaus äußerlich wieder hergestellt, bis 2008 dauern die Innenarbeiten. Hier tagen nun das Oberlandesgericht und der Sächsische Anwaltsgerichtshof. Auch das Landesamt für Denkmalpflege Sachsen hat nach wie vor hier seinen Sitz.

Das Neue Ständehaus, links die Freitreppe zur Brühlschen Terrasse, vor dem Portal das Denkmal König Friedrich Augusts I., rechts der Fürstenzug am Langen Gang

DAS RESIDENZSCHLOSS

Um 1175 gibt es an der Elbe nur eine einfache Burg mit Fachwerkgebäuden. Nachgewiesen sind Reste von steinernen Burggebäuden aus der Zeit um 1230, die Kellergewölbehalle der *Kemenate* gibt es heute noch. Wie im Mittelalter üblich ist die Burg militärisch gesichert. Um 1400 entsteht am Elbufer der Nordflügel mit einem Vorgänger des Hausmannsturms an seiner Ecke. Wahrscheinlich leitet Arnold von Westfalen in den Jahren 1468–80 umfassende Arbeiten an der Burg. Dabei wird sie zu einer kleinen Vierflügelanlage mit Innenhof ausgebaut, überragt von mehreren spitzen Türmen. Die mittelalterliche Reiseherrschaft neigt sich ihrem Ende zu – die Wettiner Brüder Ernst und Albrecht halten sich jetzt überwiegend in Dresden auf. Nach der Teilung Sachsens im Jahr 1485 wird Dresden zur ständigen Residenz der albertinischen Linie. Herzog Georg lässt 1535 den Georgenbau ergänzen – im für Dresden neuen Stil der Renaissance. Unter den Kurfürsten Moritz und August geht es dann mit Riesenschritten voran. Moritz beauftragt Ernst von Miltitz, aus der Burg ein großartiges Schloss zu machen. Die Bauleitung erhält Caspar Voigt von Wierandt. Bis 1556 errichten die Bauleute eine großzügige Renaissance-Vierflügelanlage. Der militärische Burgcharakter verschwindet, nun steht die Repräsentation des Herrscherhauses im Vordergrund. Der erst wenige Jahrzehnte zuvor erbaute Westflügel wird abgerissen und durch einen größeren, deutlich weiter westlich gelegenen Baukörper ersetzt. Darin richtet man 1586 die *Geheime*

Das Residenzschloss an der noch unbebauten Schlossstraße, links der Südflügel mit seinen Rundtürmen, dahinter der überdachte Kleine Schlosshof, in der Mitte der Hausmannsturm, rechts das Kanzleihaus vor dem Georgenbau, Aufnahme vom 13.9.2008

Der Westflügel, rechts schließen sich der Bärengarten, der 1901 hinzugekommene Südflügel und der Übergang zum Taschenbergpalais an

Verwahrung ein – für die heute weltberühmten Schätze der Wettiner Kurfürsten und Könige. Wie durch ein Wunder bleiben die über Jahrhunderte gesammelten Kostbarkeiten in der wegen ihrer späteren Gestaltung und Ausmalung *Grünes Gewölbe* genannten Schatzkammer durch alle Wirren und sogar während des Zweiten Weltkriegs fast vollständig erhalten. Den Südflügel verlängert man bis zum neuen Westflügel, ebenso den Nordflügel. In den Ecken des nun doppelt so großen Schlosshofs gibt es drei Treppentürme, so genannte *Wendelsteine*. Der Bildhauer Hans Walther II. stattet sie reich mit Bauschmuck aus. In der Südostecke bleibt der Torbau Arnolds von Westfalen zunächst erhalten – wohl aus Respekt vor seinem Alter. Im erneuerten Ostflügel entsteht der wegen seiner Bemalung mit riesigen römischen Kriegern *Riesensaal* genannte Festraum. Die italienischen Brüder Benedetto und Gabriele Tola versehen sämtliche Fassaden mit reichem Sgraffitodekor und illusionistischer Malerei. So bekommt die damals schon aus Gebäudeteilen unterschiedlicher Epochen bestehende Anlage auf kostengünstige Weise ein vereinheitlichtes und zugleich repräsentatives Erscheinungsbild. Der bisher an der Ecke der Burg befindliche Turm steht nun in der Mitte der Elbfassade. Er wird deutlich erhöht und bekommt eine Uhr. Im Hof errichten die Baukünstler vor dem Turmsockel einen viergeschossigen, fünfachsigen Altan, dessen Gestaltung nach oben hin immer filigraner wird. Bis 1595 entstehen unter Leitung von Paul Buchner und Hans Irmisch am Südflügel drei neue Flügel, die den *Kleinen Schlosshof bilden*. Zunächst kommt ein rustikales Torhaus als neuer Hauptzugang an der Schlossstraße hinzu, sein Schmuck stammt von Andreas Walther III. Wegen seiner Löwenskulpturen nennt man es *Löwentor*. Die Kurfürstin bekommt an der gegen-

Das Löwentor an der Schlossstraße

Sgraffito und Renaissance-Wendelstein im Großen Schlosshof während der Renovierung, links der Altan vor dem Sockel des Hausmannsturms

überliegenden Seite, am *Bärengarten*, ein Brunnenhaus mit Badestube. Ein neuer Südflügel schließt den Kleinen Schlosshof ab.

1602 muss die gesamte Sgraffitobemalung erneuert werden. Man könnte die Fassaden auch nach der zeitgemäßen Mode gestalten, will aber die Tradition wahren. Damit soll das Alter der Wettiner Herrschaft – und ihre daraus abzuleitende Legitimation betont werden. Unter Wolf Caspar von Klengel wird 1676 der *Hausmannsturm* (Arbeitsplatz des Türmers oder Hausmanns) ausgebaut und mit einer ungewöhnlich langen, schlanken Spitze auf 97 Meter Höhe gebracht. Nun überragt er den damals 92 Meter hohen Turm der Kreuzkirche am Altmarkt. 1683 wird unter Johann Georg Starcke, dem Nachfolger Klengels, das spätgotische Tor abgerissen und durch ein neues Tor zwischen Großem und Kleinem Schlosshof ersetzt. Nun kann auch der vierte Wendelstein gebaut werden – ein Akt der „schöpferischen Denkmalpflege", denn die Renaissance mit ihren typischen Wendelsteinen ist inzwischen längst Vergangenheit. Auch der Sgraffitoschmuck wird noch einmal denkmalgerecht erneuert – die jahrhundertealte und damit quasi gottgegebene Herrschaft der Wettiner erneut eindrucksvoll unterstreichend. Innen jedoch kommt der seinerzeit moderne, barocke Stuck zum Einsatz. Die vier Wendelsteine sind zwar schön anzusehen, aber unpraktisch. So bekommt das Schloss 1693 neben dem Durchgang zwischen Kleinem und Großem Schlosshof eine großzügige, barocke Treppenanlage. Seit ihrer Einweihung anlässlich der Verleihung des englischen Hosenbandordens an den Kurfürsten nennt man sie *Englische Treppe*. Im gleichen Jahr wird durch Marcus Conrad Dietze im Sockel des Hausmannsturms ein neues Rundbogenportal als nördlicher Zugang zum Schlosshof eingerichtet, das *Grüne Tor*. Sein reicher Wappen- und Trophäenschmuck erinnert an die Kämpfe Georgs III. gegen die Türken bei Wien. Ein schwerer Brand zerstört 1701 fast die Hälfte des Schlosses, zwei Tage dauern die Löscharbeiten. Nun träumt der Herrscher von einem komplett neuen Schloss. Doch der Nordische Krieg bringt den Staat an den Rand des Bankrotts und verhindert die Realisierung der hochfliegenden Pläne. Da die große Hochzeit des Jahres 1719 näher rückt und man den Gästen keine Schlossruine zumuten will, werden die Schäden im Eiltempo beseitigt. Das altehrwürdige Sgraffitodekor verschwindet, einige Fenster werden barockisiert, das hohe Satteldach mit den Zwerchhäusern weicht einem Mansarddach. Bis 1729 entstehen im Erdgeschoss des Westflügels repräsentative Räume für die kurfürstliche Schatzkammer, das weltberühmte *Grüne Gewölbe*. Im Hausmannsturm wird 1742 eine Schlaguhr installiert, deren Zifferblätter in alle vier Richtungen zeigen. An der Hoffassade gibt es ein fünftes Zifferblatt, welches heute noch, wie damals üblich, die Stunden mit dem großen und die Minuten mit dem kleinen Zeiger weist. Maria Josepha, die Gemahlin Friedrich Augusts II., gebiert ihm sieben Kinder. Diese Prinzessinnen und Prinzen müssen alle standesgerecht im Schloss untergebracht werden, wofür man etliche Räume umgestaltet. Erst mit der Erweiterung des Taschenbergpalais vermindert sich die „kurfürstliche Wohnungsnot". Nach dem Ende des Siebenjährigen Krieges ist Sachsen völlig verarmt. Danach schwächen die Napoleonischen Kriege das Land noch weiter. Am Schloss werden nur noch die notwendigsten Reparaturen vorgenommen. Zur Platzgewinnung stockt man den Westflügel auf und versieht ihn mit einem simplen Satteldach. Auch die Aufstockung des barocken Georgenbaus tut dem einst so repräsentativen Erscheinungsbild Abbruch. Jetzt ist das Residenzschloss

DAS RESIDENZSCHLOSS 175

Der 1901 hinzugefügte Südflügel mit seinen Eckrundtürmen und die Fassaden an der Schlossstraße

nur noch im Winterhalbjahr bewohnt. Sommers hält sich der König mit seinem Hof lieber im abgeschiedenen Pillnitz auf, im Frühjahr und Herbst in seiner Königlichen Villa in Strehlen (Kriegsverlust). So kann es einfach nicht weitergehen – insbesondere weil die 800-Jahr-Feier des Hauses Wettin bevorsteht. Deshalb erfährt das Schloss in den Jahren 1889–1901 unter Leitung des Hofbaumeisters Gustav Dunger und des Hofbauinspektors Gustav Frölich eine komplette Umgestaltung. In Erinnerung an die glorreiche Vergangenheit dominiert nun der Stil der deutschen Renaissance. Die Schlossbauten bekommen wieder hohe Walmdächer mit Zwerchhäusern und Ecktürmen aufgesetzt, die Putzfassaden schmückt man mit Erkern und Sandsteingliederungen. Doch auch neobarocke Anklänge und vereinzelte Jugendstileinflüsse sind auszumachen. Dabei wächst der Schlosskomplex erneut – wiederum in südlicher Richtung. Ein schmaler Wirtschaftshof entsteht, abgeschlossen durch einen Flügel mit Eckrundtürmen. Damit rückt das Schloss so nahe an das Taschenbergpalais, dass ein kurzer, massiver Übergang geschaffen werden kann. Bei der Gelegenheit bekommt auch der alte Übergang zur Hofkirche eine Überarbeitung, er wird in neobarockem Stil komplett mit Bronze verkleidet. Der Schlosskomplex wächst durch die Erweiterung auf rund 500 Räume an. 1918 endet die Monarchie in Sachsen, von da an dient der Komplex hauptsächlich als Museumsschloss. Doch damit werden nicht alle Räume ausgelastet – einzelne vermietet man für Verwaltungszwecke und sogar komplette Mietwohnungen werden im Schloss eingerichtet. Nach der Bombardierung im Februar 1945 ist das Schloss eine Trümmer- und Ruinenlandschaft – neben einigen Kellern überstehen nur fünf Räume des *Grünen Gewölbes* mit ihren starken Wänden, mächtigen Gewölbedecken und schweren, eisernen Fensterläden die Bombennacht. Hier überleben sogar einige der Schlossbewohner das Inferno. Die Dresdner SED-Führung erwägt den Totalabriss. Engagierten und klug agierenden Denkmalschützern ist es zu verdanken, dass die Sprengung der Schlossruine unterbleibt. Sie bringen immer wieder neue Ideen für eine Nutzung ins Gespräch – zum Beispiel als Kartoffelkeller oder für die Aufzucht von Champignons. So können wenigstens Gewölbeteile und Mauerwerksreste gesichert, Schuttmassen beräumt und an manchen Stellen Schutzdächer aufgesetzt werden. Später führt die TH Dresden Untersuchungen zu verschiedenen Nutzungskonzepten durch – für ein Hotel, für ein „Museumskombinat" der Kunstsammlungen oder für die Sächsische Landesbibliothek. 1962 wollen Dresdner SED-Funktionäre gegenüber der Berliner Führung mit einem erlogenen Argument den Abriss durchsetzen. Sie behaupten, das Schloss sei „aus weichen Ziegeln" erbaut und nicht zu rekonstruieren. Diese Lüge wird jedoch schnell entlarvt. Die Ostberliner Regierung beschließt den Wiederaufbau – der Abriss ist abgewendet. Aber es fehlen die Mittel und der Wiederaufbau kommt nicht in Gang. Die findigen Sachsen müssen wieder einmal improvisieren: Im Schloss kommen zum Beispiel ein Betonforschungsinstitut, die Bauleitung für den Wiederaufbau der Semperoper und das Institut für Kulturbauten unter – jeweils willkommene Gelegenheiten für die Rekonstruktion einzelner Räume. Viele Dresdner wirken in freiwilligen Einsätzen an der Sicherung des Schlosses mit. Auf diese Art und Weise überdauert es die DDR. Beim umfassenden Wiederaufbau ab 1990 wird kontrovers diskutiert. Denn die Themen <u>Denkmalpflege</u> (möglichst viel originale Bausubstanz erhalten), <u>Architektur</u> (was ist zu rekonstruieren, was modern zu gestalten), <u>Geschichte</u> (welche Bauphasen aus welchen Epochen sollen erlebbar gemacht werden) und <u>Nutzung</u> (als Museum mit Depots und Werkstätten, für Konzerte, Veranstaltungen, als Stadtraum für Begegnungen) wollen unter einen Hut gebracht werden. Schließlich übernehmen die Architekten Peter Kulka und Horst Witter Planung und Leitung dieses gigantischen Projekts. Die Baukörper des Schlosses rekonstruiert man in der für ihre jeweilige Entstehungsphase typischen Gestaltung. Das Schloss sieht also nicht wieder so aus, wie kurz vor seiner Zerstörung, sondern macht die verschiedenen Epochen seiner Entstehung – von der Romanik bis zum Beginn des 20. Jahrhunderts – erlebbar. Zum Beispiel zeigen die äußeren Fassaden das Erscheinungsbild von 1901. Der Hausmannsturm sieht aus wie im Jahr 1676, der Kleine Schlosshof mit seinen Arkaden wie 1594, die Fassaden, Wendelsteine und Giebel im Großen Schlosshof wie 1557. Im Erdgeschoss des Ostflügels sind von späteren Ein- und Umbauten befreite, gotische Gewölbe zu sehen und die spätromanische Kellerhalle der Kemenate zeigt sich so, wie sie um 1230 ausgesehen haben mag.

Unter dem modernen Dach aus einer mit transparenter Folie überspannten Netzstruktur liegt der Kleine Schlosshof. Kulka sagt dazu: „Der gesamte Schlosshof wird in eine Vitrine gestellt." Hier ist noch einiges an origi-

▲▲ Der massive Übergang vom Schloss zum Taschenbergpalais

▲ Der mit Bronze verkleidete Übergang vom Schloss zur Hofkirche

▶ Der Kleine Schlosshof – jetzt unter einem transparenten Dach

naler Bausubstanz vorhanden – neben rekonstruierten, „wie neu" aussehenden Elementen konserviert man viele Bauteile in ihrem Nachkriegszustand. Mehrere Innenräume werden – sofern ausreichend dokumentiert – in historischer Weise rekonstruiert: im Kellergeschoss gotisch; im ersten Obergeschoss im Stil der Renaissance; das Grüne Gewölbe, das Audienz- und Schlafgemach Augusts des Starken, die Englische Treppe und das Turmzimmer barock. Weitere Räume erfüllen moderne Nutzungsansprüche. Der Wiederaufbau wird sich noch einige Jahre hinziehen, insbesondere wartet der Große Schlosshof noch auf seine Vollendung. Das Schloss dient in erster Linie als Heimstatt der Staatlichen Kunstsammlungen Dresden. In den Räumen werden dem interessierten Publikum – wie zum Teil auch schon vor der Zerstörung – Artefakte aus den Sammlungen der Kurfürsten und Könige zugänglich gemacht. Außer dem Grünen Gewölbe befinden sich das Kupferstichkabinett, die Rüstkammer und die Münzsammlung im Schloss – jeweils mit ihren Depots, Werkstätten und Verwaltungsräumen. Und als grandioser Auftakt einer Besichtigung bildet der Kleine Schlosshof heute den zentralen Eingangsbereich. Wahrscheinlich ist Bastian Kramer der Baumeister des 1535 errichteten Georgenbaus – er ist das erste Dresdner Gebäude im Stil der Renaissance. Sein Durchgang bietet Zutritt zur Altstadt, außerdem verbindet er das Residenzschloss mit dem Stallhof und dem Kanzleihaus, die beide zum Schlosskomplex gehören. 1534 stellt Christoph Walther I. an der Elbfassade das 12 Meter lange Relief *Totentanz* fertig. Nach dem Schlossbrand im Jahr 1701 wird es abgenommen und ist heute in der Dreikönigskirche zu besichtigen (siehe Bild Seite 123). Im nach dem Brand reparierten Georgenbau finden die repräsentativen königlichen Gemächer Platz. Bei der großen Umgestaltung des Schlosses 1889–1901 errichten Dunger und Frölich den Georgenbau in einem der Renaissance nachempfundenen Charakter mit Ecktürmen, Erkern, Zwerchhäusern und Volutengiebeln

◂ Der prachtvolle Georgenbau im Stil der Neorenaissance bietet von der Augustusbrücke kommenden Besuchern Zutritt zur Altstadt

Ein mächtiger Krieger am Durchgang des Georgenbaus zur Altstadt

Das rekonstruierte Kanzleihaus, davor die Reste der Keller der Häuser an der Schlossstraße, Aufnahme vom 30.3.2009

komplett neu und deutlich höher als 1535. Das große Reiterstandbild am Giebel und der reichhaltige Fassadenschmuck stammen von Christian Behrens. Der Georgenbau wird nach seiner Zerstörung schon bis 1967 rekonstruiert – für die Nutzung durch die Bauleute des Kulturpalasts. Diese Idee kommt von Dresdner Denkmalschützern. Das Geld für die Baustelleneinrichtung hätte sowieso ausgegeben werden müssen. Im Wiederaufbau des Georgenbaus ist es sinnvoller und dauerhafter angelegt als für temporäre Baubaracken, die zudem noch den Altmarkt verstellt hätten.

Der Stallhof wird an seiner Nordseite vom Langen Gang, im Süden vom Kanzleihaus und südöstlich vom Johanneum gesäumt. Nachdem Dresden 1485 Residenz der albertinischen Linie wird und Herzog Moritz 1547 auch noch die Kurwürde erhält, führen

▲ Das Johanneum mit barocker Treppenanlage und Renaissance-Portalen

▼ Putto von Christian Behrens auf dem Geländer der Freitreppe

der Ausbau von Regierung und Justiz sowie die Modernisierung der Verwaltung zu einem großen Behördenapparat. Im Schloss fehlen dafür die Räumlichkeiten. Deshalb wird 1567 nach Plänen von Hans Irmisch auf dem Gelände der alten Försterei ein Kanzleihaus als dreiflügeliger Bau mit typischen Renaissance-Giebeln erbaut. In seinem Innenhof gibt es auch zwei Wendelsteine. Bis 1945 ist die Schlossstraße dicht bebaut. Sie gilt lange als vornehmste Straße der Stadt, denn in Schlossnähe darf natürlich nur „vornehm" gebaut werden. Bis 1961 beräumt man die noch bis zum Hauptgesims vorhandene Kanzleihaus-Ruine genauso wie alle anderen Ruinen der Schlossstraße. Die Keller werden verfüllt und planiert, die Brache zwischen Schlossruine und Frauenkirchenruine bleibt öde und leer. 1996 bekommt das Bistum Dresden-Meißen das Grundstück unter der Bedingung, das Kanzleihaus getreu dem historischen Original zu rekonstruieren – 1999 wird das nach alten Plänen und Bildern wieder hergestellte Gebäude seiner neuen Bestimmung übergeben.

Es ist jetzt *Haus der Kathedrale* und Sitz des Bischofs. Der rückwärtige Abschluss zum Stallhof basiert übrigens auf der inneren, mittelalterlichen Stadtmauer, er ist an seiner illusionistischen Diamantquader-Rustika zu erkennen. 2010 beginnt an der Schlossstraße, ebenfalls nach umfangreichen archäologischen Untersuchungen, die Neubebauung. Sie ist inzwischen weitgehend abgeschlossen und macht die vornehme Ausstrahlung der Straße erneut erfahrbar.

Im Zeitalter der Renaissance dürfen Anlagen für den „Fuhrpark" des Hofes nicht fehlen. Sie sollen neben der Funktion als *Kurfürstlicher Reissigenstall* für die Pferde und Wagen auch Platz für Rennen, Tierhatzen, Schauturniere und Ritterspiele bieten. Der Stallhof entsteht in den Jahren 1586–91 unter Paul Buchner und Andreas Walther, wahrscheinlich beeinflusst von Hans Irmisch und Giovanni Maria Nosseni. An dem gigantischen Bauvorhaben wirken zeitweise bis zu 2 000 Bauleute mit. Dieser Aufwand lohnt sich, denn schon bald ist der Dresdner Stallhof europaweit berühmt. Der zweigeschossige, dreiflügelige Renaissancebau auf U-förmigem Grundriss bietet in seiner gewölbten Erdgeschoss-Säulenhalle Platz für 120 Pferde. In weiteren Räumen sind Turnierausstattungen untergebracht und im Obergeschoss stehen die Kutschen – wie Autos in modernen Garagenbauten fahren sie über eine im Hof vorhandene Rampe ein und aus. Auf Grund seiner Lage an der nordöstlichen Festungsmauer muss der Bau aber auch wehrhaft sein, seine Eckbastionen bestückt man mit Kanonen. 1731 stockt Johann Georg Maximilian von Fürstenhoff das Gebäude um ein niedriges Obergeschoss auf und schließt es mit einem flachen Walmdach ab. Die inzwischen unmodern gewordenen Renaissancegiebel werden entfernt. An der Südseite legt man dem Bau eine doppelläufige Freitreppe vor. Unter dem Sohn Augusts des Starken, Kurfürst Friedrich August II., wächst die kurfürstliche Gemäldesammlung rasant an. Johann Christoph Knöffel bekommt den Auftrag, das Stallgebäude zur Bildergalerie umzugestalten. Die Pferde und Wagen kommen in den neu gebauten Marstall am Zwingerteich. Knöffel vereint 1746 die Obergeschosse zu einer neun Meter hohen Etage und ordnet an der Hauptschauseite kolossale Rundbogenfenster an. Das bringt sehr gute Licht- und Platzverhältnisse für die Bildergalerie. Sogar eine Zentralheizung wird installiert. Die rustikalen Eckvorbauten verschwinden. Vom Vorgängerbau bleiben die Renaissance-Portale und die barocke Freitreppe, das Portal als Eingang zum Stallhof und die Säulenhallen im Erdgeschoss erhalten. Die kurfürstliche Gemäldegalerie ist die bedeutendste und modernste jener Zeit. Erst 40 Jahre später weist die Gemäldesammlung im Louvre mehr Bilder auf. Nach dem Umzug der Gemäldegalerie in den Semperbau am Zwinger (1856) ziehen die Rüstkammer und die auf Raphael Mengs zurückgehende Abguss-Sammlung antiker Skulpturen in das Stallgebäude ein. Karl Moritz Haenel bringt 1876 Elemente der italienischen Hochrenaissance und den neuen Dachabschluss mit Sandstein-Balustraden ein. Das durch die Umgestaltungen mehr und mehr einem Palast ähnelnde Gebäude wird nach dem kunstsinnigen König *Johanneum* genannt. Die im barocken Stil mit Porzellangefäßen spielenden Kinderfiguren auf dem Geländer

▲ Die von Löwen flankierte Kartusche mit sächsischem Wappen und Königskrone

▼ Das Renaissance-Portal als Eingang in den Stallhof

der Freitreppe stammen vom Bildhauer Christian Behrens, denn zusätzlich zur Rüstkammer wird 1877 auch die kurfürstliche Porzellansammlung im Johanneum untergebracht. 1945 bekommt das Gebäude Bombentreffer ab, doch seine Mauern erweisen sich weiterhin als standsicher. Deshalb erfolgt bis 1956 ein teilweiser Wiederaufbau für die Nutzung als Verkehrsmuseum.

Der lang gestreckte Stallhof steht direkt auf dem ehemaligen Zwingergelände der spätmittelalterlichen Festungsanlage. Die Pläne für den 1591 errichteten, 100 Meter langen Arkadengang reicht zwar Paul Buchner ein, aber sehr wahrscheinlich stammen sie vom italienischen Architekten, Maler und Bildhauer Giovanni Maria Nosseni. Denn der Bau erinnert eher an den *Ospedale degli Innocenti* von Brunelleschi in Florenz als an irgendeinen deutschen Renaissancebau. Der „Universalkünstler" Nosseni ist seit 1575 in kurfürstlichen Diensten, er wirkt nicht nur als Architekt, sondern fertigt als Bildhauer unter anderem auch den Hauptaltar der Sophienkirche (heute in der Loschwitzer Kir-

DAS RESIDENZSCHLOSS 181

Der Lange Gang nach italienischem Vorbild, mitten auf dem Hof die Ringstechsäulen, hinten das Johanneum mit dem Renaissanceportal und ganz rechts angeschnitten die Rückseite vom Kanzleihaus

che, siehe Seite 63) und plant raffiniert inszenierte Feste des Hofes. Nach schweren Zerstörungen beim Bombenangriff 1945 wird der Lange Gang bis 1950 provisorisch wieder aufgebaut und bis 1982 sorgfältig rekonstruiert. Er besteht aus einer zum Hof hin offenen Arkadenhalle, deren Kreuzgratgewölbe von toskanischen Säulen getragen wird. Das Obergeschoss, auch Langer Saal genannt, trägt Sgraffitomalerei des 16. Jahrhunderts sowie eine interessante Sonnenuhr mit Anzeige der Tierkreiszeichen. Beidseitig sind gekoppelte Fenster mit Dreiecksgiebel-Verdachungen angeordnet, ein Satteldach mit kleinen Giebelgauben schließt den Langen Saal ab. In ihm ist einst die Ahnengalerie der Wettiner untergebracht. Ab 1731 stellt man hier Gewehre aus. Um ausreichend Platz für die Hängung der Feuerwaffen zu bekommen, werden mehrere Fenster zugemauert. Doch in der Fassade sind sie noch zu erkennen. Die zwei großen, bronzenen Ringstechsäulen auf dem Hof stammen aus dem Jahr 1601, sie gehen ebenfalls auf Nossenis Entwürfe zurück. Auch die Auffahrrampe für die Kutschen und die 1760 durch Knöffel veränderte Pferdeschwemme zur Pflege der Pferde sind noch vorhanden.

An der Nordseite des Langen Gangs wird anfangs ein Triumphzug mit Reitern und Kriegern verschiedener Nationen angebracht (siehe Seite 184/185). Bei einer späteren Renovierung hat man das Bild jedoch überputzt. Der bis dahin unbekannte Historienmaler Wilhelm Walther gewinnt den Wettbewerb zur Neugestaltung. Er lässt sich vom alten Triumphzug inspirieren und verbindet diese Idee mit der Ahnengalerie im Langen Saal. Zusammen mit seinen Gehilfen realisiert er bis 1876 den rund 102 Meter langen und etwa 7 Meter hohen Fürstenzug in Sgraffittotechnik – sozusagen eine

Die Sgraffito-Sonnenuhr mit Anzeige der Tierkreiszeichen

Die Auffahrrampe für die Pferdekutschen, davor die Pferdeschwemme zur Pflege der Pferde

Ahnengalerie hoch zu Ross für das Volk auf der Straße. Da schon nach wenigen Jahren Verwitterungserscheinungen auftreten, überträgt man das imposante Gemälde 1906 in akribischer Kleinarbeit auf 25 000 Meißner Porzellanfliesen – es ist seitdem das größte Porzellanbild der Welt. Die Bombennacht übersteht der Fürstenzug erstaunlich gut. Zu sehen sind unter den insgesamt 93 dargestellten Personen 35 Wettiner Herrscher in chronologischer Reihenfolge. Nur der letzte König fehlt – er ist zur Entstehungszeit des Wandbildes noch ein Kind. August der Starke wechselt, um die polnische Krone erlangen zu können, zum Katholizismus. Sein Volk nimmt ihm das übel, darf aber keine öffentliche Kritik daran üben. So wählt der raffinierte Künstler ein subtiles Zeichen – einzig das Pferd dieses Kurfürsten zertritt eine am Boden liegende Rose.

Der Lange Gang mit der Pferdeschwemme im Vordergrund

Im ausgehenden Mittelalter dient ein hölzerner Röhrkasten auf dem Neumarkt als Brunnen, hier enden die hölzernen Röhren, die vom Leubnitzer Born und aus der Weißeritz bei Plauen Trinkwasser in die Stadt leiten. 1616 wird er durch einen achteckigen, mit Rosetten verzierten Brunnentrog vor der Salomonis-Apotheke ersetzt. Zum Ende des furchtbaren Dreißigjährigen Krieges stellt man 1650 im Brunnentrog die Skulptur der Eirene auf, geschaffen vom Bildhauer Christoph Abraham Walther. Eirene ist nach griechischer Mythologie der vergöttlichte Frieden, sie hält einen Ölzweig in der Hand. Der Brunnen wird zum Friedensbrunnen. Nach dem Sieg der Truppen von Kurfürst Johann Georg III. gegen die Türken in der Schlacht um Wien wird der Brunnen 1683 kurzerhand in Johann-Georgen-, Viktoria- oder Türkenbrunnen umbenannt – der letzte Name hat bis heute Bestand. Die friedliche Eirene mit dem Ölzweig muss gehen, ihren Platz nimmt die mit einer antiken Rüstung bekleidete Viktoria (Conrad Max Süßner) ein. In der rechten Hand trägt sie den Siegerkranz, die Linke umfasst eine Fahne. 1867 muss der Türkenbrunnen an seinen heutigen Platz vor dem Johanneum umziehen, denn vor dem Hotel de Saxe wird das Denkmal des Königs Friedrich August II. aufgestellt. Obwohl im Februar 1945 Spreng- und Brandbomben ringsum fast alles zerstören, trägt der Brunnen nur kleinere Schäden davon. 1969 ist seine Renovierung abgeschlossen. Die originale Viktoria kommt im Stadtmuseum unter, hier steht seitdem eine Kopie.

◂ Vom Schlossplatz führt die Augustusstraße zum Neumarkt, links das Neue Ständehaus, rechts der Lange Gang mit dem Fürstenzug

▴ Ausschnitt aus dem Fürstenzug: August der Starke auf seinem Pferd

▸ Friedensbrunnen – Türkenbrunnen vor dem Johanneum

DAS RESIDENZSCHLOSS

DIE KATHOLISCHE HOFKIRCHE

Sachsen ist das Land der Reformation. August der Starke will aber auch König von Polen werden – dafür muss er zum Katholizismus übertreten. Seine sächsischen Landeskinder dürfen ihren Glauben jedoch behalten – entgegen dem Grundsatz des Augsburger Religionsfriedens von 1555, wonach sich das Bekenntnis der Bevölkerung nach dem ihres Herrschers zu richten hat. Weil Kirche und Staat nicht getrennt sind, entsteht die paradoxe Situation eines katholischen Kurfürsten, der gleichzeitig oberster Repräsentant des protestantischen Sachsen ist. Deshalb überträgt man die Führung der evangelischen Reichsstände an Preußen. Anfangs finden die Gottesdienste der Wettiner im 1707 provisorisch umgebauten Komödienhaus statt. Auch Augusts Sohn Friedrich ist katholisch und König von Polen. Er gibt den Auftrag zum Bau der Hofkirche, denn ein katholischer Herrscher muss schließlich ein repräsentatives Gotteshaus vorweisen können. Im evangelischen Sachsen eine katholische Kirche zu bauen, ist aber selbst für einen absolutistischen Kurfürsten nicht einfach. Vom Stadtrat bekommt er kein Land für sein Bauvorhaben. Schließlich versteht sich Dresden als „Rom des Protestantismus". Und welcher evangelische Baumeister würde wohl eine katholische Kirche bauen? Das Vorhaben kann also keinesfalls dem Oberbauamt übertragen werden – es muss sogar möglichst lange geheim bleiben. So ist von „einem gewissen Bau nahe der Festung" die Rede. Zunächst lässt der Kurfürst bis 1738 neues Gelände in den Flusslauf der Elbe aufschütten, wobei zwei Pfeiler der erst 1731 nach Plänen von Pöppelmann erneuerten Elbbrücke verschwinden. Auch Teile der Fes-

Die katholische Hofkirche am Theaterplatz, rechts das Residenzschloss mit dem Hausmannsturm

Die katholische Hofkirche am Terrassenufer, wie sie von der Augustusbrücke aus zu sehen ist

tungsanlage, das *schöne Elbtor* und die kurfürstliche Münze müssen weichen. Hier, am heutigen Schlossplatz, beginnt der Bau der Hofkirche, deren Grundriss zur Hälfte im ehemaligen Flussbett der Elbe liegt. Für den Bau engagiert der Kurfürst den italienischen Baumeister Gaetano Chiaveri, der sich mitsamt einem Tross italienischer Bauleute im Bereich des Theaterplatzes niederlässt. Deren einfache Wohnhäuser und Arbeitsstätten nennt man *Italienisches Dörfchen*. Der 1689 in Rom geborene Chiaveri baut – passend zum römisch-katholischen Glauben des Kurfürsten – im Stil des römischen Spätbarock. Schon ab 1730 wirkt er in Warschau am Königssitz Augusts des Starken. Zuvor ist er bei Zar Peter dem Großen in Russland angestellt und arbeitet maßgeblich am Aufbau von St. Petersburg mit. Nach Fertigstellung der aufwendigen Gründung – erst in 16 Metern Tiefe erreicht man gewachsenen Boden für die Fundamente – wird 1739 der Grundstein gelegt. 1743 sind schon die Kirchenschiffe gewölbt und die Dächer gedeckt. Der Bau des Turms und auch der Innenausbau verzögern sich, denn 1748 geht Chiaveri im Streit. Sebastian Wetzel (bis zur Kirchweihe 1750), Johann Christoph Knöffel (bis zu seinem Tod 1752) und danach Oberlandbaumeister Julius Heinrich Schwarze führen den Bau bis 1754 zu Ende. Der Turm ist, abweichend von Chiaveris Entwürfen, etwas höher ausgefallen, was jedoch eine positive Wirkung auf das Gesamtbild hat. Die Hofkirche kostet letztendlich mehr als das Dreifache der Frauenkirche – vor allem wegen des schwierigen Baugrunds an der Elbe und der italienischen Bauleute, die untergebracht und verpflegt werden müssen. Im protestantischen Sachsen wird ein katholisches Gotteshaus nicht als Kirche anerkannt und darf deshalb keine Glocken läuten. So bekommt die Hofkirche erst 1807 ihr Geläut, nachdem Napoleon die Gleichstellung beider Glaubensrichtungen befiehlt. Diese Glocken überstehen erstaunlicherweise beide Weltkriege. Die inneren Seitenschiffe sind schmaler als die äußeren – ungewöhnlich für eine fünfschiffige Basilika. Katholiken führen gerne Prozessionen im Freien durch. Das würde jedoch die Protestanten „auf die Palme" bringen. Deshalb gibt es einen dreieinhalb Meter breiten, zweigeschossigen Umgang. Er verläuft auch hinter dem Altar und unter der Orgelempore hindurch – es handelt sich also nicht um „echte" Seitenschiffe. Hier finden Prozessionen statt, ohne den Zorn der Protestanten auf sich zu ziehen. Sechseckige Kapellenräume befinden sich in den vier Ecken der Kirche. Eine ovale, hinter dem Chor gelegene Kapel-

DIE KATHOLISCHE HOFKIRCHE

▲ Heiligenfiguren und Allegorien auf den Balustraden der Apsis

▼ Blick zum Altar mit dem Gemälde von Raphael Mengs

le dient als Sakristei. Der Hauptzugang führt durch das Sockelgeschoss des Turms, ihm ist am Schlossplatz eine breite, geschwungene Freitreppe vorgelagert. Mit fast 4 800 Quadratmetern Grundfläche ist die Hofkirche Sachsens größtes Gotteshaus. In ihren Grüften liegen katholische Fürsten, Könige und Angehörige aus dem Hause Wettin. Von August dem Starken ruht jedoch nur das Herz in Dresden, sein Körper liegt in der Königsgruft von Krakau. Im Februar 1945 brennt die Hofkirche aus, auch ein Teil der nordwestlichen Umfassungsmauern und der Gewölbe ist zerstört. Bereits im Sommer 1945 beginnt der Wiederaufbau. Doch erst 1987 wird die Rekonstruktion vollendet. Glücklicherweise bleiben die Silbermannorgel und auch mehrere Ausstattungsstücke erhalten – man hat sie im Krieg vorsorglich ausgelagert. Das zerstörte Orgelprospekt wird mit fotogrammetrischen Methoden originalgetreu rekonstruiert. Seit 1980 ist die Hofkirche Bischofssitz des neu zugeschnittenen Bistums Dresden-Meißen und heißt nun *Kathedrale Sankt Trinitatis*. Sie ist ein allseitig frei stehender Bau – mit einem Übergang zum Schloss versehen, damit der Kurfürst direkt in sein Gotteshaus gelangen kann. Die besondere Lage erfordert eine Abweichung von der üblichen Ost-West Ausrichtung. Doch dadurch kommt die Kirche besonders gut zur Geltung – beim Gang über die Augustusbrücke und auch vom Theaterplatz aus lässt sich das beobachten. Der mit seinen Obergeschossen ähnlich einem Campanile vom Mittelschiff gelöste Turm ragt 86 Meter hoch und ist damit niedriger als der Hausmannsturm – so fordert es der Kurfürst. Außerdem darf der Turm auch nicht höher als die Frauenkirche ausfallen, denn Sachsen ist protestantisch. Oben auf dem Turm sitzt ein von vier Flammenvasen flankierter, schlanker Zwiebelhelm mit einer Spitze, die ein goldenes Kreuz auf einem Kugelknauf trägt. Der nach oben hin immer graziler werdende Turmaufbau bildet einen interessanten Kontrast zur massiven steinernen Glocke der Frauenkirche. Das schlanke Mittelschiff ragt weit über die niedrigeren, breit gelagerten Seitenschiffe heraus. Nach dem Palladiomotiv gestaltete Fenster mit darüber angeordneten Ochsenaugen sorgen hier für großzügigen Lichteinfall. Die Fenster der Seitenschiffe sind schlichter gehalten. Ihre Achsen werden von kolossalen Pilastern gerahmt, die das kräftige Gebälk mit der Balustrade tragen. Auch der Obergaden verfügt über Pilaster zwischen den Fenstergruppen. Die ganz aus Sandstein bestehende Fassade ist stark plastisch, aber trotzdem ruhig und harmonisch gegliedert. Auf den Kranzgesimsen der Seitenschiffe, der Apsis und des Mittelschiffs stehen Balustraden, bevölkert von 59 überlebensgroßen Aposteln, Heiligenfiguren und Allegorien aus Sandstein. 19 weitere Skulpturen finden in Nischen der Fassade Platz. Lorenzo Matielli fertigt die Originale zusammen mit seinen Gehilfen in den Jahren 1738–46, 12 Skulpturen vollendet sein Sohn Francesco.

Das große Altarbild Christi Himmelfahrt beginnt Anton Raphael Mengs schon 1752 in Rom, er vollendet es 1765 in Madrid und 1766 wird es nach Dresden gebracht. Die Kanzel stammt von Balthasar Permoser, dem Bildhauer des Zwingers. Er realisiert sie schon 1712 für die provisorische Kirche im Klengel'schen Opernhaus. Die Orgel ist das größte und letzte Werk Gottfried Silbermanns. Er stirbt 1753 und kann die Fertigstellung nicht mehr erleben. Sein Schüler Zacharias Hildebrandt vollendet 1755 das Werk des berühmten Meisters. 1789 spielt Wolfgang Amadeus Mozart die Orgel, er ist voll des Lobes.

Bis vor etwa zehn Jahren erinnert die abendliche Beleuchtung mit verschiedenfarbigem Licht an das ursprüngliche Erscheinungsbild der Kirche. Doch inzwischen wird sie abends nur noch einfarbig angestrahlt. Die Hofkirche hat ursprünglich ein nahezu weißes Erdgeschoss und ein gelblich eingefärbtes Hochschiff – auf Belottos Vedute (siehe Kapitel *Die besondere Bedeutung der Elbe für Dresden*) ist das gut zu erkennen. Im 19. Jahrhundert ändert sich der Geschmack – man will das originale Material sehen. An vielen historischen Gebäuden wird die Schutzschicht entfernt, neue Sandsteinfassaden kommen dann gleich ganz ohne Überzug aus – zum Beispiel die Semperoper. Wind und Wetter sowie die mit der Industrialisierung verstärkt auftretende Luftverschmutzung färben den Sandstein im Lauf der Zeit schwarz, ohne Schutz beschleunigt sich auch sein Zerfall. Vielleicht setzt sich ja der authentische barocke Geschmack doch irgendwann wieder durch und die Fassaden werden farbig verputzt?

▲ Balthasar Permosers Kanzel

▼ Die Hofkirche mit weiß angestrahlten Seitenschiffen und gelb beleuchtetem Obergaden

DIE KATHOLISCHE HOFKIRCHE

DER THEATERPLATZ MIT SEINEN BAUWERKEN

Kurfürst August lässt die Dresdner Festung bis 1578 nach Nordwesten erweitern, der Platz dient zunächst recht unterschiedlichen Zwecken. Nach dem Brand des Residenzschlosses 1701 liefern mehrere Architekten Pläne für das Areal (Dietze, Pöppelmann, de Bodt, Longuelune, Cuvilliés, Chiaveri, Knöffel, Semper). August dem Starken schwebt eine Platzgestaltung nach dem Vorbild römischer Imperialarchitektur vor. Doch Geldmangel und die Verstrickung Sachsens in die Nordischen, Schlesischen und Napoleonischen Kriege verhindern sowohl den Neubau des Schlosses als auch die Anlage eines Forumplatzes. Nach und nach und ohne Generalplan entstehen die Bauten, die heute den außergewöhnlichen Reiz des Theaterplatzes ausmachen. Neben dem auf die Anfänge Dresdens zurückgehenden Residenzschloss sind dies: 1732 der Zwinger, 1754 die Hofkirche, 1763 das Taschenbergpalais, 1832 die Altstädter Wache und 1841 die erste Semperoper. Für deren Bau wird das inzwischen heruntergekommene *Italienische Dörfchen* abgerissen. 1853 hat man die Calberlasche Zuckersiederei am Elbufer zum Hotel Bellevue umgestaltet (Kriegsverlust) und 1855 die Gemäldegalerie als Abschluss des Zwingers fertiggestellt. Nach einem Brand entsteht 1878 die zweite Semperoper – nun erst schafft sie, gegenüber dem abgebrannten Opernhaus deutlich zurückversetzt, den eindrucksvollen Platzraum. 1889 kommt das Reiterstandbild König Johanns, ein Werk Johannes Schillings zur Aufstellung. An seiner durch Achsbeziehungen ausgezeichneten Stelle zentriert es den Platz und betont gleichzeitig seine Ausdehnung. Schließlich errichtet Stadtbaurat Hans Erlwein an Stelle der ursprünglich geplanten Freitreppe 1913 das Gasthaus *Italienisches Dörfchen*. Nach dem Bombenangriff im Februar 1945 sind alle Bauten am Theaterplatz entweder zerstört oder ausgebrannt. Die Ruinen sollen nach dem Willen der neuen Herrscher abgerissen werden. Auf dem Denkmalsockel König Johanns will die SED anlässlich einer Großdemonstration zur Gründung der DDR sogar einen Traktor aufstellen, er soll den sozialistischen Fortschritt symbolisieren. Man stelle sich das Ensemble einmal vor: Semperoper, Gemäldegalerie, Traktordenkmal, Schloss und Hofkirche! Glücklicherweise werden die Nachkriegspläne nicht umgesetzt – weder das Traktordenkmal kommt, noch reißt man die Ruinen ab. Stattdessen werden innerhalb von 60 Jahren fast alle Gebäude wieder aufgebaut, so dass der Platz heute nahezu so aussieht wie vor dem Krieg. Der Theaterplatz ist einer der schönsten Plätze Europas – die Fülle monumentaler Gebäude von hoher architektonischer Qualität und die Kontraste zwischen Öffnung und Abgeschlossenheit machen seinen einzigartigen Charakter aus. Man kann ihn auch als kulturelles Zentrum Dresdens bezeichnen, denn mit der Semperoper, der Gemäldegalerie und den vielfältigen Sammlungen im Zwinger sowie im Residenzschloss bietet sich hier ein kaum zu übertreffendes Angebot.

Die heutige Semperoper hat einen direkten Vorläufer. Nach Sempers Plänen wird 1841 ein Opernhaus errichtet, seine Vorderfront reicht bis an das erst später aufgestellte Reiterstandbild. Der Bau erregt durch seine revolutionäre Erscheinung weit über die Grenzen Deutschlands hinaus die Aufmerksamkeit der Fachleute und Kunstliebhaber. Denn dieses Theater ist erstmalig im Stil der italienischen Renaissance gestaltet und deutet in seinen äußeren Formen die Funktionen der Räume in seinem Inneren an. Auch bezüglich seiner Technik ist es fortschrittlich – 1849 bekommt das Opernhaus eine Gasbeleuchtung nach Pariser Vorbild. Leider brennt das Gebäude 1869 durch eine unsachgemäße Reparatur eben dieser Gasbeleuchtung völlig aus. Der aus Hamburg stammende Semper studiert Architektur in der damals fortschrittlichsten Stadt Europas – in Paris. Danach weilt er mehrere Jahre in Griechenland und Italien, um direkt vor Ort die antike Architektur zu studieren. Ab 1834

Ausschnitt des Theaterplatzes mit der Semperoper vom Hausmannsturm aus gesehen

Die Semperoper vom Reiterdenkmal König Johanns aus gesehen

wirkt Semper als Professor an der Dresdner Akademie und begründet die Semperschule. Erst durch ihn fasst die italienische Neorenaissance in Dresden Fuß und beeinflusst die Stilbildung von mindestens zwei Architektengenerationen. Semper beteiligt sich an den revolutionären Unruhen der Jahre 1848/49 – er berät die Aufständischen beim Bau von Barrikaden. Daraufhin wird er steckbrieflich gesucht und muss fliehen. Den Steckbrief hebt man erst 1863 auf. Dass Semper trotzdem – auf Grund einer Bürgerinitiative – den Auftrag zum Entwurf der neuen Oper bekommt, zeugt einerseits von einer pragmatischen Toleranz des Herrscherhauses, andererseits vom gewachsenen Einfluss und kulturellen Interesse des Bürgertums. Semper traut der Sache jedoch nicht. Er plant zwar das neue Opernhaus, beauftragt aber seinen Sohn Manfred mit der Ausführung. So wird das neue Bauwerk bis 1878 errichtet. Gegenüber dem ersten Bau ist es ein großes Stück zurückversetzt – bis an die Grenze des ursprünglich geplanten Forumplatzes. Weil das Opernhaus im 20. Jahrhundert den gestiegenen Anforderungen an die Bühnentechnik nicht mehr gerecht wird, plant Wilhelm Kreis die 1938 unter Beibehaltung des Semper'schen Stils an der Rückseite angebaute Erweiterung. Nach der Bombardierung ist die Semperoper komplett ausgebrannt. Danach droht ihr der Abriss, zudem 1948 auch noch die Giebelwand des Bühnenhauses einstürzt. Vielleicht hilft dann aber der Hinweis an die SED-Führung, dass Semper als Unterstützer der 1848er Revolution in der Tradition der Kämpfer der Arbeiterklasse steht. Deshalb heißt das Bauwerk seitdem auch Semperoper – es ist vermutlich das einzige Opernhaus, welches den Namen seines Architekten trägt. Bis 1957 wird zunächst nur das stehen gebliebene Mauerwerk gesichert und ein Behelfsdach aufgesetzt – hierfür spenden viele Dresdner Bürger, die ihr berühmtes Opernhaus wiederhaben wollen. 1965 beginnt die Planung für den Wiederaufbau, zwei Jahre später liegt ein erstes Konzept vor. Nach und nach erkennen die SED-Funktionäre, dass die wiederaufgebaute Semperoper das Ansehen der DDR im Ausland aufbessern und Westtouristen mit ihren Devisen ins Land locken könnte. Außerdem buhlt die DDR unter Honecker um internationale Anerkennung. So fällt in Ost-Berlin die Entscheidung, mit dem Wiederaufbau zu beginnen. Unter Leitung von Wolfgang Hänsch wird das Opernhaus nahezu originalgetreu wieder errichtet. Die bildkünstlerische Verantwortung haben Helmar Helas und Matthias Schulz. Zusätzlich entstehen moderne, hinter der Semperoper angeordnete Bauten in unaufdringlicher Gestaltung. Sie enthalten eine Probebühne, di-

▲ Die Pantherquadriga über der Exedra, rechts die Lyra auf der Giebelspitze des Bühnenhauses

▼ Das Mosaik in der Kuppel der Exedra

verse Funktionsräume und ein Opernrestaurant. Vom architektonisch und bildkünstlerisch überwältigend gestalteten Hauptfoyer aus führen Wandelgänge und Vestibüle zum grandiosen Zuschauerraum. Seine Ausgestaltung ist dem Original zwar nur angenähert, denn die Anzahl der Sitzplätze wird auf 1 700 reduziert – die heutigen Platzbedürfnisse des Publikums, der Brandschutz und die Notwendigkeit einer Beleuchterbühne an Stelle des obersten Rangs machen dies erforderlich. Trotzdem ist die Akustik einzigartig und wird international gelobt. Über der Bühne gibt es auch wieder die rekonstruierte Fünf-Minuten-Uhr, eine technische Besonderheit. Sie zeigt digital die Stunden mit römischen Ziffern an. Alle fünf Minuten springt die Minutenanzeige mit ihren arabischen Ziffern weiter. Am 40. Jahrestag der Bombardierung, dem 13. Februar 1985, ist es endlich so weit – die Wiedereröffnung findet statt. Wie am letzten Spieltag vor der Ausrufung des totalen Krieges kommt *Der Freischütz* des Dresdner Komponisten Carl Maria von Weber zur Aufführung. Beide Semperopern sind vom antiken Kolosseum in Rom beeinflusst – die erste noch deutlicher als die zweite. Und nach Sempers neuartigem Konzept richtet sich die äußere Form der Baukörper nach ihrer inneren Funktion. Von außen ist das Rundfoyer in der gerundeten Fassade mit ihren durch vorgelegte Säulen gerahmten Rundbogenfenstern zu erkennen. Im rustizierten Erdgeschoss dienen die Rundbogenöffnungen als Türen. Den seitlich angeordneten Treppenhäusern sind offene, befahrbare Eingangshallen vorgelagert. Hinter einer vor dem flach geneigten Dach umlaufenden Balustrade sieht man das obere Rund des Zuschauerraums als zurückgesetztes Geschoss. Weit nach hinten versetzt ragt das rechteckige Bühnenhaus mit seinem flachen Satteldach hoch aus dem Gebäude heraus. Der Giebel ist so gestaltet, dass von bestimmten Blickrichtungen aus die Assoziation eines klassischen Tempel-Dreiecksgiebels entsteht. Das wird noch durch den nach antiken Vorbildern platzierten Bauschmuck verstärkt. Auf den Balustraden über den Seitenfassaden stehen links und rechts jeweils acht Skulpturen in Zweiergruppen, sie stellen Bühnengestalten der Theaterliteratur dar. Dieses Ge-

Die Tempelfront der Altstädter Wache von Karl Friedrich Schinkel

staltungskonzept antwortet auf elegante Weise den Skulpturen auf der Hofkirche. Die Fassadenmitte besticht durch eine kolossale Exedra mit großer, überkuppelter Nische. Eine vorwärts stürmende Pantherquadriga mit Dionysos und Ariadne (Johannes Schilling) krönt den Risalit. Beiderseits des Portals befinden sich Sitzfiguren (Goethe und Schiller), geschaffen von Ernst Rietschel. Denn bis zum Bau des Schauspielhauses hinter dem Zwinger werden in der Semperoper vor allem Theaterstücke aufgeführt. In Nischen der Seitenflügel stehen weitere Skulpturen, sie stammen noch vom abgebrannten Vorgängerbau. Eine große, sächsische Brauerei wirbt in ihren Spots mit dem Bild der Semperoper. Das könnte jedoch bei weniger kunstinteressierten Menschen dazu führen, dieses Gebäude bei einem Dresden-Besuch mit der Brauerei zu verwechseln.

Bis zu ihrer Zerstörung im Siebenjährigen Krieg steht die Altstädter Wache vor der Frauenkirche. Sie soll zunächst an Stelle des 1791 abgerissenen Gewandhauses am Jüdenhof neu erbaut werden. Doch erst rund 40 Jahre später ist es so weit – nicht am Jüdenhof, sondern am Theaterplatz. Zwar werden bereits 1806 die Fundamente gelegt, jedoch kommt der Weiterbau wegen der Napoleonischen Kriege ins Stocken. Inzwischen wandelt sich das Stilgefühl und der König fordert neue Pläne. Die liefert schließlich der berühmte Berliner Architekt des Klassizismus, Karl Friedrich Schinkel – manche nennen das Gebäude deshalb auch *Schinkelwache*. Unter Leitung von Joseph Thürmer wird die Wache 1832 errichtet. Allerdings erhält Schinkel kein fürstliches Honorar, sondern nur „die Diäten der beim Auftragen der Risse angestellt gewesenen Bauconducteure" in Höhe von 31 Talern. Später überreicht die sächsische Gesandtschaft Schinkel in Berlin wenigstens noch einen Ring als Anerkennung. Durch Bombentreffer brennt das Gebäude 1945 komplett aus. Auch die Wache ist anfangs vom Abriss bedroht, wird jedoch bis 1956 wieder aufgebaut und nimmt ab 1985 in ihrem modernisierten Inneren die Theaterkasse sowie ein kleines Café auf. Der ganz mit Sandstein verkleidete Bau ist an der Straßenseite einem griechischen Antentempel nachempfunden – mit einer mächtigen Vorhalle, deren Dreiecksgiebel auf ionischen Säulen ruht und deren vorgezogene Seitenwände in Form von glatten Pfeilern enden. Im Giebel ist die Saxonia zu sehen (Joseph Hermann), an der Theaterplatzseite der Mars (Franz Pettrich). Zwei niedrigere Flügelbauten mit Rechteckfenstern schließen sich symmetrisch an den

Die kleine Freitreppe zur Elbe am Übergang vom Schloss- zum Theaterplatz – eine Reminiszenz an die großartigen Forumpläne

Hauptbau an. Deren Satteldächer bilden seitlich kleine Dreiecksgiebel. Ringsum tragen die Kranzgesimse feinen Zahnschnitt. Die Wache im Stil des Berliner Klassizismus wirkt in der Umgebung des Theaterplatzes mit der römisch-barocken Hofkirche und den Neo-Renaissancebauten Sempers ein wenig fremd. Jedoch nimmt sie sich in ihren Ausmaßen stark zurück und ist insgesamt deutlich feingliedriger als Schinkels kubische Berliner Wache mit ihren Macht und Strenge ausstrahlenden Eckrisaliten und dorischen Säulen. Zudem wirkt die zum Theaterplatz gerichtete Rückseite recht geschlossen und tritt gegenüber den anderen Bauten kaum in Erscheinung.

Auch nach dem Beschluss, kein neues Residenzschloss zu bauen, werden die Forumpläne noch nicht ganz aufgegeben. Gottfried Semper liefert als Letzter einen solchen Plan: Die Altstädter Wache soll an die Elbe versetzt werden. Entlang der Fluchten der Zwingerpavillons an der Stadt- und an der Wallseite (Porzellanpavillon und Deutscher Pavillon stadtseitig sowie Mathematisch-Physikali-

194 DER THEATERPLATZ

scher Salon und Französischer Pavillon wallseitig) sollen das Opernhaus, eine Orangerie, eine Gemäldegalerie und weitere repräsentative Bauten nach römisch-antiker Manier einen kaiserlichen Platz formen. Die Mittelachse dieses Platzes verläuft vom Elbufer bis zum Kronentor des Zwingers. Zur Elbe hin soll sich der Platz mit einer breiten Freitreppe öffnen. Doch dann fordert der Landtag, den Zwingerhof endlich abzuschließen. Den Auftrag dazu erhält – Gottfried Semper, er muss nun seine Forumpläne aufgeben. Semper konzipiert die bis 1854 erbaute Gemäldegalerie mit ihren 127 Metern Länge und 24 Metern Höhe. Hier findet die kurfürstliche Gemäldesammlung, die bis dahin im Stallhofgebäude am Neumarkt untergebracht ist, ihre neue Heimstatt. Das Gebäude erfüllt eine architektonisch schwierige Doppelfunktion: einerseits schließt es den rund 140 Jahre früher entstandenen Zwinger zur Elbseite hin ab und muss sich hier in das barocke Ensemble einfügen, andererseits begrenzt es den Theaterplatz und muss neben Residenzschloss, Hofkirche und Opernhaus bestehen. Seine Fassaden erinnern an Palazzi der italienischen Hochrenaissance. Für den Bau verwendet Semper – wie bei seiner Oper – ausschließlich hochwertigen, materialsichtigen Sandstein. Weil Semper nach seinem Engagement während der Revolution fliehen muss, vollendet sein treuester Schüler Bernhard Krüger zusammen mit Karl Moritz Haenel den 1849 erst bis zum Erdgeschoss gediehenen Bau. Auf der Zwingerseite stammt der Bauschmuck von Ernst Julius Hähnel, am Theaterplatz von Ernst Rietschel. Das Jahr 1945 hinterlässt die Gemäldegalerie als Ruine. Der gesamte Bau brennt aus, der nordwestliche Teil ist komplett zerstört. Zunächst droht der Abriss, doch dann wird das Gebäude bis 1959 wieder aufgebaut. Denn es fehlt ein geeigneter Platz für die 1945 erst als Beutekunst in die Sowjetunion abtransportierten und ab 1956 teilweise an die DDR zurückgegebenen Gemälde – unter ihnen die weltberühmte Sixtinische Madonna. Der Wiederaufbau erfolgt auf Grund der ökonomischen Not der Nachkriegszeit nur mit einfachsten Mitteln und ohne Rekonstruktion der prächtigen Innenausstattung. 1988 muss die Galerie wegen gravierender technischer und baulicher Mängel geschlossen werden. Nach 1990 beginnt eine aufwendige Rekonstruktion, 1992 eröffnet die renovierte Gemäldegalerie mit einem großen Festakt. Die Elbseite der Gemäldegalerie harmoniert vor allem mit der Semperoper. Hier zeigt sie eine überwiegend horizontal gegliederte Fassade. Vertikal wirken nur der Mittelrisalit und zwei Eckrisalite. Das Erdgeschoss hat eine Rustika-Quaderfassade mit Rundbogenfenstern, im Obergeschoss reihen sich Rundbogenfenster mit nobler Ausstrahlung aneinander – jedes zweite Fenster wird ädikulaartig von geschmückten Pilastern und Dreiecksgiebel gerahmt. Die Zwickel der Rundbögen tragen abwechselnd Rosetten und figürliche Reliefs. Im reich mit plastischem Schmuck versehenen Mittelrisalit bietet ein dreifacher Portikus in Form eines Triumphbogens Zugang. Innen ist er als überkuppelte oktogonale Rotunde ausgebildet, von der aus man links und rechts in die Flügel der Gemäldegalerie

Die Gemäldegalerie vom Reiterdenkmal König Johanns aus gesehen

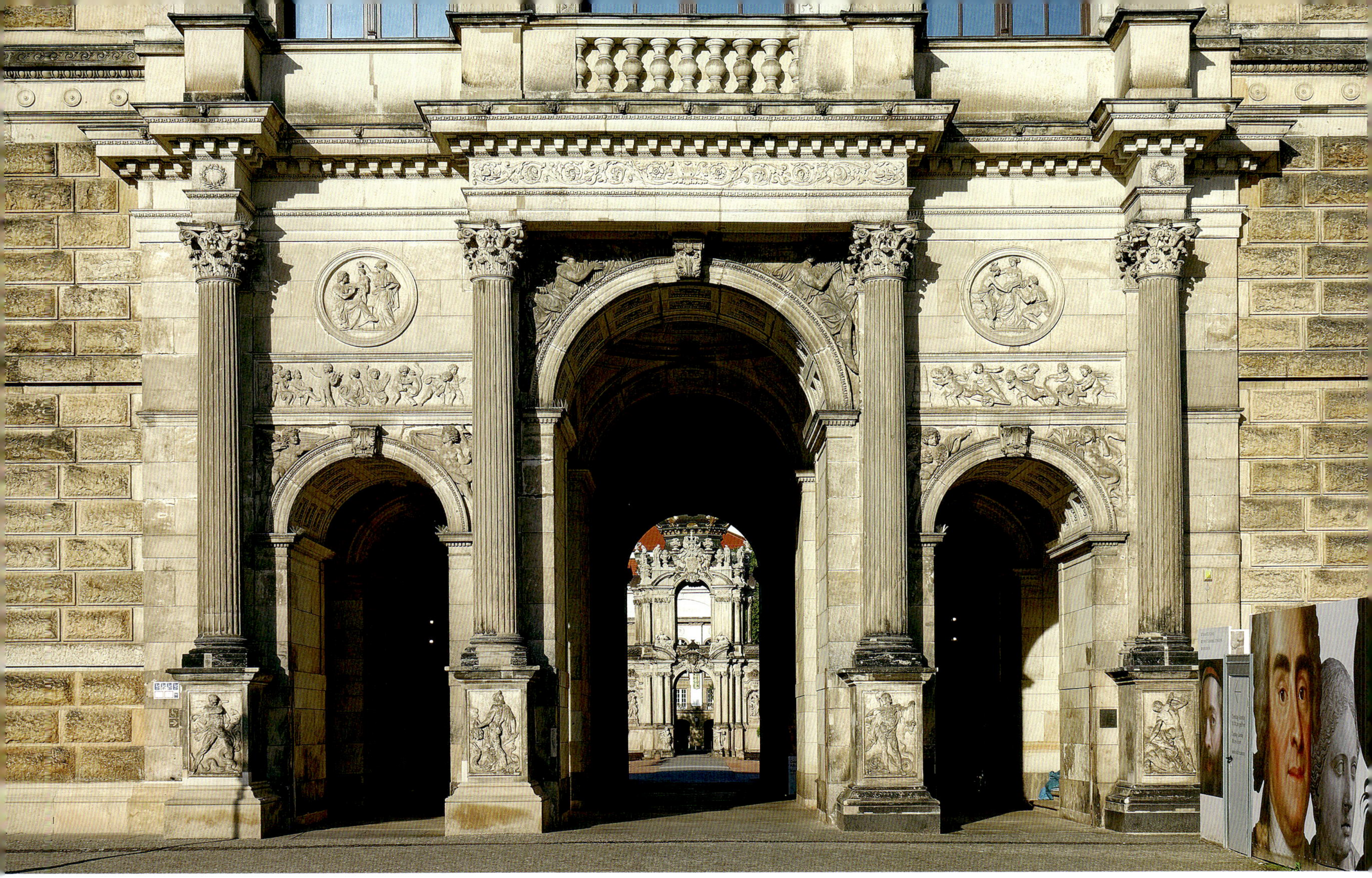

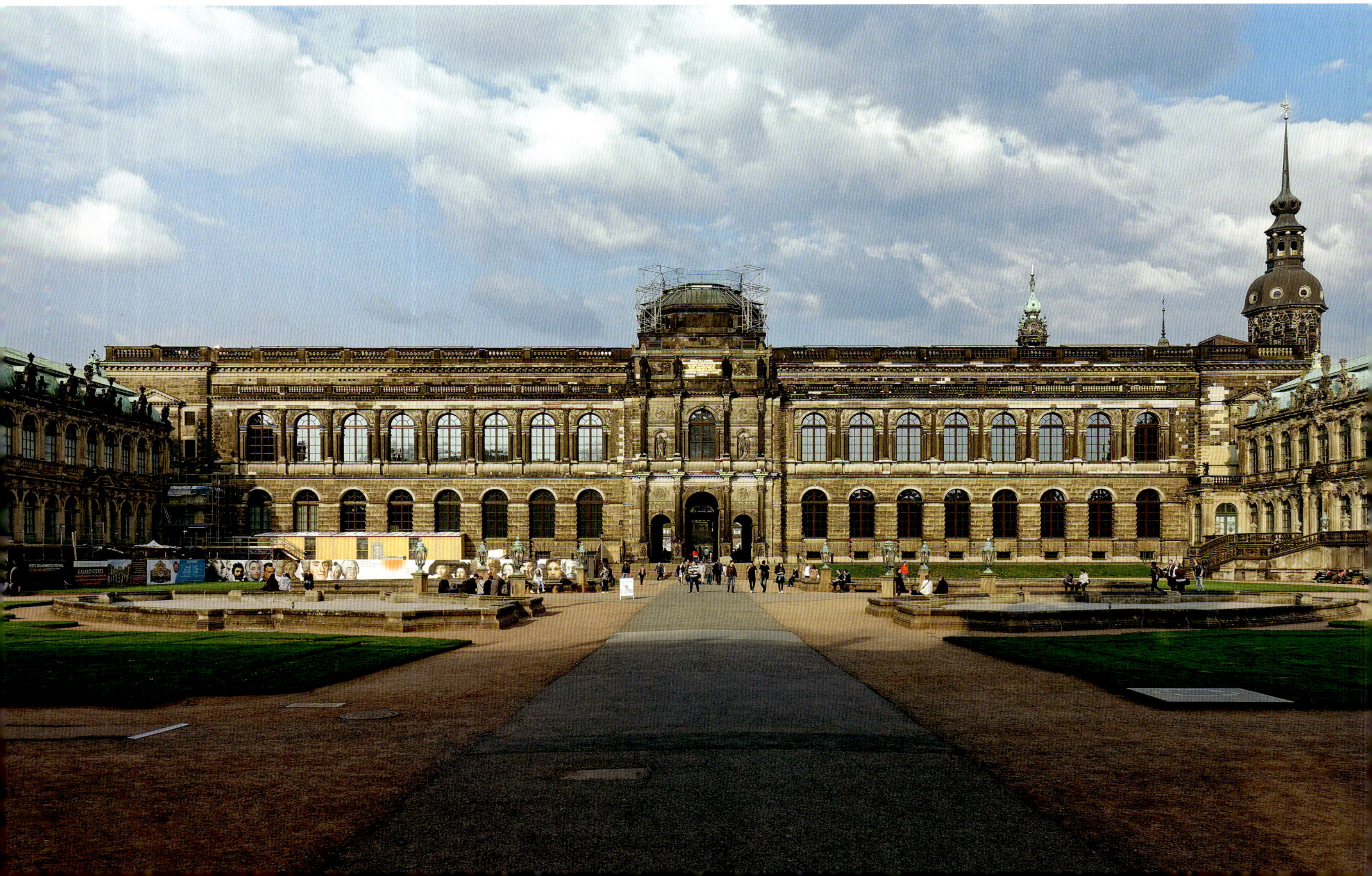

◂ Der Triumphbogen-Portikus mit Durchblick auf den Portikus des Kronentors

◂▾ Die Zwingerfassade der Gemäldegalerie vom Portikus des Kronentors aus gesehen

gelangt. Geradeaus geht es zum Zwingerhof – mit direktem Blick auf das Kronentor. Auf der Gebäudemitte sitzt eine flache Kuppel auf oktogonalem Tambour. Semper plant eine hohe Kuppel. Seine Nachfolger vollenden die Gemäldegalerie jedoch mit dieser zurückgenommenen Variante, um die Dominanz über das gegenüberliegende Kronentor zu verringern. Eine Balustrade verdeckt das flach gehaltene Dach. Der Portikus steht exakt auf der durch das Kronentor gebildeten Symmetrieachse des Zwingers. Auf dem Theaterplatz kreuzt sich diese rechtwinklig mit der Symmetrieachse der Semperoper – genau hier steht das Reiterstandbild König Johanns von Sachsen. Die Symmetrieverhältnisse werden durch geometrische Flächen in der kleinteilig gepflasterten Platzfläche unterstrichen.

Besonders kunstvoll wirken die Obergeschosse der Seitenfassaden. Dort fassen fein reliefierte Pilaster die Bogenfenster ein, die unter einem Gebälk mit ebenfalls fein reliefiertem Fries angeordnet sind. Eine Ädikula mit korinthischen Halbsäulen und Dreiecksgiebel rahmt das Mittelfenster mit seiner vorgesetzten Balustrade.

Durch die am Zwingerhof vorgesetzte Terrasse mit ihrer leicht ansteigenden Rasenböschung und durch das Weglassen der auf der Elbseite angebrachten Fensterverdachungen wirkt das Gebäude hier etwas zurückhaltender und versucht, sich dem Ambiente des Zwingers anzupassen. Die gereihten Bogenfenster beziehen sich zwar auf das Zwingermotiv, doch das massive Rustika-Sockelgeschoss passt nicht so recht zu den feingliedrig-luftigen Zwingerfassaden. Zu Sempers Zeit schätzt man die barocke Baukunst eher gering. Im Auftrag der Galeriekommission an Semper lautet eine Passage bezeichnenderweise so: Der schon bestehende Zwinger soll „zum festlichen und heiteren Schmuck für den edleren Kunstpalast" dienen. Bei einer vergleichenden Betrachtung fällt auf,

Die südöstliche Seitenfassade der Gemäldegalerie

dass beim Zwinger der Fassadenschmuck integraler Bestandteil der Architektur ist – Pöppelmann und Permoser arbeiten Hand in Hand, Bauwerk und Bauschmuck entstehen gleichzeitig und so wächst der Schmuck förmlich aus dem kaum noch in Erscheinung tretenden Mauerwerk heraus. Bei der Gemäldegalerie jedoch ist der Bauschmuck eine auf die glatten Wände aufgesetzte Zutat. Er wird tatsächlich erst nach Fertigstellung des Rohbaus angebracht.

DER ZWINGER

Der Zwinger zählt zu den weltweit berühmtesten Ensembles des Barock. Er wirkt harmonisch und geschlossen, obwohl seine Bauten erst nach und nach geplant, und – wenn man den elbseitigen Abschluss durch die Gemäldegalerie hinzuzählt – über einen Zeitraum von rund 150 Jahren realisiert werden. August der Starke befiehlt – gegen den Rat seiner Militärs –, den inneren Festungswall zu öffnen und damit auf dem Areal zwischen äußerer und innerer Wehrmauer, dem *Zwinger*, Platz für die Gebäude zu schaffen. Der Kurfürst tut es darin einem seiner Vorgänger, Kurfürst Christian I. gleich, der 1588 auf dem Zwinger der spätmittelalterlichen Festung am Schloss den Stallhof anlegen lässt. Nur wird dazu die Festung in Richtung Elbe ausgebaut und nicht einfach auf die Schutzfunktion der Festungsanlage verzichtet.

Hauptmotiv des Zwingers ist die von schlanken Pilastern gerahmte Bogenöffnung. Alle Fassaden tragen vegetabil-dekorativen Schmuck. Putten, Skulpturen und Vasen lockern die langen Balustraden der Galerien auf. Die Galerien und Pavillons scheinen mit ihrem luftigen Aufbau die Gesetze der Statik zu überwinden, sie strahlen eine wunderbar spielerische und gelassen heitere Festlichkeit aus. Monumentalität ist dem Zwinger wesensfremd. August der Starke nimmt großen Einfluss auf die Planungen, er gibt sogar eigenhändig angefertigte Grundriss-Skizzen vor. Denn in seiner Prinzenzeit genießt der spätere Kurfürst mit großem Interesse Unterweisungen in Architektur und Städtebau durch seinen Lehrer Wolf Caspar von Klengel. Erst das „Team", bestehend aus dem kunstsinnigen Kurfürsten, dem Baumeister Pöppelmann mit seinem grandiosen Können und dem Bildhauer Permoser mit seiner ausgereiften Meisterschaft, bringt den unnachahmlichen Zwinger hervor.

Pöppelmann beginnt 1709 am Festungswall mit dem Bau einer bogenförmigen Terras-

▼ Der Wallpavillon mit seinen Bogengalerien, die zu den seitlichen Pavillons überleiten ▶ Der Wallpavillon, im Erdgeschoss ist die ehemalige Freitreppe zum Wall zu sehen

Die Attikazone des Wallpavillons

Hermen am Erdgeschoss des Wallpavillons

senanlage. Ihre Mitte nimmt eine barocke Freitreppe ein. Danach werden beidseitig Bogengalerien mit abnehmbaren, hölzernen Bedachungen errichtet. Dort bringt man im Winterhalbjahr die empfindlichen Orangenbäumchen unter – diese Exoten sind damals bei Hofe sehr beliebt, sie verbreiten ein wenig süditalienisches Flair. Die Bogengalerien verlangen nach einem passenden Abschluss. So wird 1711 an ihren äußeren Seiten jeweils ein Pavillon angebaut – links der Mathematisch-Physikalische Salon und rechts der Französische Pavillon. Doch erst die Fertigstellung des Wallpavillons nach 1715 schafft einen unübertroffenen architektonischen Höhepunkt. Die Bogengalerien wirken wie eine kunstvolle Fassung für diesen „Edelstein", der mit seiner geschwungenen Fassade dynamisch, dabei aber gleichzeitig filigran wirkt. Drei große, reich geschmückte Bogenöffnungen geben den Zugang zur Treppenanlage frei, die auf elegante Weise in den Pavillon integriert wird. Sie beginnt schon außerhalb mit Stufen, die mit ihren sanften Schwüngen der Grundriss-Kontur des Pavillons folgen. Die Treppe läuft auf einen Absatz in der unteren Halle zu, der einen Brunnen trägt. Von dort aus geht es doppelläufig zum Wall hinauf. Hier treffen sich die beiden Treppenarme auf einer kleinen Plattform vor dem rückwärtigen Eingang in den Saal des Pavillons. Die Pilaster zwischen den Erdgeschoss-Bögen sind mit Hermen geschmückt, sie tragen stark gekröpftes Gebälk. Darüber stehen auf dem ebenfalls gekröpften Gurtgesims die Brüstungen der fünf Bogenfenster. Sie ähneln den Balustraden der Bogengalerien und binden den Wallpavillon durch ihren umlaufenden Charakter wie eine „Fassung" ein. Im Obergeschoss verzieren Fruchtgehänge die Pilaster, aus ihnen lugen kleine Kopfbüsten hervor. Diese Pilaster tragen wiederum gekröpftes Gebälk, das hier aber schon am Kämpferpunkt der Bögen ansetzt. Die Bögen der Fenster ragen mit ihren verzierten Schlusssteinen bis in die mit zahlreichen Figuren und Vasen geschmückte Attikazone hinein. Das mit Kupferblech gedeckte Mansarddach ist – korrespondierend mit dem Grundriss – ebenfalls konvex und konkav geschwungen. Auf dem hohen Fronton über dem Mittelfenster ist der sächsische Herkules zu sehen – gemeint ist August der Starke, der 1711 nach dem Tod des Kaisers Reichsvikar (Stellvertreter bis zur Krönung eines neuen Kaisers) wird und so, wie sein antikes, griechisches Vorbild, „dem Atlas die Last der Weltkugel abnimmt". Diese Skulptur überragt – was ihre Bedeutung unterstreicht – alle Bauten des Zwingers und sogar die polnische Königskrone auf dem Kronentor.

Neben der nordöstlichen Bogengalerie lässt der Kurfürst eine nach oben offene Grotte an-

Das Nymphenbad mit seiner Brunnenanlage

▼ Spärlich bekleidete Nymphen auf den Balustraden

legen, das *Nymphenbad*. Um 1700 ist es für jeden bedeutenden Herrscher ein „Muss", solch eine Wasserkunst zur Erfrischung der Besucher vorweisen zu können. Spärlich bekleidete Nymphen stehen ringsum in Wandnischen und auf den Balustraden, ein künstlicher Wasserfall strömt breit die Stirnseite der Grotte hinunter und eine Brunnenanlage nimmt die Platzmitte dieses „Theaters unter freiem Himmel" ein. Zu dieser besonderen Attraktion bekommen damals aber nur ausgewählte Besucher Zugang. Die Bildhauerarbeiten hier und an vielen anderen Stellen des Zwingers stammen von Balthasar Permoser. Natürlich schafft er die üppige Ausstattung des Zwingers mit Skulpturen, Wandbrunnen, Vasen, Wappen und Festons nicht allein – unter seiner Leitung arbeiten in einer manufakturähnlichen Organisation die begabtesten Bildhauer der Zeit, zum Beispiel auch Johann Benjamin Thomae und Johann Christian Kirchner.

Die Langgalerie mit dem Kronentor, dahinter das Dresdner Schauspielhaus, links der Porzellanpavillon, rechts der Mathematisch-Physikalische Salon.

Der wohl wichtigste Anlass für die Erweiterung des Zwingers ist die im September 1719 bevorstehende Hochzeit des Kurprinzen Friedrich August mit der Erzherzogin Maria Josepha von Habsburg. Die dafür anberaumten Feierlichkeiten werden der Höhepunkt barocker Festkultur in Dresden. Sie dauern den ganzen Monat an und beschränken sich nicht nur auf den Zwinger – auch im Schloss, in der Oper, auf dem Altmarkt und den Elbwiesen, im Großen Garten und im Holländischen Palais finden aufwendige, detailliert choreografierte Veranstaltungen statt. August der Starke, damals der mächtigste Kurfürst im deutschen Reich, will mit dem Zwinger seinem Anspruch als europäischer Herrscher Ausdruck verleihen. Wahrscheinlich hat er sogar Ambitionen, selbst einmal die Kaiserkrone zu erlangen. Die Erweiterung beruht auf einer genial einfachen und äußerst wirkungsvollen Idee: Die Bogengalerien und Pavillons am Wall werden spiegelbildlich an der Stadtseite wiederholt und mit der Wallseite durch eine Langgalerie verbunden. Das Kronentor steht auf der Linie dieser Spiegelsymmetrie.

Seine gegenüberliegende Seite bleibt jedoch noch lange Zeit unbebaut. Hier soll die Anlage gemäß der Forumpläne eigentlich über den heutigen Theaterplatz hinweg bis hin zur Elbe fortgesetzt werden. Nach den ersten Bauten am Festungswall entstehen bis 1715 die Langgalerie und das Kronentor. Die barocken Prinzipien fordern, dass der erweiterte Grundriss rechtwinklig zur schon vorhandenen Wallseite ausgerichtet ist. Deshalb kann die Langgalerie nur schräg auf der alten Festungsmauer stehen, denn bei der Anlage der Gebäude am Wall hat man die Erweiterung noch nicht berücksichtigt. Die nordwestliche Ecke der Langgalerie muss sogar leicht abknicken – ohne diese Maßnahme würde sie dort über der Festungsmauer auskragen. Außen vor der Langgalerie liegt der wassergefüllte Festungsgraben.

Um im Kriegsfall die Eroberung wenigstens etwas zu erschweren, führt nur eine Holzbrücke darüber, die im Bedarfsfall schnell abgerissen werden kann – ein kleiner, den Militärs geschuldeter Kompromiss, der bis heute fortbesteht. Im Jahr 1718 bricht Hektik aus. Die große Hochzeit steht bevor und der Zwinger ist immer noch kein geeigneter Platz für die Festlichkeiten, zu denen viele hochrangige Besucher aus ganz Europa kommen werden. Weder die stadtseitigen Pavillons noch die Galerien sind fertig – nur die Bogengalerien und Pavillons am Wall und die Langgalerie mit dem Kronentor können schon genutzt werden. Deshalb konzentriert man sich unter Hochdruck zunächst auf die Außenarbeiten und auf das, was für die Hochzeitsfeierlichkeiten unbedingt erforderlich ist. Die Pavillons und Galerien der Stadtseite selbst werden bis zum Fest nur provisorisch in Holz ausgeführt. Richtung Elbe hat der Zwingerhof nicht einmal ein Gebäude, sondern nur eine dekorierte Holzfassade als Abschluss, obwohl sich darin die Königsloge befindet. Im September 1719 ist es dann so weit – es findet das pompöseste Fest der Dresdner Geschichte statt: die Hochzeit des Kurprinzen mit der Kaisertochter unter Anwesenheit von zahlreichen Herrschern und Würdenträgern, dem Klerus, vielen Adligen und Hofstaat aus ganz Europa. Doch erst bis 1728 werden die nur provisorisch ausgeführten Pavillons und Galerien der Stadtseite massiv gebaut, ihr Innenausbau dauert sogar bis 1732. Da der Zwinger inzwischen nicht mehr als Orangerie genutzt wird, ersetzt man die hölzernen, abnehmbaren Bedachungen der Galerien durch begehbare, von Balustraden eingefasste Flachdächer.

Der Platz im Schloss reicht für die immer umfangreicher werdenden Kurfürstlichen Sammlungen nicht mehr aus. Und die großartigen Pläne für ein neues Schloss können aus finanziellen Gründen ebenso wenig realisiert werden wie die Forumpläne.

August der Starke gibt deshalb dem Zwinger die Aufgabe „Zur Zierde unseres Hofes, zur besseren Aufnahme der Wissenschaften und Künste, und dem Publico zum besten".

So nehmen ab 1728 die Gebäude des Zwingers immer mehr Teile der Sammlungen auf: Teile der Bibliothek, die Kupferstiche, die Münzsammlung und die umfangreichen naturwissenschaftliche Sammlungen – bestehend aus Mineralien, fossilen Funden, konservierten Pflanzen und Tieren, der Anatomiekammer sowie dem Mathematisch-Physikalischen Salon. Später kommen noch die Gemäldesammlung und das Porzellan des Kurfürsten hinzu.

Sandstein gilt im Barock als wertvoller Baustoff – er wird deshalb gegen Verwitterung mit einer Schlämme überzogen. Generell zieht man die Verkleidung und das künstlich Gestaltete dem natürlichen Material vor. Sogar marmorne Säulen werden nicht aus Marmor gefertigt, sondern mit hohem handwerklichen Aufwand aus Marmorpulver und Bindemittel so gestaltet, dass die typische Maserung des Marmors in idealisierter Weise hervortritt. Diese Technik ist letztendlich sogar teurer als die Herstellung der kompletten Säulen aus Marmor. Die Zwingerfassaden tragen seinerzeit einen weißen Überzug. Blau gestrichen sind die Kupferdächer, viele Teile des Bauschmucks auf den Dächern sind vergoldet. Das passt natürlich zu den damaligen Hausfarben der Wettiner: Blau, Gold und Weiß. Erst im 19. Jahrhundert kommen Weiß und Grün als sächsische Landesfarben auf und es wird modern, den originalen, unbehandelten Sandstein der Fassaden zu zeigen. Obwohl wir den heutigen Zwinger als vollendeten Ausdruck barocker Baukunst empfinden, hinterlässt er im Zeitalter des Barock durch seine kräftige Farbigkeit einen völlig anderen Eindruck. Doch das heute verbreitete Barock-Bild ist stärker als die historische Wirklichkeit und bislang wagt es niemand, dem Zwinger seine originale Farbigkeit zurückzugeben.

Unter dem Siebenjährigen Krieg leidet der Zwinger. Die Preußen nutzen ihn als militärisches Magazin und Holzlager. Auf Grund der lang andauernden Notlage Dresdens kann eine Renovierung erst 1783–95 in Angriff genommen werden. Doch danach verfällt der Zwinger wieder. Die Zeit der rauschenden Feste ist vorbei, barocke Kunst und Architektur passen nicht mehr zum Zeitgeist, man empfindet den Zwinger zunehmend als unmodern – sogar sein Abriss wird erwogen.

Karl Friedrich Schinkel (Altstädter Wache) nennt den Zwinger „[ein] weites Gebäude aus Quadern [...] voll erstaunlicher Muschel- und Blumenpracht im schlechtesten Stil". Während der Napoleonischen Kriege gibt es erneut Schäden am Zwinger zu beklagen. Eine Schilderung des Bibliothekars und Chronisten Gustav Klemm über das Jahr 1815 lässt die Zustände erahnen: „Der Zwinger selbst bot [...] das Bild des Verfalls. Der Fußboden war teilweise beraset, die Statuen und ornamentreichen Gebäude waren beschädigt, schmutzig und in den offenen Bassins der ehemaligen Kaskaden lag jahrealtes Laub. Der nach dem Prinzenpalais führende Ausgang war eine halbe Ruine." In diesem Zustand bleibt der Zwinger noch lange.

Das Kronentor ist der triumphale Haupteingang in den Zwinger. Vorbilder hat es vor al-

▲ Der Glockenspielpavillon und der Porzellanpavillon an der Stadtseite

▼ Die Langgalerie auf der Festungsmauer, davor der Festungsgraben. Vor dem Kronentor ist ein Stück der Holzbrücke zu sehen.

Das Kronentor, in der Bogenöffnung ist der Portikus der Gemäldegalerie zum Theaterplatz zu sehen

lem in den temporären und nur für besondere Anlässe errichteten Ehrenpforten des Johann Bernhard Fischer von Erlach in Wien. Das Portal ist ein Rundbogen mit mächtigem Schlussstein. Es wird von Doppelsäulen flankiert. Diese tragen das stark gekröpfte Gebälk mit einem gesprengten, jedoch nach außen gedrehten Segmentbogengiebel. Über dem Rundbogentor erhebt sich eine nach vier Seiten geöffnete, baldachinartige Halle, deren gesprengter Giebel schon im Bereich des Rundbogens ansetzt und im Gegensatz zum unteren Giebel klassisch nach innen gedreht ist. Der mächtige Schlussstein wirkt hier mit seiner Kartusche fast wie ein Fronton. Er reicht in den mit lebensgroßen Figuren und Ziervasen reich geschmückten Attikabereich hinein, der den Ansatz des aus Kupferblech gefertigten Zwiebelhelms verdeckt. Vergoldete Akanthusblätter zieren den Helm an seinen Graten.

Er trägt obenauf die vergoldete polnische Königskrone mit den Adlern – August der Starke ist ja bereits seit 1697 auch König von Polen. Die Obergeschosshalle liegt in der Ebene der begehbaren Flachdächer auf den Galerien. Über ein großes, mit einer Balustrade eingefasstes Auge öffnet sie sich zur Erdgeschosshalle.

Der zum Wallpavillon spiegelbildlich ausgeführte Pavillon an der Stadtseite wird erst bis 1785 durch Johann Baptist Dorsch, Thaddäus Ignatius Wiskotschill und Johann Christian Feige d. J. mit Hermen „im Geiste Permosers" ausgestattet.

Da ist schon das Zeitalter des Klassizismus angebrochen und Hermen sind eigentlich nicht mehr in Mode. Im Inneren der Erdgeschosshalle richtet man 1826 zwei Treppenanlagen zu den sich seitlich anschließenden Bogengalerien ein. Der Zwinger lässt sich seitdem auch von der Stadtseite aus betreten.

40 Glocken aus Meißner Porzellan und eine Uhr machen 1933 den Stadtpavillon zum Glockenspielpavillon. Heute ist das Glockenspiel computergesteuert und kann mehrere Melodien spielen. Die Mechanik ist jedoch kälteempfindlich, so dass die Glocken im Winter manchmal schweigen. Übrigens plant Pöppelmann seinerzeit schon ein Glockenspiel, wie aus alten Unterlagen hervorgeht. Alle vier Eckpavillons sind gleich ge-

▲ Der Deutsche Pavillon, rechts die zwei Achsen unter dem begehbaren Dach der Bogengalerie

▼ Der Glockenspielpavillon als Durchgang zur Altstadt im Licht der untergehenden Sonne

staltet. Figuren, Putten, Vasen und Wappen schmücken den Dachbereich. Am Zwingerhof sind den Pavillons großzügige Treppenanlagen vorgelagert. Mit geschwungenen Stufen geht es zu einem Absatz, von dem aus eine zweiarmige Treppe zu der über die ganze Breite reichenden Terrasse führt. Die Erdgeschosse der Pavillons zeigen eine ähnliche Rundbogenarchitektur wie die Galerien, jedoch sind hier die Mittelachsen durch vorgelagerte Halbsäulen, durch Pilaster und gesprengte Giebel betont und die Fenster reichen bis zum Boden. Auch bei den Obergeschossen werden die Mittelachsen betont. Die Balustraden der Galerien verlaufen vor den Obergeschossfenstern in ähnlicher Form als Fensterbrüstungen weiter und sorgen so für eine nahtlose Einbindung der Pavillons.

Auf der Hofseite kragen vor einigen Galeriefenstern Konsolen hervor – sie werden von lüsternen Fabelwesen, so genannten Satyrn, getragen. Hier stellt man damals bei schönem Wetter die kugelförmig geschnittenen Orangenbäumchen in ihren bunten Kübeln auf – ein bereicherndes und auflockerndes Element in der barocken Kulisse. Nach der Demolierung der Festungsanlagen ist der Bereich nördlich und westlich des Zwingers neu zu gestalten. Friedrich Gottlob Thormeyer und der Hofgärtner Karl-Adolf Terschek liefern die Pläne für das Gebiet hinter dem Wall. Hier entsteht jetzt ein Park im englischen Stil. Ein Stück der alten Festungsmauer am Wall bleibt erhalten – als so genannte scharfe Ecke. Nach den Schäden am Zwinger durch die Unruhen während der 1848er Revolution leitet Karl Moritz Hähnel den Wiederaufbau und fügt bis 1863 zwei Ergänzungsbauten an die Stadtseiten des Deutschen Pavillons und des Porzellanpavillons an. Ihre Gestaltung ist an die barocke Zwingerarchitektur angepasst, die begehbaren Dächer schließen sich nahtlos an die der Bogengalerien an.

Unter Leitung von Hubert Georg Ermisch erfolgt 1924–36 eine umfassende Instandsetzung: Fassaden und Schmuck sind zu renovieren, Dächer und Galerien nach modernen Erkenntnissen abzudichten und der zugeschüttete Wallgraben (in schmalerer Form) wieder herzustellen. Außerdem erhält das Nymphenbad einige Skulpturen als Kopien und weitere als Neuschöpfungen „im Geiste Permosers" – die meisten stammen von Georg Wrba, der auch die Aufsicht über die Reparatur der bildhauerischen Arbeiten innehat. Permosers Originale stehen heute

▲▲ Von Satyrn getragene Konsolen zur Aufstellung der Orangenbäumchen

▲ Der Zwingerteich; im Hintergrund von links beginnend: Semperoper, Turm der Hofkirche, Gemäldegalerie, Hausmannsturm, davor das Kupferdach des Französischen Pavillons, Rückseite des Wallpavillons

◀ Die Attikazone des Wallpavillons über dem rückseitigen Eingang zum Festsaal überwiegend an der Südwestseite des Nymphenbades.

Auf den Balustraden stellt man wieder Skulpturen auf – meist als Vervielfältigung der wenigen noch erhalten gebliebenen Originale. Die Innenräume werden weitgehend originalgetreu renoviert. Pöppelmann stellt die Garten- und Brunnenanlagen im Zwingerhof bereits auf seinen Kupferstichen dar – erst jetzt werden sie realisiert. Und seit einigen Jahren stellt man im Sommer auch wieder Orangenbäumchen auf den Hof. Das Denkmal Friedrich Augusts des Gerechten wird 1843 vom Theaterplatz auf den Zwingerhof versetzt. Dort stört es die barocke Hofgestaltung. Der Kurfürst wird kurzerhand erneut versetzt – auf eine Wiese neben dem Japanischen Palais. Dort überdauert er 1945 das Bombardement. 2008 folgt die nächste Versetzung. Nun steht das Denkmal auf dem Schlossplatz. Auch ein altehrwürdiger Kurfürst muss also ab und zu mal umziehen …

1945 ist der Zwinger weitgehend zerstört und ausgebrannt. Ermisch überlebt glücklicherweise den Krieg – er wird nicht arbeitslos. Wer, wenn nicht Ermisch mit seinen reichen Erfahrungen aus der letzten Renovierung, kann der Zwingerruine ihre grandiose Gestalt zurückgeben? Beim Bauschmuck steht ihm der Bildhauer Albert Braun zur Seite.

Die kostbare Innenausstattung ist jedoch so stark zerstört, dass sie nur teilweise rekonstruiert werden kann. Mit Zustimmung der Sowjets beginnt schon wenige Wochen nach Kriegsende der Wiederaufbau. Später wird er auch von der Bevölkerung unterstützt, die trotz der unvorstellbaren Not im Nachkriegs-Dresden ihren prachtvollen Zwinger nicht vergisst. Über viele Jahre spielt die Zwingerlotterie Geldmittel für den Wiederaufbau ein. Denn der Zwinger ist eines jener unverzichtbaren Sinnbilder, ohne die eine interessante und liebenswerte Stadt nicht auskommt.

Ermisch stirbt 1951, seine Mitarbeiter Max Zimmermann und Arthur Frenzel übernehmen die Bauleitung. Jetzt entschließt man sich, an der scharfen Ecke eine Verbindung zwischen Zwingerteich und Wallgraben zu schaffen. 1964 kann der wieder aufgebaute Zwinger feierlich eröffnet werden. Ein solch umfangreiches und inzwischen 300 Jahre altes Ensemble benötigt ständig Pflege. Deshalb wird nach 1990 erneut renoviert. Den wertvollen Sandstein versieht man, hauptsächlich beim renovierten Figurenschmuck, mit einer Schutzschicht. Sie ist jedoch nicht weiß, wie im Barock allgemein üblich, sondern sandsteinfarben. Heute dient der Zwinger den Staatlichen Kunstsammlungen Dresden als Museumskomplex. Zudem finden Vorträge, Konzerte und Ballettaufführungen statt – im Sommer auch auf seinem großartigen Hof.

▲ Der Mathematisch-Physikalische Salon

▼ Die erst 1936 nach Plänen Pöppelmanns fertiggestellte barocke Hofgestaltung

DER ZWINGER

TASCHENBERGPALAIS, ITALIENISCHES DÖRFCHEN UND BASTEISCHLÖSSCHEN

Der Taschenberg ist, als eine der vier hochwasserfreien Erhebungen im Gebiet der Stadtgründung, schon seit dem Mittelalter bebaut. Hier stehen damals einfache Wohnhäuser und Gebäude der Burg, sie grenzen an das Franziskanerkloster. Für seine berühmte Mätresse, die Reichsgräfin Cosel, beauftragt und finanziert August der Starke den 1705–08 errichteten, 48 Meter langen Hauptbau des Taschenbergpalais. Die Pläne dazu stammen von mehreren Architekten, maßgeblich aber wohl vom Oberlandbaumeister Johann Friedrich Karcher und von Pöppelmann. Als die Cosel 1713 in Ungnade fällt – nach Meinung des Kurfürsten mischt sie sich zu stark in seine Politik ein und wird deshalb auf die Burg Stolpen verbannt –, kauft er ihr das Palais ab und bezahlt es somit ein zweites Mal. Bis 1720 wird es um Festsäle und repräsentative Unterkünfte für seinen frisch vermählten Sohn erweitert. Auch der kurprinzliche Hofstaat zieht in den voluminösen Bau ein. Wegen der von Raymond Leplat entworfenen orientalischen Einrichtung nennt man ihn *Türkisches Palais*. Das königliche Paar zieht nach dem Tod Augusts des Starken in das Residenzschloss. Seine zahlreichen Kinder wohnen mit ihren Familien überwiegend im Taschenbergpalais, denn der Platz im Residenzschloss reicht nicht aus. Nichtsdestotrotz wird es für die Königskinder bald wieder eng. Während des Siebenjährigen Krieges entsteht bis 1757 der Westflügel und ein stadtseitiger Anbau (Julius Heinrich Schwarze). Schließlich folgt nach Kriegsende 1763 der Ostflügel (Christian Friedrich Exner). 1825 verschwinden die seinerzeit unmodern gewordenen, hohen Mansarddächer, sie werden durch flachere Walmdächer ersetzt. Otto von Wolframsdorf leitet 1848 weitere Veränderungen, insbesondere die Errichtung eines Südost-Trakts. Trotz des komplizierten Grundrisses bleibt die Hauptansicht mit den zwei Ehrenhöfen symmetrisch. Im Komplex gibt es einen großen Innenhof, einen kleineren Innenhof und einen Wirtschaftshof. Beim Schlossumbau 1889–1901 und dessen

Der Hauptbau für die Reichsgräfin Cosel, die berühmte Mätresse Augusts des Starken. Die drei Achsen links zeigen das leichte Abweichen der Fassadenflucht.

Erweiterung nach Süden baut man einen kurzen, überdachten Gang in Form einer massiven Brücke zwischen Schloss und Palais. Doch schon 1755 gibt es einen solchen Gang. Der ist damals aber deutlich länger und sogar zweigeschossig, dafür jedoch nur aus Holz. Nach dem Ende der Monarchie im Jahre 1918 dient das Palais als Verwaltungsgebäude. 1945 stehen nur noch Reste der Außenmauern und Teile des Erdgeschosses. Die Ruine soll abgerissen werden, denn die höfisch-repräsentative Ausstrahlung eines Palais stößt bei der Führung des Arbeiter- und-Bauern-Staates auf grundsätzliche Ablehnung. Doch nach und nach gerät die Ruine in Vergessenheit und überlebt, von Gestrüpp überwuchert, das Ende der DDR. Bei der 1995 abgeschlossenen Rekonstruktion bekommt das Dach seine ursprüngliche, barocke Form aus der Zeit vor 1825 zurück – glücklicherweise sind die alten Baupläne noch vorhanden. Das Innere ist nun weitgehend modern, nur das Kellergeschoss, die Säulenhalle und das Treppenhaus stellt man originalgetreu wieder her, ebenso den großen Innenhof. Heute wohnen im Taschenbergpalais weder Mätressen noch Prinzen und Prinzessinnen, sondern zahlungskräftige Hotelgäste. Aber in der großen 340-Quadratmeter-Suite kann man sich dann doch schon ein wenig wie Prinz und Prinzessin fühlen …

Die Fassade des Hauptbaus lässt das klassische Dreier-Schema erkennen. Der reich mit Stuckornamenten betonte Mittelrisalit hat neben der etwas breiter ausgeführten Mittelachse je drei Achsen. An den Seiten des Hauptbaus sind wiederum je drei Achsen hervorgehoben. Auch die Rücklagen sind dreiachsig mit betonter Mittelachse – im Erdgeschoss ist hier je ein als Altan ausgebildeter Portikus vorgelagert. Schräg gestellte Säulenpaare am Hauptportal und der geschwungene Balkon darüber verleihen der Gebäudemitte eine starke Plastizität. Dazu

▲▲ Das Taschenbergpalais am Residenzschloss

▲ Der westliche Ehrenhof mit seinen an Wendelsteine erinnernden Eckbauten

▶ Der barocke Innenhof

tragen auch die deutlich hervortretende Pilasterrahmung im ersten Obergeschoss, der darüber angeordnete zweite Balkon und im zweiten Obergeschoss die Fensterrahmung mit einer Kartusche im gesprengten Segmentbogengiebel bei. Bei den benachbarten Fenstern sind ähnlich geformte Giebelstücke spielerisch in umgekehrter Richtung gegeneinander gesetzt. Die hochrechteckigen Fenster sind im Erdgeschoss und im obersten Geschoss niedriger als in den beiden mittleren Geschossen, was dem vertikalen Aufbau einen ungewöhnlichen Rhythmus verleiht. Die linken drei Achsen knicken, wie der gesamte Ostflügel, geringfügig von der Fassadenflucht nach hinten ab.

Die sich an den Hauptbau anschließenden Seitenflügel bilden mit zurückgesetzten Verbindungsbauten zwei mit Ziergittern abgegrenzte, kleine Höfe heraus. Von Gottfried Knöffler stammen zwei Brunnen (heute Kopien). Sie stehen, nur vom Hof aus sichtbar, in den Ecken der Hofbegrenzungen. Abgerundete Eckvorbauten, die Altane mit Balustraden tragen, geben dem Ehrenhof angenehm geschwungene Konturen – das Prinzip erinnert entfernt an die Wendelsteine in Renaissance-Höfen. Die typisch barocke Mittenbetonung erreicht man vor allem durch den Einsatz größerer Fenster, deren Eleganz durch vergoldete Ziergitter unterstrichen wird. Die Flügelbauten zeigen im Kontrast zum Hauptbau eine fast schon klassizistisch strenge, illusionistische Lisenen- und Spiegelgliederung fast ohne Einsatz von plastischem Bauschmuck. Nur die Ecken sind durch Putznutung hervorgehoben, die Geschosse durch Gurtgesimse unterteilt und die Fensterlaibungen profiliert.

Dresden bleibt glücklicherweise von der 1840–42 europaweit grassierenden Choleraepidemie verschont. Das nimmt der Mäzen Freiherr Eugen von Gutschmid zum Anlass und stiftet einen Brunnen. Ihm schwebt ein Erscheinungsbild vor, das dem *Schönen Brunnen* in Nürnberg nahe kommen soll. Gottfried Semper, der eigentlich der italienischen Renaissance verbunden ist, entwirft den *Cholerabrunnen* als 18 Meter hohen, gotischen Turm, der sich über einem achteckigen Becken erhebt. Bildhauer Julius Moritz Seelig setzt den Entwurf 1846 um. Schon 1891 muss der Brunnen das erste Mal renoviert werden. Anfangs steht er auf dem Postplatz, wird aber 1927 aus verkehrstechnischen Gründen vor den Westflügel des Taschenbergpalais versetzt. Glücklicherweise übersteht er den Bombenangriff 1945 fast unbeschädigt. 1997 ist eine Komplettsanierung erforderlich. Der baldachinartige Brunnenaufbau, über dem sich eine große Fiale erhebt, ist reich mit Maßwerk, Wimpergen, Fialen, Krabben, Kreuzblumen, Kapitellen, Rosetten und Wasserspeiern geschmückt. Zusätzlich trägt er Statuetten, wie Johannes den Täufer und die heilige Elisabeth. Den eigentlichen Brunnentrog umgibt ein kunstvoll gestaltetes Ziergitter. Eine Inschrift am Brunnen lautet:

„Nach Gottfried Sempers Entwurf
errichtet im Jahre 1846 von
Ludwig Alfred Clementin Eugen
Freiherrn von Gutschmid
erneuert 1891"

Dem Theaterplatz mit seinen grandiosen Bauten fehlt ein würdiger Abschluss zur Elbe, denn die in den Forumplänen vorgesehene Freitreppe zum Elbufer wird nicht gebaut. Das Gasthaus *Helbigs Etablissement* muss der beim Neubau der Augustusbrücke angelegten Uferstraße weichen. Beim Bau der ersten Semperoper 1841 reißt man die Siedlung der italienischen Bauleute der Hofkirche ab. Nur ihre Bezeichnung hat sich erhalten – als Name der von Hans Erlwein entworfenen Gaststätte. Das flache, 1913 erbaute *Italienische Dörfchen* erinnert an ein Gartenpalais. Seine klassizistischen Elemente nehmen Bezug auf die Altstädter Wache, Anklänge an die italienische Renaissance sind der Semperoper und der Gemäldegalerie geschuldet. Der Hauptbau zeigt den für Erlwein typischen Mezzanin über einem Fußwalm. Dessen Fenster haben weiße Läden, wobei auffällt, dass jeweils vier Fenster über drei Bogenfenstern des Erdgeschosses angeordnet sind. Ein hohes, mit Kupfer gedecktes Walmdach schließt den Bau ab. Am Theaterplatz und auch elbseitig betonen Altane die Mitten, getragen von ionischen Säulen. Große Dreiecksgiebel reichen bis in das Dach hinein, ihr Giebelschmuck stammt von Georg Wrba. Die Fassaden sind, passend zu den Säulen der Altane, mit ionischen Pilastern gegliedert. Große Rundbogenfenster mit figürlich gestalteten Schlusssteinen und geschmückten Zwickeln vervollständigen das noble Aussehen. Elbabwärts schließt sich ein niedriger Verbindungsbau zu einem rechteckigen Pavillon an. An der Elbseite befindet sich eine schmale Terrasse. Mit dem Gasthaus gelingt Erlwein ein harmonischer Platzabschluss. Er wird einerseits der Bedeutung des Platzes gerecht, andererseits beeinträchtigt er den Blick von der Augustusbrücke oder vom Neustädter Ufer auf die grandiosen Bauwerke des Theaterplatzes nur we-

Der Cholerabrunnen am Taschenbergpalais

nig. Das Italienische Dörfchen wird in der furchtbaren Bombennacht im Februar 1945 schwer beschädigt, kann jedoch bis 1956 in vereinfachter Form wieder aufgebaut werden. Zum Beispiel deckt man das Dach mit grün gestrichener Teerpappe, da es der DDR an Kupfer mangelt. Erst 1994 wird umfassend rekonstruiert, auch einige Innenräume entstehen wieder nach historischem Vorbild.

Etwa zeitgleich mit dem Italienischen Dörfchen wird nach Plänen von Carl Hirschmann, einem Mitarbeiter Erlweins, das *Basteischlösschen* erbaut. Es steht direkt auf der Mauer zum Elbufer. Das 1945 zerstörte und nur provisorisch wiederaufgebaute Haus nutzt man anfangs als Büro, doch bald zieht wieder eine Gaststätte ein. Nach einer umfassenden Renovierung empfängt das Basteischlösschen seit 1993 seine Gäste in einem bemerkenswerten Ambiente. Der kleine, eingeschossige Putzbau steht auf einem hohen Sandsteinsockel. Sein gestreckter Grundriss hat halbrunde Stirnseiten, die wie große Apsiden wirken. Über die Fassade sind gleichmäßig Rechteckfenster verteilt, schlichte Pilaster gliedern die Achsen. An beiden Längsseiten dominieren breite Mittelrisalite mit bis in das Dach hineinragenden Dreiecksgiebeln. Über den „Apsiden" ist das mit Kupfer gedeckte Dach halbrund abgewalmt. Auch das Basteischlösschen hat elbseitig eine kleine, gemütliche Terrasse.

▲▲ Blick zum Theaterplatz, mittig schließt das Italienische Dörfchen den Platz ab, rechts das Basteischlösschen vor der Semperoper

▲ Das Italienische Dörfchen als elbseitiger Abschluss des Theaterplatzes

▶ Das Basteischlösschen steht auf der Ufermauer zur Elbe, rechts im Hintergrund die Dreikönigskirche

KLEINOSTRA

Nordwestlich hinter der Semperoper beginnt die Wilsdruffer Vorstadt mit dem *Kleinostra* genannten Areal. Am Elbufer stehen hier der Sächsische Landtag, der Erlweinspeicher und das Internationale Kongresszentrum Dresden in einer parkähnlich gestalteten Anlage mit einer Elbuferpromenade. Weiter westlich, an der Ostra-Allee, befindet sich das Haus der Presse und im Hintergrund, schon zur Friedrichstadt gehörend, ist die *Yenidze* zu sehen.

Der Sächsische Landtag besteht aus einem älteren und einem modernen Gebäudekomplex. Für das Landesfinanzamt und die Hauptzollverwaltung wird 1931 ein Ensemble mit 36 Meter hohem Eckturm im Stil der Neuen Sachlichkeit errichtet. Die Pläne stammen vermutlich vom Stadtbaurat Paul Wolf, andere Quellen nennen das Architekturbüro Barthold und Tiede. Auffällig sind die kleinen, wie aufgesetzt wirkenden Sprossenfenster mit ihren umlaufenden Laibungen. Sie erinnern an ein Stilmittel des Architekten Heinrich Tessenow, der um 1910 insbesondere für den Gartenstadtteil Hellerau Gebäude plant. 1945 werden der Elbflügel und der Zollspeicher schwer beschädigt und danach abgerissen. Die restlichen Gebäude nutzt man als Sitz der Dresdner SED-Bezirks- und Stadtleitung. Nach 1990 fehlt ein geeigneter Ort für den neu konstituierten Sächsischen Landtag. Der tagt anfangs provisorisch in der Dreikönigskirche. Bis 1994 werden die Gebäude zum Sitz des Landtags umgestaltet. Zur Elbseite, an der Stelle des im Krieg zerstörten Flügels, entsteht nach Plänen des Dresdner Architekten Peter Kulka ein moderner Erweiterungsbau aus Glas, Stahl und Beton. Er macht der Nachbarbebauung keine Konkurrenz, sondern ordnet sich harmonisch in das neu gestaltete Uferareal ein. Die Baukörper zeichnen sich durch klare, unauf-

Der Sächsische Landtag, der Erlweinspeicher und das ICCD am Elbufer der Wilsdruffer Vorstadt

geregte Formen aus. Getreu der klassischen Moderne werden die konstruktiven Elemente sowohl in den Innenräumen als auch am Außenbauwerk sichtbar in die Gestaltung einbezogen. Der komplette Neubau steht auf einem flachen Sockel. Höhepunkt ist der runde, lichtdurchflutete Plenarsaal als starkes Symbol für Transparenz. Davor gibt es ein Bürgerfoyer und im Obergeschoss ein öffentlich zugängliches Restaurant mit Dachterrasse. Wegen der direkten Elblage ist eine aufwendige Gründung mit tief hinabreichenden Bohrpfählen erforderlich – das Problem haben seinerzeit auch schon die Baumeister der Hofkirche. Der stadtseitige Platz vor dem Landtag wirkt mit seinen regelmäßig gepflanzten und geometrisch beschnittenen Platanen wie eine große Vorhalle mit einem grünen Dach.

Am Elbufer steht die alte Kaimauer, sie gehört einst zum Packhof-Kai (siehe Seite 214). Der wird 1822 auf Druck der Dresdner Kaufmannschaft angelegt und später in Richtung Marienbrücke verlängert. 1856 kommt ein Eisenbahnanschluss hinzu. Hier wird hauptsächlich Kohle aus dem Freitaler Becken auf Schiffe verladen. Bis 1878 dehnt sich der Kai auf 600 Meter Länge aus, an Land stehen zahlreiche Schuppen, in denen zu verzollende Waren zwischengelagert werden. Diese eher schmutzigen Aktivitäten ganz in der Nähe der Altstadt werden zunehmend als störend empfunden und mit dem Bau des Alberthafens auf dem Ostragehege schrittweise dorthin verlagert. 1929 legt man, als eine Art Fortsetzung der Brühlschen Terrasse, entlang des heutigen Sächsischen Landtags eine Terrasse an und verkürzt damit die für Schiffe nutzbare Kaimauer um 400 Meter. Erst in den 1980ern gibt man den Umschlagplatz komplett auf. 1914 wird nach Plänen von Hans Erlwein am Packhof-Kai ein Speicher aus

▲▲ Landesfinanzamt und Hauptzollverwaltung, später SED-Bezirks- und Stadtleitung, davor die Gruppe geometrisch beschnittener Platanen

▲ Der Sächsische Landtag an der neu gestalteten Uferpromenade

▶ Der elbseitige Vorplatz des Landtags, im Hintergrund das Japanische Palais in der Neustadt

Der *Erlweinspeicher* ist heute ein Kongresshotel, an der Elbe steht noch die alte Kaimauer

Stahlbeton mit Ziegelausfachung errichtet. Er stellt fast 20 000 Quadratmeter Speicherfläche auf insgesamt 10 Etagen zur Verfügung. Der 39 Meter hohe, 76 Meter lange und 36 Meter breite Bau erinnert mit seinem durch hohe Zwerchhäuser aufgelockerten Walmdach an spätmittelalterliche Hafenspeicher. Erlwein kaschiert die beachtliche Gebäudehöhe gekonnt: Auf halber Höhe beginnend treten die Geschosse schrittweise zurück, kleine Fußwalmflächen decken die Rückstufungen ab. Ringsum ragen insgesamt zwölf hohe Zwerchhäuser mit ihren Krüppelwalmdächern in das große Hauptwalmdach, bleiben aber deutlich unter dessen Firsthöhe. Der Bau wirkt niedriger und deutlich ansprechender als ein gleich hoher, kubischer Plattenbau. Die Bombardierung am Ende des Zweiten Weltkriegs übersteht der Speicher recht gut, weil auch seine Dachkonstruktion aus Stahlbeton besteht und deshalb keine Bomben in das Innere des Gebäudes eindringen können. Während der DDR-Zeit jedoch verfällt er zusehends. 2006 wird das Gebäude außen weitgehend originalgetreu renoviert, innen jedoch entkernt und komplett neu aufgebaut. In das massive Dach schneidet man eine große Lichtöffnung. Dann wird ein Kongresshotel mit 340 Zimmern eingebaut. Die wie bei einem Laubenganghaus angeordneten Erschließungsgänge vor den Hotelzimmern gruppieren sich um den ansprechend gestalteten Lichthof.

Den nördlichen Abschluss der Uferbebauung von Kleinostra bildet das 2004 errichtete *ICCD* – das *International Congress Center Dresden* (siehe Seite 216/217). Das Architekturbüro Storch, Ehlers & Partner zeichnet für diesen ansprechenden Bau verantwortlich. Seine Säle können zu einem einzigen, großen Saal zusammengelegt werden, der dann Platz für 4 100 Besucher bietet. Sechs Konferenzräume für 100 bis 270 Teilnehmer, Büros und Gruppenräume, ein Restaurant und eine Tiefgarage runden die vielfältigen Möglichkeiten des ICCD ab. Über die sehr breite, wie ein Querriegel wirkende Freitreppe gelangt man auf eine großflächige „schiefe Ebene". Unregelmäßig verteilte, matt verglaste Lichtkästen beleuchten die darunter liegenden Räumlichkeiten – nachts geben sie weiches Licht nach außen ab. Aus dieser an ein Schiffsdeck erinnernden Fläche wächst ein elegant geschwungener Baukörper mit ringsum komplett verglaster Fassade empor, der von einem ebenfalls geschwungenen, in Richtung Freitreppe weit auskragenden Flachdach abgeschlossen wird. Darunter kragt ein Teil des obersten Geschosses unsymmetrisch über den Eingangsbereich.

▲ Die Empfangshalle im hohen Lichthof

▼ Der Erlweinspeicher gegen Ende der DDR

Seine Bodenplatte ruht auf geraden Stützen – das riesige Vordach jedoch auf dynamisch wirkenden, schräg gestellten Stützen. Auch innen setzt sich die schiefe Ebene fort und erzeugt hier ein recht ungewöhnliches, aber trotzdem ansprechendes Raumgefühl. Dieser luftig-transparente Bau antwortet auf den ähnlich transparent daherkommenden Landtag, und wie dieser wendet er sich mit seiner Schaufassade der Elbe zu. Das ICCD wirkt aber durch seine sehr freie Formgebung beschwingter als der Landtag Kulkas. Auf dem „Schiffsdeck" kann man um das gesamte Gebäude herumlaufen und dabei die sich ständig verändernden Ansichten auf sich wirken lassen. Das Schiffsmotiv des skulpturalen Bauwerks ist der hier in einem eleganten Bogen vorbeifließenden Elbe und der Historie dieses Gebiets als Ausschiffungsplatz geschuldet. Wie bei vielen Bauten des 21. Jahrhunderts dominiert am ICCD ein neutrales Grau, kontrastierende Farbakzente fehlen. Jedoch wird im Inneren sehr gekonnt mit verschiedenen Farben umgegangen. Auch das ICCD spielt sich nicht als Höhendominante auf, sondern fügt sich mit seiner entlang des Elbufers gestreckten Form gut in das Uferszenario ein. Eine interessantere Gestaltung der Wege, Plätze und Grünanlagen rings um das ICCD könnte jedoch den Gesamteindruck noch steigern.

Von der Elbe aus sieht man aus unterschiedlichen Blickwinkeln ein kubisches, in grünlichen Farbtönen leuchtendes Gebäude im Hintergrund – das *Haus der Presse* (siehe Seite 217). Dieses 46 Meter hohe, 13-geschossige Redaktionsgebäude wird zusammen mit Flachbauten für Verlags- und Druckereiaufgaben im Jahr des Mauerbaus, also 1961 errichtet. Die beim Bauen in der frühen DDR

KLEINOSTRA 215

▲ Das Internationale Kongresszentrum Dresden – englisch ICCD

▼ Spiegelungen auf der schiefen Ebene, links der Plenarsaal des Sächsischen Landtags, dahinter die Türme der Altstadt

gültige *Nationale Tradition* gehört mit diesem Ensemble endgültig der Vergangenheit an. Denn der hochmoderne Komplex inmitten von parkähnlichen Freiflächen könnte ohne weiteres auch in einer westlichen Stadt Platz finden – Architekturhistoriker ordnen ihn dem *Internationalen Stil* zu. Wolfgang Hänsch und Herbert Löschau liefern die Pläne für das aufgelockerte Ensemble. Seinerzeit plant man für das Gebiet der Kernstadt und auch für das Elbufer mehrere, zum Teil sogar noch höhere Bauten. Diese Pläne sind Ausdruck eines unreflektierten Fortschrittsglaubens. Man träumt von einer modernen, sozialistischen Großstadt. Die Hybris der Machthaber, die sich als „Sieger der Geschichte" sehen, lässt die historisch gewachsene Stadt völlig außer Acht. Doch glücklicherweise sorgt die wirtschaftliche Schwäche der DDR dafür, dass die meisten der geplanten Bau-

Das Haus der Presse mit seinen Nebengebäuden

sünden unterbleiben. Spätestens nach den schweren Hochwasserschäden des Jahres 2002 ist eine grundlegende Sanierung (Konzept: Martin Seelinger) erforderlich. Die technisch veraltete Druckerei wird abgerissen und auf ihrer Fläche ein Parkplatz angelegt. Das Redaktionsgebäude bekommt eine neue, kupfergrün getönte Außenhaut aus mit typografischen Motiven bedrucktem Glas – sie verleiht der Fassade einen fast schon immateriell wirkenden Charakter. Die restlichen Flachbauten erhalten dazu passend eine ocker-orangefarbene Fassade. Hänsch jedoch distanziert sich von dieser Umgestaltung, er nennt sie „Verpackungsarchitektur". Die Neon-Leuchtbuchstaben „HAUS der PRESSE", die ursprünglich am Hochhaus prangen, werden abgenommen und in Vitrinen am Fußweg vor dem Haus aufgestellt.

Die einst am Hochhaus befestigte Leuchtschrift steht heute am Fußweg

KLEINOSTRA

DIE LEIPZIGER VORSTADT UND DER NEUSTÄDTER BAHNHOF

An der Marienbrücke beginnt ein großzügiger Elbbogen, hervorgerufen durch den Schwemmkegel der Weißeritz, die hier einst linkselbisch mündet. Am rechten Elbufer liegen die Stadtteile *Leipziger Vorstadt*, *Pieschen*, *Mickten* und *Übigau*. Sie befinden sich auf der Heidesandterrasse, die im Norden langsam zur Hochebene der Lausitzer Platte und weiter westlich zu den Lößnitzhöhen ansteigt. Letztere gehören bereits zur Nachbarstadt Radebeul. Der kleine, nordwestlich an die Neustadt angrenzende Stadtteil heißt *Leipziger Vorstadt*, denn hier befindet sich der Leipziger Bahnhof. Auch anderweitig prägt die Eisenbahn das Gebiet – zahlreiche Industriebetriebe siedeln sich wegen günstiger Transportmöglichkeiten hier an. Während der DDR-Zeit verfällt die Bausubstanz der Leipziger Vorstadt. Was noch zu retten ist, wird nach 1990 saniert. Inzwischen ist die Lärm und Schmutz verursachende Industrie in andere Gegenden der Welt abgewandert, was das Wohnumfeld hier deutlich aufwertet.

Der Packhof-Kai in Kleinostra gerät schon bald an seine Kapazitätsgrenzen. So legt man bis 1852 hinter der Marienbrücke einen neuen Hafen an. Der rund 300 Meter lange Kai bietet Eisenbahnanschluss, auch Fuhrwerke können be- und entladen werden. Der Hafen hat einen größeren Abstand zu bewohntem Stadtgebiet, deshalb ist sogar der Umschlag von Gefahrgütern zugelassen, wie zum Beispiel brennbarer Flüssigkeiten. Und für die Betriebe im nahe gelegenen Industriegebiet ist er ideal. 1864 siedelt sich am

Der Hafen an der Marienbrücke mit seiner geschwungenen Kaimauer

Kai die *Dresdner Maschinenfabrik und Schiffswerft* an. Es werden Personenschiffe gebaut und repariert, außerdem Schlepp- und Kettendampfer, Fähren, Schwimmbagger und Motorschiffe. Sogar ein recht exotisches Wassergefährt läuft hier vom Stapel – ein kleines, von einer Dampfmaschine angetriebenes U-Boot. Mit dem Fortschreiten der industriellen Revolution ist 1872–76 ein Hafenausbau auf 380 Meter Länge und 70 Meter Breite erforderlich. Dampfkräne werden installiert und Lagerhallen gebaut – bis zu 40 Schiffe finden hier Platz und können ihre Güter umschlagen. Ab 1889 ist der Hafen Winterliegeplatz für die Schiffe der Sächsischen Dampfschifffahrt. 1906 zieht die Schiffswerft nach Übigau um. Zwei Schiffe haben heute hier ihren ständigen Liegeplatz: Eines gehört dem CVJM, das andere ist das Passagierschiff *Pöppelmann*. Auf ihm kann man in Kajüten übernachten. Außerdem wird an der geschwungen verlaufenden Kaimauer ein kleiner Bereich als Sportboothafen genutzt. Ein Teil der Gebäude und Anlagen hat die Zeiten überstanden, darunter ein Kran auf einem Stahlbetonsockel in der Nähe des Elbufers. Die Gebäude vermitteln einen nostalgischen Eindruck ehemaliger Betriebsamkeit und stehen seit 1993 unter Denkmalschutz. Doch ein Investor erreicht 2019, dass sie abgerissen werden dürfen, um Neubauten Platz zu machen.

1839 geht die erste Ferneisenbahn Deutschlands in Betrieb, sie verbindet die Städte Dresden und Leipzig. Maßgeblicher Planer dieser Eisenbahnstrecke ist der sächsische Ingenieur und Geheime Baurat Theodor Kunz. Gegenüber dem Postkutschenzeitalter schrumpft die Reisezeit zum wichtigen Handelsplatz Leipzig schlagartig von zwei Tagen auf wenige Stunden. Ganz eilige Reisende nutzen morgens den ersten Zug, erledigen ihre Geschäfte und kehren am selben Tag mit dem letzten Zug zurück – eine unvorstellbare Mobilitätsrevolution. Gustav Hörnig entwirft die an der Leipziger Straße gelegenen Bahnhofsbauten im Stil des Klassizismus. Sie zeigen symmetrische Putzfassaden mit Sandsteingliederungen, Kolonnaden verbinden die Einzelbauten untereinander. 1857 werden Erweiterungsbauten nahe der Straße nach Großenhain ergänzt, 1872 kommen an der Leipziger Straße Bauten für den Güterumschlag hinzu. Den Personenverkehr am Leipziger Bahnhof stellt man nach dem Bau des Neustädter Bahnhofs ein und wickelt hier fortan nur noch Ortsgüterverkehr ab. Nach dem Bombenangriff 1945 ist die Hälfte der bis dahin noch erhalten gebliebenen Bauten zerstört. Die brauchbaren Gebäude werden provisorisch repariert und weiterhin genutzt – die anderen reißt man ab.

Nur acht Jahre nach der Eröffnung der Eisenbahnstrecke Dresden-Leipzig entsteht ein zweiter Bahnhof für die Fernstrecke Dresden-Radeberg-Görlitz, *Schlesischer Bahnhof* genannt. Doch warum erweitert man dafür nicht einfach den schon vorhandenen Leip-

Ein Erweiterungsbau des Leipziger Bahnhofs nahe der Großenhainer Straße

DIE LEIPZIGER VORSTADT UND DER NEUSTÄDTER BAHNHOF

Der Bahnhof Dresden-Neustadt mit seiner Glaspyramide über der Empfangshalle

ziger Bahnhof? Anfangs werden die einzelnen Bahnstrecken von privaten Eisenbahngesellschaften betrieben und da will jeder Profit für sich alleine machen. An den Endpunkten der Strecken entstehen fast nur Kopfbahnhöfe. Doch der Schlesische Bahnhof ist als Durchgangsbahnhof konzipiert. Man sieht schon die spätere Verbindung über die Marienbrücke mit dem *Böhmischen Bahnhof* (Vorgänger des heutigen Hauptbahnhofs) für die 1848 in Betrieb genommene Strecke Dresden-Bodenbach (später bis Prag) voraus. 1852 ist es so weit, die ersten Züge fahren über die Marienbrücke. Erst nach der Verstaatlichung der einzelnen Eisenbahngesellschaften zwischen 1888 und 1901 zu den *Königlich Sächsischen Staatseisenbahnen* werden der Leipziger und der Schlesische Bahnhof zusammengelegt. 1901 entsteht an Stelle des Schlesischen Bahnhofs der *Neustädter Bahnhof*. Auf Anraten der verantwortlichen Ingenieure Otto Klette und Claus Köpcke werden zwischen 1890 und 1901 alle Strecken im bebauten Stadtgebiet erhöht geführt, so dass der Straßenverkehr ungehindert durch Unterführungen fließen kann. Dieses umzusetzen, ist ein gigantisches Verkehrsinfrastrukturprojekt. Alle Gleise in der 143 Meter langen, dreischiffigen Bahnhofshalle des Neustädter Bahnhofs liegen von Anfang an erhöht. Im Jahr 1920 werden dann per Staatsvertrag alle Staatseisenbahnen der Weimarer Republik zu den *Deutschen Reichseisenbahnen* vereinigt. Der nach Plänen von Osmar Dürichen errichtete Neustädter Bahnhof hat eine mit glatten Sandsteinplatten verkleidete Fassade, die von zwei mächtigen, über die Traufkante hinausreichenden Rundbogenportalen dominiert wird – sie lassen Anklänge an vom Jugendstil beeinflusste Formauffassungen erkennen.

Blick über die Gleise in Richtung Marienbrücke. Hinter den Oberleitungen ist die Kuppel der Yenidze zu sehen.

Blick schräg nach oben zur Lichtöffnung in der Empfangshalle

Auf Postamenten stehende Doppelsäulen mit ionischen Kapitellen rahmen die drei hohen Rundbogenfenster zwischen den Portalen. Die Säulen tragen in klassischer Manier das profilierte Gebälk mit dem Hauptgesims – es ist umlaufend und mit kräftigem Zahnschnitt versehen.

Die große Eingangshalle bekommt zusätzlich Licht von oben – ein weithin sichtbarer, pyramidenförmiger Glasaufsatz macht es möglich. Einige Metallgitter am Gebäude zeigen Jugendstilornamente – die Bauzeit um die Jahrhundertwende lässt grüßen. Besonders die Deckenmalerei der 52 Meter breiten, 30 Meter tiefen und 17 Meter hohen Eingangshalle steht dem Jugendstil nahe. 1945 brennt die Eingangshalle aus, sonst gibt es aber nur kleinere Schäden. In der Nachkriegszeit wird der Neustädter Bahnhof nur so weit repariert, dass er wieder genutzt werden kann. Eine umfassende Renovierung findet erst nach 1990 statt.

1835 gründet Franz Ludwig Gehe die Drogerie- und Farbwarenhandlung Gehe & Co. Der Betrieb entwickelt sich recht erfolgreich, er hat zahlreiche Niederlassungen in Deutschland und Europa. Vor dem Zweiten Weltkrieg beträgt der Umsatz etwa 20 Millionen Reichsmark. 1909 kann das neue Handelsgebäude direkt gegenüber dem Leipziger Bahnhof eingeweiht werden. In Richtung Elbe befinden sich die ausgedehnten Produktionsstätten. Bei der Bombardierung Dresdens werden rund 80 % der Firmengebäude zerstört. Das Handelsgebäude verliert sein Dach und einen Teil der linken Gebäudehälfte. Nach 1945 wird das Werk enteignet, die Hauptverwaltung zieht nach München um. 1874 gründet der Chemiker Friedrich

Die Leipziger Vorstadt und der Neustädter Hafen vom Ostragehege aus gesehen. Der Schornstein gehört zum Arzneimittelwerk Menarini von Heyden. Ganz rechts im Hintergrund der Turm der Dreikönigskirche

von Heyden in Radebeul eine chemische Fabrik – auch sie wird 1945 enteignet. Während der DDR-Zeit kommen Kombinate in Mode – wenn man so will sind es Pendants zu westlichen Konzernen. Aus beiden vorgenannten Betrieben und einigen anderen Firmen wird der *VEB Pharmazeutisches Kombinat GERMED* gebildet, wobei der Dresdner Ableger zum Zentrum der Arzneimittelforschung der DDR avanciert. Nach 1990 löst man das Kombinat auf, seine Teile werden privatisiert und wechseln mehrfach den Besitzer. 2006 übernimmt die italienische *Menarini*-Gruppe die Sparte der Arzneimittelherstellung. Anknüpfend an historische Wurzeln gibt sie sich den Namenszusatz *von Heyden*.

Bevor in der Gründerzeit das rasante Wachstum der Bevölkerung Dresdens einsetzt, wird die Stadt vom Kuttelhof in der Wilsdruffer Vorstadt mit Fleisch- und Wurstwaren versorgt. Doch nun muss ein größerer Schlachthof her. Man wählt das Gelände einer alten militärischen Schanzenanlage in der Leipziger Vorstadt, trägt diese ab und erbaut ab 1873 einen großen, städtischen Schlachthof. Doch bereits kurz nach 1900 gerät er, trotz ständiger Erweiterungen, an seine Kapazitätsgrenzen und wird 1910 vom Neuen Schlachthof auf dem Ostragehege abgelöst. Seither nennt man das historische Ensemble *Alter Schlachthof*. Inzwischen steht ein Teil seiner Gebäude unter Denkmalschutz. Nach 1990 betätigt sich Bernd Aust von der DDR-Rockband *Electra* als Konzertagent. Er lässt Teile des Alten Schlachthofs für Konzerte und Veranstaltungen umbauen. Der große Saal fasst 2 500 Besucher, die kleine Halle rund 1 000.

Besonders ansprechend ist ein recht nobler, als Clubhaus genutzter Bau gestaltet. Drei kolossale Arkadenbögen öffnen den Mittelteil der Fassade, die von zwei Eckrisaliten mit Dreiecksgiebeln gerahmt wird.

▲▲ Das Handelsgebäude der Drogerie- und Farbwarenhandlung Gehe & Co. an der Leipziger Straße

▲ Die für Konzerte und Veranstaltungen genutzte Doppelhalle des Alten Schlachthofs – laut Inschriften 1889/90 erbaut

◀ Ein Clubhaus neben der Doppelhalle des Alten Schlachthofs

PIESCHEN, MICKTEN UND DIE KADITZER FLUTRINNE

Der ursprünglich sorbische Ort am Bogen der Elbe heißt *Pesczen*. Das lässt sich mit dem altsorbischen *pesk* für Sand in Verbindung bringen, was zur Lage auf der Heidesandterrasse passt. Einst leben hier vor allem Bauern, Winzer, Fischer, Gärtner und Häusler. Doch mit der industriellen Revolution und insbesondere mit dem Bau der Ferneisenbahn ändert sich das ländliche Leben radikal. Recht weit vom Stadtzentrum entfernt siedeln sich zwischen dem Leipziger Bahnhof und dem Hubertusplatz mehrere Fabriken an. Zwischen den Industriebetrieben wachsen Mehrfamilienhäuser in geschlossener Bebauung in die Höhe – für die zahlreichen schlecht bezahlten Arbeiterfamilien, die in engen, primitiv ausgestatteten Wohnungen unterkommen müssen. Schornsteine sprießen aus dem Häusermeer und blasen ihre rußgeschwängerten Abgase in die Luft – wir können uns ein solches Ausmaß an Luftverschmutzung heute kaum noch vorstellen. Während der DDR-Zeit verfällt die in die Jahre gekommene Bausubstanz des Arbeiterviertels mehr und mehr und soll zum „planmäßigen Absterben" gebracht werden – man nennt das „leergewohnt". In den 1980ern ist jedes zehnte Gebäude baupolizeilich gesperrt, jedes dritte unbewohnt, einzelne stürzen sogar ein. Selbst die Dächer der noch bewohnten Häuser sind undicht, Schwamm und Schimmel durchsetzen die Bausubstanz. Der zyni-

Elbansicht von Pieschen mit seiner Molebrücke

Pieschener Hafen, im Hintergrund die Frauenkirche, rechts der Elbradweg

sche Spruch „Ruinen schaffen ohne Waffen" macht die Runde. Geplant ist in Pieschen der Bau mehrerer Hochhäuser mit bis zu 24 Stockwerken, erschlossen durch eine neue Verkehrstangente. Es kommt jedoch anders. Denn in den 1980ern fehlt bereits die Kraft zum Abriss und vor allem zu etwas Neuem. 1991 wird Pieschen mit einer Fläche von 45 Hektar zum zweitgrößten Sanierungsgebiet Dresdens. Inzwischen ist aus dem „Ruinenviertel" wieder ein attraktiver und wohnlicher Stadtteil geworden. Aber im Bereich der alten Industriegelände gibt es noch immer einige abenteuerlich anmutende Brachen mit Ruinen und Schuttbergen.

Idyllisch schmiegt sich der Pieschener Hafen an das Elbufer. Mit der Verbreitung von Ofenheizungen in den Mietwohnungen und Dampfmaschinen in der Industrie wird Kohle zum wichtigsten Energielieferant. Bis 1859 lässt die sächsische Staatsregierung den etwa 500 Meter langen und 30 Meter breiten Hafen mit seinem schützenden Hafendamm bauen, um vor allem Kohle umschlagen zu können. Inzwischen hat die Kohle ihre damalige Bedeutung verloren. Das Wasser- und Schifffahrtsamt Dresden, aber auch Freizeit-

▸ Die Pieschener Molebrücke mit ihrem hoch aufragenden Pylon

▾ Blick über die Fahrbahn der Molebrücke auf die Türme der Altstadt

kapitäne mit ihren Sportbooten sind die neuen Nutzer des Hafens.

Seit 2010 gibt es eine ansprechend gestaltete Brücke über die Hafeneinfahrt – sie ist ausschließlich für Fußgänger und Radfahrer auf dem rechtselbischen Uferweg bestimmt. Im gesamten Dresdner Stadtgebiet ist er seitdem durchgängig nutzbar. An einem hoch aufragenden Pylon am Pieschener Ufer sind Stahlseile befestigt, welche die Brückenbahn tragen. Beim Betreten der Brücke (Bild rechts unten) erscheint am Horizont die Hofkirche und rechts daneben der Hausmannsturm, der den Turm des neuen Rathauses halb verdeckt. Ganz rechts taucht der Turm der Kreuzkirche auf. Das längere Stück der Brückenbahn endet auf der Hafenmole, hier setzt sich der Elbradweg fort. Bis 1995 ist eine Fähre zwischen dem zur Friedrichstadt gehörenden Ostragehege und Pieschen in Betrieb. Ihre Pieschener Station liegt flussabwärts nahe der heutigen Molebrücke. Weil es diese Fähre leider nicht mehr gibt, müssen Fußgänger und Radfahrer zwei Kilometer Umweg bis zur Marienbrücke oder 2,5 Kilometer bis zur Flügelwegbrücke in Kauf nehmen, um den nächsten Elbübergang zu erreichen.

Der Dresdner Braumeister Gottlob Wilhelm Hübel ersteigert 1811 das direkt am Elbufer befindliche Anwesen des überschuldeten Branntweinbrenners Johann Gottlob Dietzen (siehe Seite 226). Wenig später wird eine Wirtsstube eingerichtet – mit einer Schankerlaubnis für Bier, Wein und Branntwein. 1838 kauft der Dresdner Bierbrauer Carl Joseph Watzke das Wirtshaus und nennt es *Watzkes Bier- und Gartenrestaurant*. Das Geschäft floriert und die Watzkes wollen auch am damaligen Boom der Ballhäuser teilhaben. Nach jahrelangem Streit mit den Behörden bekommen sie schließlich die Erlaubnis, das alte Gebäude durch einen Neubau mit großem Ballsaal zu ersetzen. Architekt Benno Hübel errichtet bis 1899 auf unregelmäßigem, fünfeckigen Grundriss einen Backsteinbau aus ockergelben Klinkern im gestalterischen Mix aus deutscher Neorenaissance, Neobarock und Jugendstil. Im Inneren beeindruckt besonders der im Obergeschoss gelegene Ballsaal mit Bühne, Säulen in Marmorimitation und einem großen Deckengemälde. Watzkes Ballhaus dient in beiden Weltkriegen als Soldatenunterkunft.

Die Elbseite vom Ballhaus Watzke, links der Biergarten unter dem hölzernen Altan vor dem Festsaal

Nach 1945 wird hier wieder getanzt, aber auch Konzerte, Theateraufführungen, Varietés und Sportveranstaltungen finden statt. In den 1950er Jahren nutzt der Großhandel den Bau als Lagerraum. Noch bis 1993 wohnt eine Enkelin der Watzkes in dem inzwischen stark heruntergekommenen Haus. Ein Münchner Rechtsanwalt kauft das Anwesen, 1996 wird es von der *Ballhaus Watzke GbR* denkmalgerecht renoviert. Auch der Ballsaal erhält seine ursprüngliche Form zurück und strahlt wieder das Flair der Blütezeit vor dem Ersten Weltkrieg aus. Im Erdgeschoss wird heute ein Restaurant mit Hausbrauerei betrieben, ein Biergarten mit großen, alten Bäumen schließt sich westlich an und bietet einen grandiosen Blick über die Elbe auf die Altstadtsilhouette.

Die Gemeindeverwaltung im alten Schulhaus hat durch das explosionsartige Wachstum der Pieschener Bevölkerung viel zu wenig Platz. Leben 1871 insgesamt 1 700 Einwohner in Pieschen, so sind es 1890 schon 12 400. Nach einem Wettbewerb bekommt die damals gerade ein Jahr bestehende Architekten- und Baufirma Schilling & Gräbner ihren ersten Großauftrag – den Bau eines Rathauses mit Platz für einen Ratskeller, die Reichspost, die Polizei, das Standesamt, einen Sitzungssaal, Büros und Wohnungen unter dem Dach. Repräsentative Bauten die-

Das Pieschener Rathaus, auch *Pieschener Schloss* genannt

Das Einkaufszentrum Mickten im alten Straßenbahnhof

Die große Wagenhalle des Micktener Straßenbahnhofs kurz nach dem Ende der DDR

ser Zeit orientieren sich meist an der durch Semper in Dresden eingeführten italienischen Renaissance. Doch Schilling & Gräbner setzen bewusst eigene Akzente. Sie verwenden Motive der deutschen Renaissance und fühlen sich nicht an die strengen Symmetrievorgaben italienischer Provenienz gebunden. 1891 entsteht auf L-förmigem Grundriss ein Klinkerbau mit Sandsteingliederungen, wegen seiner überwältigenden Gestaltung liebevoll *Pieschener Schloss* genannt. Es macht Freude, die vielen harmo-

Ehemaliges Verwaltungsgebäude der Straßenbahn an der Leipziger Straße

Das noble Sitznischenportal des ehemaligen Verwaltungsgebäudes der Straßenbahn

nisch aufeinander abgestimmten Details zu betrachten – das repräsentative Sitznischenportal unter dem Balkon, die gekoppelten Fenster im Mittelrisalit, die über Eck gestellten und sich auf eine Säule stützenden Rundbogenöffnungen für die seitlichen Eingänge, die oktogonalen Eckerker mit ihren schlanken Fenstern, die reich geschmückten Brüstungsfelder und Fensterverdachungen, die geschweift-getreppten Giebel mit ihren bekrönenden Obelisken, die schiefergedeckten Dachgauben und Helme der Ecktürme mit ihren kupfernen Spitzen, den hohen Dachreiter mit seiner zweigeschossigen Laterne und das filigrane Firstziergitter. Nur sechs Jahre später wird Pieschen nach Dresden eingemeindet und das Rathaus verliert seine Hauptfunktion. Während der DDR-Zeit verfällt der Bau. Erst nach einer gründlichen Renovierung erstrahlt das Rathaus seit 1994 wieder wie neu, auch seinen im Krieg zerstörten Dachreiter hat es nun wiederbekommen. Rechts neben dem Rathaus ist ein altes Bauernhaus des ursprünglichen Dorfs erhalten geblieben. Sein Nachbar ist ein im 21. Jahrhundert entstandenes Wohn- und Geschäftshaus. So zeigt sich Pieschen hier mit benachbarten Gebäuden aus drei Jahrhunderten.

Westlich schließt sich Neumickten an Pieschen an. Während der Gründerzeit wächst Pieschen rund um seinen alten Ortskern, doch Mickten besiedelt ein Gebiet abseits des ursprünglichen Dorfs. Mit dem großstädtischen Wachstum muss auch die Straßenbahn mithalten (siehe Seite 227). Bereits 1882 bekommt Neumickten einen Straßenbahnanschluss. Bis 1897 entsteht ein Straßenbahnhof, der zusätzlich an die Lößnitzbahn angeschlossen wird – die Schmalspurbahn zwischen Mickten und Radebeul. In Neumickten wird zusätzlich ein prachtvolles Verwaltungsgebäude der Verkehrsbetriebe errichtet, es erinnert in seiner noblen Ausstrahlung fast schon an ein Rathaus. Gegen Ende der DDR ist der Micktener Straßenbahnhof mit seinen Fahrzeughallen und Werkstätten dem Verfall preisgegeben – undichte Dächer und kaputte Scheiben bieten der Natur Gelegenheit, sich das Areal zurückzuerobern. Nach 1990 und dem Siegeszug der Konsumgesellschaft fehlen entsprechende Einkaufszentren. 2009 reißt man die Werkstätten ab, die baufälligen Reste der denkmalgeschützten Wagenhalle werden – unter Beibehaltung der Kubatur – zu einem Zentrum mit Einkaufsmöglichkeiten und Gastronomie umgebaut. Sogar eine Uhr gibt es wieder, jedoch verzichtet man auf die ursprüngliche Rustizierung der Lisenen und Ecksäulen. In das sorgfältig renovierte Verwaltungsgebäude ziehen verschiedene Dienstleister und Büros ein. Einige ehemalige Straßenbahndepots in anderen Stadtteilen werden ebenfalls für andere Aufgaben

Historistische Villa an der Kötzschenbroder Straße, davor die nach dem Hochwasser von 2002 errichtete Schutzmauer

umgebaut – manche jedoch reißt man ab. Elbabwärts führt vom Ballhaus Watzke aus die Kötzschenbroder Straße am Ufer entlang in Richtung Kaditzer Flutrinne. Hier steht eine historische Villa mit unverbaubarem Blick auf die Elbe und das Ostragehege. Der Architekt nutzt zwar klassische Elemente wie Gesimse, Fensterverdachungen und Zahnschnittfriese, bricht jedoch mit den überkommenen Symmetrie- und Achsprinzipien. Die Elbfassade zeigt links einen Turm mit geschweifter Haube und obeliskartigem Aufsatz. Dann folgt eine Rücklage mit Altan – oben zwei- und unten einachsig. Die Vorlage rechts zeigt am Obergeschoss einen mittigen Dreieckserker. Statt der seitlichen Fenster sind jedoch nur Spiegel im Verputz angedeutet. Das Erdgeschoss ist hier zweiachsig. Auch die rechte Fassade verstößt gegen die Symmetrie und die klassische, achsenweise Anordnung der Fenster.

Die gewaltigen Hochwasser der Elbe bringen immer wieder Leid und Zerstörung. 1845 steigt das Wasser bis zum Wilden Mann, überflutet also mehr als einen Kilometer breit die Leipziger Vorstadt sowie das Pieschener und Trachauer Siedlungsgebiet. Nach dem Ersten Weltkrieg herrscht extrem hohe Arbeitslosigkeit. Diese Situation wird genutzt, um ab 1918 mit vieler Hände Arbeit eine Flutrinne durch Micktener und Kaditzer Flur zu graben. Bis 1921 entsteht eine 40 Meter breite und 2 700 Meter lange Flutrinne, sie folgt dem Verlauf eines alten Elbarms. Bei Hochwasser bildet sie einen „Bypass" für die südlich verlaufende Elbschleife und sorgt für ein schnelleres Abfließen der Wassermassen. Außerdem werden dadurch andere Flächen auf den Elbwiesen hochwasserfrei und als Bauland nutzbar. Da der Querschnitt der Flutrinne als nicht ausreichend angesehen wird, verbreitert man sie bis 1927 auf rund 120 Meter. Nachteil: Diese Flutrinne trennt

▲▲ Der Elbbogen bei Pieschen, ganz links der Strand des Ostrageheges, im Hintergrund der Einlauf der Kaditzer Flutrinne mit der Brücke für die Sternstraße

▲ Die Brücke für die Washingtonstraße

▶ Die Brücke für die Autobahn

▲ Das Platzgassendorf Altmickten

▼ Blick von der Sternstraße in die Scharfenberger Straße von Altmickten

Alt- und Neumickten. Bei einem Elbpegel von weniger als 550 cm lässt sie sich zwar noch zu Fuß durchqueren. Doch bei höheren Pegelständen wird das Areal, auf dem sich das Industriegebiet samt Klärwerk Kaditz, das Dorf Übigau und die südlichen Teile von Mickten befinden, zur Insel. Deshalb baut man 1927 eine Brücke für die Sternstraße, die Washingtonstraße bekommt eine weitere Brücke. Noch weiter westlich, an der Grenze zur Kaditzer Flur, quert seit 1936 die Autobahn erst die Elbe und dann die Flutrinne. Aber beim Jahrhunderthochwasser 2002 reicht selbst die verbreiterte Flutrinne nicht aus – Pieschen, Mickten, Übigau und Kaditz stehen erneut unter Wasser.

An der südlichen Ecke der Kaditzer Flutrinne liegt das Platzgassendorf Altmickten, seine Scharfenberger Straße führt zur Sternstraße am Brückenkopf der Flutrinnenbrücke. Sehr schön ist die spätmittelalterliche Dorfstruk-

tur mit den liebevoll renovierten, giebelständigen Bauernhäusern zu erkennen. Der mittige Platz dient einst als Weide für die Tiere der Dorfbewohner. Heute ist die Rasenfläche von alten Bäumen bestanden, die im Sommer Schatten spenden.

Die moderne Bebauung an der Nordseite der Kaditzer Flutrinne ist ein Kontrastprogramm zur auf das späte Mittelalter zurückgehenden Bebauung von Altmickten. 1998 wird die leicht gekrümmte Straße mit dem treffenden Namen *An der Flutrinne* beidseitig bebaut. Richtung Flutrinne sind es Wohnhäuser, an der Nordseite Büro- und Geschäftshäuser. Zu den Planern gehören Manfred Arlt, Elisabeth und Fritz Barth sowie Carsten Lorenzen. Auffällig sind die großen, weit überstehenden Flachdächer über den Baublöcken. Der Raum darunter ist teilweise offen und nur durch ein Geländer begrenzt – hier ruhen die Dächer auf Stützen. Richtung Flutrinne ist das Areal mit kleinen, zweigeschossigen, flach gedeckten Ein- und Zweifamilienhäusern bebaut. Sie sind großzügig in der weitläufigen Grünanlage vor dem Flutrinnendamm verteilt, in der es auch einen Abenteuerspielplatz gibt.

▲▲ Ausschnitt aus der nördlichen Bebauung entlang der Straße *An der Flutrinne* mit einem überdachten Durchgang und komplett verglasten Balkonen

▲ Die leicht gekrümmte Kontur der Wohn- und Geschäftshäuser links und rechts der Straße

▶ Die zur Flutrinne zeigenden Fassaden. Das Areal bis zum Flutrinnendamm ist mit Einzelhäusern bebaut.

ÜBIGAU MIT SEINEM SCHLOSS UND DER ALTEN WERFT

Kabinettsminister Jakob Heinrich von Flemming beauftragt den schwedischen Architekten und Festungsbaumeister Johann Friedrich Eosander von Göthe mit dem Bau eines zweigeschossigen Barockschlosses. Es steht in einer großzügigen Parkanlage am Ufer der Elbe. Am gegenüberliegenden Ufer endet eine heute noch etwa 500 Meter lange Allee mit alten Bäumen. Sie weist, ähnlich wie die Kastanienallee der Maillebahn beim Lustschloss Pillnitz, in Richtung Residenz. Das 1725 erbaute Schloss hat einen rechteckigen Grundriss. Im Erd- wie im Obergeschoss dominieren großzügige Rundbogenöffnungen, oben bilden sie eine Loggia in Form einer offenen Arkadenhalle. Das getreppte Dach über dem Zahnschnitt-Kranzgesims ist allseitig abgewalmt. Bereits 1726 kauft August der Starke auch dieses Schloss. Dadurch erspart er sich das umständliche und für einen barocken Herrscher sicherlich lästige Einholen von Genehmigungen der Ständeversammlung – Parallelen zur Geschichte des Japanischen Palais sind unverkennbar. Auch an diesem Schloss wird ein kleiner Gondelhafen mit einer doppelläufigen Freitreppe zur Gartenanlage angelegt, denn Schloss Übigau gehört als *Persianisches Schlösschen* zum sächsischen *Canale Grande*. Der Garten ist für barocke Vergnügungen gut gerüstet: Terrassen und Treppen, kleine Pavillons, Laubengänge, eine Orangerie und ein Wasserbassin bieten seinerzeit

Die Hochwasserschutzmauern am rechten Elbufer. Sie reichen von Altmickten bis zur Übigauer Werft.

reichlich Möglichkeiten für ausschweifende Feste. Doch diese Accessoires gibt es heute nicht mehr. Denn das Übigauer Schloss steht unter keinem guten Stern. August III. nutzt es zunächst zur Unterbringung der Prinzenfamilien. Im Siebenjährigen Krieg wird es von verschiedenen Truppen besetzt und verfällt danach weiter. Hier wohnt nun, ganz allein, nur noch der Gärtner. Er darf ein Gartenlokal eröffnen, das prompt regen Zuspruch findet. Gegen Ende des 18. Jahrhunderts fügt man einen unpassenden Dachaufbau an der Elbseite hinzu – seine Stichbogenfenster und der flache Dreiecksgiebel wollen nicht so recht mit dem Dach, der barocken Fassade und den Rundbogenarkaden harmonieren. In den Wirren der Napoleonischen Kriege wird das Schloss 1813 geplündert und seine Inneneinrichtung verwüstet.

Zu Beginn der industriellen Revolution gründet der umtriebige Ingenieur Johann Andreas Schubert die *Actien-Maschinen-Bau-*

▲ Blick von Altübigau zurück nach Altmickten

▼ Schloss Übigau mit seiner Freitreppe zur Elbe vom Ostragehege aus gesehen

Anstalt zu Uebigau. Im Schloss kommt ab 1836 die Verwaltung unter und auf dem südlichen Nachbargrundstück werden Fabrikgebäude errichtet. Schubert baut 1837 das erste sächsische Elbdampfschiff *Königin Maria* und 1839 die erste sächsische Dampflokomotive *Saxonia*. Trotz aller Innovationen geht die Firma schon 1841 in Konkurs. Zur Raumgewinnung wird 1854 die allseitig umlaufende Loggia am Obergeschoss mit Fenstern verschlossen, nur die Elbseite bleibt weiterhin offen. Ab 1877 nutzt die *Kettenschleppschiffahrt AG* die Werftanlagen und das Schloss. Sie kauft 1885 Grundstücke hinzu, es entstehen weitere Schuppen und massive Industriebauten sowie eine Bauhelling mit sechsgleisiger Slipanlage. Später kommen eine Kesselschmiede und ein Dampfhammer hinzu. Noch einmal gibt es im Schloss eine Gastwirtschaft – von 1886 bis 1921 kann man in der *Schlossschänke* einkehren. Auch ein Arbeitersportverein nutzt das Schloss – bis er von den Nazis verboten wird. Dann hat in der Werft die Rüstungsindustrie das Sagen. Die Bombardierung und die Kriegswirren verursachen nur leichte Beschädigungen am Schloss. Doch der Verfall geht auch während der DDR-Zeit weiter. An-

▲ Blick zum Schloss durch die Allee auf dem Ostragehege

◀ Die Süd- und die Westseite von Schloss Übigau

▼ Historische Industriegebäude der Werft

knüpfend an das 19. Jahrhundert zieht der *VEB Dampfkesselbau* hier ein. Renoviert wird nichts – man lebt von der Substanz, bis 1959 die Werft endgültig geschlossen wird. Auch nach 1990 bleibt das Schloss ungenutzt und steht leer. Ein Heidelberger Unternehmer kauft es 1999, doch bis 2018 hat sich noch nicht viel getan – Fenster sind vernagelt, die Dachrinnen sind schadhaft und der Putz bröckelt. Nur zeitweise nutzt eine Sommerwirtschaft einige Räume des Schlosses und Teile des Gartens. 2019 baut man im Erdgeschoss neue Fenster ein und entfernt die nicht zum Stil passenden Dachfenster. Es bleibt zu hoffen, dass der erneute Anlauf einer denkmalgerechten Renovierung Erfolg haben wird. Auf dem Gelände südlich vom Schloss befinden sich die Industrieanlagen der ursprünglichen Werft. Einige der Gebäude nutzt man bis heute – nur Dampfmaschinen oder ähnliche Produkte aus der Frühzeit der Industrialisierung sind nicht mehr im Sortiment. Das Haus mit seiner großen Leuchtschrift belegt die industrielle Nutzung auch während der DDR-Zeit. Erbaut für Schuberts Maschinenbauanstalt dient es später verschiedenen Firmen. Nach dem Ende des Zweiten Weltkriegs gibt es hier eine Zweigstelle des *VEB Transformatoren- und Röntgenwerks,* der mit seiner Trafohalle noch vorgestellt wird. Die meisten Gebäude werden heute wieder gewerblich genutzt,

Leerstehendes Gebäude mit DDR-Leuchtschrift, davor ein DDR-typisches Pförtnerhäuschen

dieser Bau aber steht seit vielen Jahren leer – doch zumindest sein Dach hat man repariert. Ein typischer DDR-Zweckbau ist übrigens das kleine Pförtnerhäuschen im Vordergrund.

Vor dem Werftgelände ist ein Drehkran als technisches Denkmal erhalten geblieben. Er stammt aus dem Jahr 1891 und wird – im Gegensatz zum Schloss – bereits 2005 sorgfältig renoviert. Sein Konstruktionsprinzip geht auf englische Kräne der 1850er Jahre zurück. Anfangs betreibt man ihn mit Muskelkraft und kann damit bis zu 25 Tonnen heben. 1903 wird er auf Elektroantrieb umgestellt, auch sein Gegengewicht wird erhöht. Nun bewältigt der Kran ohne schweißtreibende Betätigung bis zu 30 Tonnen. Mit seiner Hilfe werden einst die schweren Kessel und Dampfmaschinen der Schiffe ein- und ausgebaut.

Der historische Uferkran an der Hochwasserschutzmauer

DAS OSTRAGEHEGE

Nach den Marienbrücken verläuft die Elbe in einem großen Linksbogen, Ursache ist der Schwemmkegel der Weißeritz. Bereits in der Urkunde aus dem Jahr 1206, in der Dresden erstmalig aktenkundig wird, ist das Dorf *Oztrov* mit seinem Herrengut erwähnt. Der Name stammt vom altsorbischen *ostro* und bedeutet Flussinsel. 1568 lässt Kurfürst August das Kammergut Ostra anlegen. Die hier wohnenden Bauern siedelt er einfach um – auf vormals klösterliche Ländereien, die der Hof im Zuge der Reformation erhält. Die neue Siedlung heißt logischerweise *Neuostra*. Das zunächst vor allem als Jagdgrund genutzte Gelände wird 1669 als Hirschgarten eingehegt, daher der Name *Ostragehege*. Außerdem dient es als landwirtschaftliches Mustergut zur Versorgung des Hofes und der Stadt. Hier wird den Bauern „live" demonstriert, wie vorbildliche Landwirtschaft funktioniert. Eine Mauer schützt die *Churfürstliche Menagerie,* an der Friedrichstraße sind noch Reste davon zu besichtigen.

Die *Yenidze* sorgt seinerzeit für erhebliche Irritationen und ruft auch heute noch Verwunderung hervor. Dieses einer Moschee nachempfundene Gebäude hat gar nichts mit dem Islam zu tun – es ist die *Orientalische Tabak- und Zigarettenfabrik Yenidze,* benannt nach einem türkischen Tabak-Anbaugebiet. Hugo Zietz gründet 1886 eine Zigarettenfabrik, seine „Glimmstängel" sind sehr erfolgreich. Deshalb muss eine große Fabrik her. Sie soll in ihrer Erscheinung auch als Werbebotschaft dienen – die Lage in Altstadtnähe und unmittelbar an der Eisenbahnlinie bietet sich dafür geradezu an. Schon bald ziert das Bild der „Tabakmoschee" unzählige Zigarettenschachteln, Tabakdosen und Werbeplakate. Doch es gibt noch einen weiteren Grund für die ungewöhnliche Gestalt. In Altstadtnähe sind Fabriken mit hohen Schornsteinen verboten. An ein Minarettverbot haben die Beamten der Baubehörde jedoch nicht gedacht. So nutzt der clevere Fabrikant das hohe Minarett als Schornstein. 1907–12 wird das Gebäude in moderner Stahlbeton-Skelettbauweise mit Ziegelausfachung errichtet. Die aus unterschiedlichen Materialien bestehende Fassade mit ihren abwechslungsreich gestalteten Fenstern ist nur vorgeblendet. Kostbare Mosaiken schmücken das nach Nordwesten zeigende Hauptportal. Inspiration holt sich der Architekt Martin Hammitzsch bei der islamischen

Ein mit Ziervasen bekröntes Portal zur *Churfürstlichen Menagerie*

Die Yenidze mit ihrem hohem Minarett und der gläsernen Kuppel

▲ Mosaiken am Hauptportal

▼ Der märchenhafte Erzählraum unter der Kuppel

Architektur Ägyptens und bei osmanischen Bauwerken. Die Yenidze zeigt auch einzelne Jugendstilformen. Das begehbare Flachdach hat eine Brüstung aus Zinnen. Hier erhebt sich die beeindruckende Glaskuppel mit 17 Metern Durchmesser bis auf eine Gesamthöhe von 62 Metern – sie dient einst als Ruheraum für die Arbeiter. Auch sonst ist der Betrieb vom Rohtabaklager über die Produktion bis zum Versand vorbildlich – mit viel Licht in den Hallen, mit modernen Lüftungsanlagen und sanitären Einrichtungen. Der Bau selbst ist damals derart umstritten, dass Hammitzsch sogar aus der Architektenkammer ausgeschlossen wird. Nach diesem Debakel verlässt er Dresden und entwickelt sich zum glühenden Nazi. Er tritt in die NSDAP ein und heiratet 1936 eine Stiefschwester Hitlers. 1939 kehrt Hammitzsch nach Dresden zurück und bekommt als Stadtbaurat maßgeblichen Einfluss. Als 1945 das Naziregime zusammenbricht, sieht er für sich nur noch den Selbstmord als Lösung. Die 1927 von Reemtsma übernommene Zigarettenfabrik wird 1945 schwer beschädigt. Ein Bombentreffer zerstört den Südflügel, das restliche Gebäude brennt aus. Reemtsma wird enteignet. Die notdürftig geflickten Gebäudereste dienen bis 1976 als Lager und Büro. Erst 1997 wird das Gebäude in seiner orientalischen Pracht wieder hergestellt, es ist nun ein Büro- und Veranstaltungshaus. In die Kuppel zieht ein Restaurant ein – mit Biergarten auf dem zinnenumkränzten Dach hoch über der Stadt. Unter dem bunten Glas der Kuppel finden Veranstaltungen statt, recht beliebt sind Märchenlesungen in ihrer an ferne orientalische Länder erinnernden Atmosphäre.

Das Ostragehege bietet sich ebenfalls für den Bau einer Flutrinne an, denn die Situation ist vergleichbar mit dem Areal von Mickten, Übigau und Kaditz. Inzwischen wird der sehr breite Einlauf als Sportpark genutzt – mit mehreren Plätzen für unterschiedliche Sportarten. Die darauf befindlichen Einrichtungen können bei der Gefahr von Hochwasser größtenteils weggeräumt werden. Hinter der Yenidze steht auf hochwasserfreiem Gebiet am Rand der Flutrinne eine moderne, ganz mit Metallplatten verkleidete Sporthalle – die Ballsportarena Dresden.

Beim Bau des König-Albert-Hafens hebt man nicht nur das Hafenbecken, sondern auch die 300 Meter breite Flutrinne aus. Allein dafür werden rund 400 000 Kubikmeter Erde bewegt. Der Einlauf befindet sich gleich hinter der Marienbrücke, dann geht die Flutrinne mitten durch den Sportpark Ostra, weiter zwischen Hafen und Neuer Messe entlang und mündet ungefähr gegenüber vom Übigauer Schloss in die Elbe. Auch hier muss das Problem der Inselbildung bei Hochwasser gelöst werden. Denn sonst wäre der Zugang zur Neuen Messe abgeschnitten. Anfangs besteht die 320 Meter lange Brücke aus geschweißten Stahlträgern, aber nach der Flutkatastrophe von 2002 muss sie komplett erneuert werden. Und 2011 wird sie verbreitert, damit neben Autos auch die Straßenbahn zum Messegelände fahren kann. Dabei geht man ähnlich vor wie bei der Marienbrücke – es wird einfach eine zweite Brücke neben die schon bestehende Brücke gebaut. Hier jedoch gibt es zwischen den Brücken nahezu keinen Abstand. Die Brückenbahnen bestehen aus Stahlbeton-Segmenten, sie ruhen auf Pfeilern aus Beton. Große Spannweiten sind mangels Schiffsverkehr nicht nötig. Am nordöstlichen Ende der Brücke verläuft der Messering. Hier biegt die Straßenbahn, immer noch auf Betonsegmenten fahrend, links ab.

▲▲ Die Ballsportarena Dresden vom Dach der Yenidze aus gesehen, rechts die Ostra-Flutrinne mit dem Sportpark

▲ Die erneuerte Stahlbetonbrücke über die Ostra-Flutrinne, im Hintergrund die Neue Messe

▶ Die Unterseite der Flutrinnen-Brücke für die Straße

Östlich des Hafenbeckens erhebt sich neben der Flutrinne ein breiter, begrünter Hügel. Unter seiner Rasenoberfläche verbergen sich tausende Kubikmeter Ruinenschutt aus der im Februar 1945 zerbombten Stadt. Von seiner Kuppe aus bieten sich interessante Ansichten von Dresden, dem Hafen, der Flutrinne und dem Messegelände.

Der *Alte Schlachthof* in der Leipziger Vorstadt kann die gestiegene Fleischnachfrage und die hygienischen Anforderungen nicht länger erfüllen. Deshalb wird ein komplett neuer Schlachthof nach den damals modernsten Richtlinien geplant. Hans Erlwein entwirft, zusammen mit Architekten, Ingenieuren, Veterinärexperten und natürlich mit den Künstlern der von ihm gegründeten Zunft, ein umfangreiches Ensemble auf dem 36 Hektar umfassenden Areal neben der Flutrinne. Zwischen 1906 und 1913 entstehen knapp 70 Gebäude in ansprechend ländlichem Stil. Sie sind abwechslungsreich und individuell mit variierenden Grundrissen, Dachformen und Dachaufbauten gestaltet, hinterlassen aber durch ihren einheitlich weißen Verputz, die Sprossenfenster mit den dunkelgrünen Läden und die rote Dacheindeckung einen harmonischen Gesamteindruck – der Schlachthof wirkt wie eine kleine Gartenstadt. Denn seinerzeit gerät die moderne, funktionale Großstadt und die rigorose Industrialisierung immer mehr in die Kritik. Als Gegenbewegung entsteht die so genannte Heimatschutz-Architektur. Doch die in den Häusern verborgene Technik ist hochmodern. Neben einem Bahnanschluss verfügt der Schlachthof über eine autarke Versorgung mit Energie (Strom, Heißwasser, Kühlung), eine eigene Wasserversorgung und Abwasserbehandlung, über Pumpstationen gegen Hochwasser und Starkregen sowie über effiziente Lüftungsanlagen, deren Zu- und Abgänge in Zierschornsteinen der Ge-

▲▲ Der Schutthügel am Hafenbecken, rechts die Matthäuskirche in der Friedrichstadt

▲ Blick vom Schutthügel auf Dresden, rechts der Biergarten auf dem Dach der Yenidze

◀ Der Eingangsbereich des neuen Schlachthofs mit dem Pförtnerhaus und dem Brunnen, rechts hinten das Kessel- und Maschinenhaus

bäude versteckt werden. Da auch Stallungen für bis zu 10 000 Tiere, Kühl- und Lagerhäuser sowie Markthallen Bestandteil des Schlachthofs sind, wird der immer lauernden Gefahr von Seuchen effizient begegnet – selbst wenn Strom und Wasser in Dresden ausfallen würden, bleibt der Schlachthof in Funktion. In den 1920er Jahren kommen weitere Gebäude nach Plänen von Paul Wolf hinzu. 1945 gibt es nur geringe Schäden am Schlachthof, so dass der *VEB Dresdner Fleischkombinat* die Anlage schon bald weiter betreibt. Nun werden jedoch Ergänzungsbauten errichtet, welche die Maßstäbe und den Stil der Anlage missachten – zum Beispiel 1953 ein sehr großes Kühlhaus und 1984 ein Heizkraftwerk mit hohem Schornstein. Viele der historischen Häuser verfallen auf Grund mangelnder Pflege. Bis 1995 läuft die Nutzung als Schlachthof, aber auch andere Gewerbebetriebe nutzen die Gebäude. Im Jahr 2000 beginnt eine umfassende Sanierung. Die Pläne dafür liefert der Dresdner Architekt Walter Kaplan mit seinen Partnern Christian Matzke und Klausjürgen Schöler. Einige historische Gebäude werden außen originalgetreu wieder hergestellt und um wenige, angepasste Neubauten ergänzt. Das Heizkraftwerk samt Schornstein, das Kühlhaus und einige andere Gebäude aus DDR-Zeiten reißt man ab. Nach der Sanierung dient das ganze Ensemble als Dresdner Messe. Jedoch verharren einige Erlwein-Gebäude immer noch in ihrem verfallenen Zustand. Im Eingangsbereich gruppieren sich ursprünglich die Gastwirtschaft für Besucher des Schlachthofs, die Einfahrt mit dem Pförtnergebäude und ein weiteres, großes Haus um einen Platz. Vor dem Pförtnerhaus steht ein Brunnen von Georg Wrba. An der Straße hinter dem Pförtnergebäude gibt es eine geschlossene Häuserzeile, deren mittleres Haus eine Durchfahrt bietet. Darüber ist eine ansprechend gestaltete Uhr angebracht. Bereits hier fällt die abwechslungsreiche Gestaltung auf – mit abgewalmten Zwerchhäusern und Dachreitern, mit Fußwalm unter den mezzaninartigen Geschossen und mit unterschiedlichen Fensterformaten tritt jedes der Gebäude individuell auf.

Das Kessel- und Maschinenhaus mit seinem Wasserturm und Schornstein soll nach Erlweins Planung natürlich nicht als Industriebau in der Stadtsilhouette in Erscheinung treten. Er gruppiert die Baumassen geschickt um den hohen Schornstein in der Mitte. Nach sechs Geschossen eines quadratischen Unterbaus geht der Turm in ein Oktogon über, das acht Fenster hat und von einem allseitig abgewalmten Mansarddach abgeschlossen wird. Hier sind die Hochbehälter für kaltes und warmes Wasser eingebaut. Darüber ragt mittig ein deutlich schlankeres Oktogon empor. Es hat Fenster in vier Richtungen und wird von einem kleinen, steilen,

Die parallel zum Eingangsbereich verlaufende Straße mit ihrer geschlossenen Bebauung

Der Wasserturm vom Kessel- und Maschinenhaus

Das Maschinenhaus mit Erlwein-typischen Stilmerkmalen

getreppten Walmdach gedeckt. Aus diesem ragen schließlich – als solche gar nicht mehr zu erkennen – die restlichen Meter des Schornsteins in oktogonaler Form heraus. Der Bau mutet fast schon wie ein barocker Kirchturm an. Dieses interessante Gebäude harrt noch seiner Sanierung.

Einen traurigen Anblick bieten derzeit auch die Nachbargebäude des Wasserturms, hier (siehe Seite 241) ein zweistöckiger Bau mit Erlwein-typischem Mezzanin über einem Fußwalm, einem Walmdach mit asymmetrischem Giebel-Dachaufbau und mit Dachgauben-Zeilen in zwei Ebenen. Hoffentlich wird dieses interessante Ensemble nicht dem endgültigen Verfall preisgegeben.

Auf den Abbildungen links sind zwei Beispiele von gelungener Sanierung verfallener Bausubstanz zu sehen – denn auch diese Gebäude sehen nach dem Ende der DDR so aus wie das Kessel- und Maschinenhaus. Wiederum beeindrucken die wohlproportionierten Baumassen, sie strahlen ein hohes Maß an Einheitlichkeit und Harmonie aus. Zur besseren Nutzbarkeit für Messezwecke hat man bei einigen Gebäuden den Platz zwischen den langgestreckten Viehhallen überbaut.

Entlang des Schlachthofgeländes stehen Wohngebäude in offener Bebauung. Sie sind passend zu den Häusern im Schlachthof gestaltet, treten aber großzügiger und damit eher städtisch auf. Ganz im Osten schließt sich ein Internat an, für seine Gebäude gelten die gleichen Gestaltungsprinzipien – Erlweins Stil ist auch hier unverkennbar.

Entlang der Elbe entstehen im Stadtgebiet nach und nach kleinere Häfen – einige davon wurden bereits beschrieben. Doch im Verlauf der industriellen Revolution steigt der Transport von Gütern und Rohstoffen sprunghaft an. Ein großer Hafen wird nun unumgänglich, denn der Packhof-Kai am Erlweinspeicher ist mit seinen Anlagen be-

▲▲ Die für Messezwecke umgestalteten Viehhallen

▲ Ansprechend gestalteter Hof zwischen zwei ehemaligen Viehhallen. Am rechten Haus ist ein kleines Signet zu sehen, wie es an zahlreichen Erlwein-Bauten zu finden ist.

◀ Auch die Wohngebäude am Messering zeigen eine Erlwein-typische Gestaltung

reits hoffnungslos überlastet und auch der Hafen unterhalb der Marienbrücke läuft an seiner Kapazitätsgrenze. Die *Sächsischen Staatseisenbahnen* nehmen 1891 das gigantische Bauvorhaben in Angriff. Auf der Ostra-Halbinsel bekommt die Elbe einen künstlichen Seitenarm mit Eisenbahnanschluss. 12 Meter hohe Kaimauern begrenzen das neue, 1 100 Meter lange und 150 Meter breite Hafenbecken. Die Mauerkrone liegt 30 Zentimeter über dem bislang höchsten Pegelstand von 1845, die Beckensohle 2,4 Meter unter dem niedrigsten je gemessenen Elbpegel. Damit sind auch die Voraussetzungen eines Schutzhafens gegeben. Doch das Hochwasser im August 2002 überflutet nicht nur das Hafenbecken, sondern das gesamte Hafengelände – sein Pegel ist nicht nur 30, sondern 63 Zentimeter höher als der von 1845. Mit dem Aushub von 1,1 Millionen Kubikmetern Erdreich bringt man das Gelände, auf dem später der neue Schlachthof errichtet wird, auf ein hochwasserfreies Niveau. Hinzu kommen die 400 000 Kubikmeter Erdreich vom Bau der

Das Hafenbecken vom Schuttberg aus gesehen. Unter den Stahlfachwerkbrücken geht es zur Elbe.

Ostra-Flutrinne. Aus den übrigen Erdmassen entsteht der große, 17 Meter hohe Ablaufberg im Güterbahnhof Friedrichstadt. Dass der Hafen ein voller Erfolg ist, zeigen die Zahlen. Um 1925 deckt Sachsen fast ein Drittel des deutschen Amerika-Handels über die Elbe und den Hochseehafen Hamburg ab: Tabak, Kakao, Baumwolle, Stoffe und Edelhölzer werden in Dresden umgeschlagen und mit der Eisenbahn oder auf der Straße weiter-

Blick vom Rand des Hafenbeckens. Rechts ist die neue Stahlspundwand zu sehen.

▲ Die Hafenmühle mit Turm, Silogebäude und Verwaltungsbau

▼ Die Gebäude der Hafenverwaltung sind gelbe Klinkerbauten mit rotem Klinkerdekor

transportiert. Glas- und Tonwaren, Möbel, Maschinen und Chemieprodukte aus Sachsen gehen von hier aus in die ganze Welt. Der Hafen bekommt 1945 etliche Bombentreffer ab, etwa 10 Schiffe sinken. Kräne und andere demontierbare Hafenanlagen gehen als Reparationsleistung an die Sowjetunion. Während der DDR-Zeit werden die Reste der noch gebrauchsfähigen Anlagen genutzt, verfallen jedoch immer weiter. Zwar kommen ab 1955 einige neue Hafenausrüstungen hinzu, aber grundlegend modernisiert wird der Hafen erst nach 2000. Der Wechsel zwischen Schiff, Bahn und LKW ist seitdem deutlich einfacher zu bewerkstelligen, jedoch hat man das Hafenbecken verkleinert und eine neue Kaimauer in Form einer Stahlspundwand eingebaut. Das Becken ist seitdem nur noch 80 Meter breit und 900 Meter lang. Heute werden vor allem Schüttgüter, aber auch hochwertige Erzeugnisse wie Rotorblätter für Windkraftanlagen, Transformatoren und Maschinen bis zu einem Gewicht von 350 Tonnen pro Stück für Kunden in aller Welt umgeschlagen.

Das auffälligste und wohl bedeutendste Gebäude des Hafens ist die Hafenmühle. Sie wird 1913 von Lossow & Kühne für den Mühlenbetreiber Friedrich Bienert errichtet, der die Gestaltung maßgeblich beeinflusst. Friedrich ist der Enkel von Gottlieb Traugott Bienert, dem berühmten Besitzer der Hofmühle in Plauen. Die Hafenmühle ist nach wie vor in Betrieb – nach dem Krieg erst als *VEB Mühlenwerke Dresden*, jetzt als *Dresdener Mühle GmbH*. Drei kompakte Baukörper aus weiß verputztem Stahlbeton bilden den Mühlenkomplex. Im parallel zum Hafenbecken angeordneten, sechsgeschossigen Mühlenhaus mit seinen durch Eintiefung kolossal zusammengefassten Fensterbändern und dem rotbraun gedeckten Mansarddach sind heute die Verwaltung und die Laborräume untergebracht. Über eine Brücke in Traufhöhe geht es zum 64 Meter hohen Silo- und Wasserturm. Er verjüngt sich stufenweise nach oben und hat ein ebenfalls rotbraun gedecktes, leicht konvexes Walmdach. Rechtwinklig zum Mühlenhaus schließt sich das fensterlose Silogebäude direkt an den Turm an. Es fasst 130 000 Tonnen Mehl und Getreide. Seine Wände sind mit Lisenen ausgesteift, rotbraun gedeckt zeigt sich sein drei-

fach getrepptes, ausgebautes Walmdach. Zusammen mit dem Turm entsteht der Eindruck einer Kirche – deshalb trägt das Ensemble den volkstümlichen Namen *Getreidekathedrale*. Dieses das Stadtbild bereichernde Industrie-Ensemble ist ein Musterbeispiel für gelungene Reformarchitektur.

Die zweigeschossigen, symmetrischen Häuser der Hafenverwaltung sehen mit ihren Mansarddächern fast schon wie Villen aus. Ihre gelben Klinkerfassaden mit den Stichbogenfenstern tragen dezenten Schmuck aus roten Klinkern. Risalite mit ausgebauten Dachgeschossen schaffen eine Mittenbetonung, sie sind flach gedeckt und zeigen obenauf kleine Dreiecksgiebel. Ein eingeschossiger Trakt verbindet die beiden Häuser.

1954 wird direkt am Hafenbecken ein Kulturhaus der Hafenarbeiter errichtet. Nach einer Renovierung zieht 1995 ein Hotel mit Gaststätte ein. Das so genannte *Fischhaus* besticht durch seine klare, schmucklose Fassade unter dem roten Walmdach. Nur der massive Dachreiter setzt einen Akzent und Sandstein-Gewände betonen die Eingänge. Seit der Verkleinerung des Hafens steht das Fischhaus an einem separaten Teil des Hafenbeckens. Neben dem Fischhaus gibt es seitdem ein Freilichtmuseum mit historischen Hafenanlagen. Es umfasst ein Stück der alten Kaimauer, einen Vollportalkran aus den 1960ern, ein Frachtschiff von 1913 und zwei Güterwaggons der *Königlich-Sächsischen Staatseisenbahnen*.

Für die Eisenbahn- und Straßenanbindung des Hafengeländes sorgen zwei Stahlfachwerkbrücken. Sie werden 1895 erbaut und überspannen die Hafeneinfahrt. Die Eisenbahnbrücke ist nur eingleisig, die Straßenbrücke zweispurig. Aufgrund der schräg zu den Hafenmauern verlaufenden Trassenführung sind die Brückenträger seitlich versetzt, was einen ungewohnten Anblick bietet.

▲▲ Das ehemalige Kulturhaus der Hafenarbeiter steht heute an einem separaten Teil des Hafenbeckens

▲ Der Museumshafen neben dem ehemaligen Kulturhaus der Hafenarbeiter

▶ Die beiden Stahlfachwerkbrücken über die Hafeneinfahrt mit ihren gestaffelt versetzten Brückenträgern

DIE FLÜGELWEGBRÜCKE, DAS INDUSTRIEGEBIET UND DAS KLÄRWERK KADITZ

Mickten, Übigau und Kaditz liegen auf weitgehend ebenem Gelände. Es wird durch die Kaditzer Flutrinne in einen südlichen und einen nördlichen Abschnitt geteilt. Die Stadtteilgrenze zwischen Mickten und Kaditz verläuft entlang der Autobahntrasse von Südwest nach Nordost. Kaditz selbst grenzt bereits an die Nachbarstadt Radebeul. Ab seiner Nordwestecke verläuft die Stadtgrenze in der Mitte der Elbe – das rechte Elbufer gehört hier zu Radebeul. Links der Elbe liegt an der Flügelwegbrücke der Stadtteil Cotta auf ebenfalls nahezu ebenem Gebiet, elbabwärts folgt Briesnitz. Nach dem Zschonergrund wird das Tal linkselbisch allmählich durch die Ausläufer des Meißner Hochlands eingeengt.

Seit 1852 gibt es die Marienbrücke, sie ist seinerzeit die westlichste Brücke im Stadtgebiet. Doch das Wachstum der Großstadt – und insbesondere seiner Vorstädte – hält unvermindert an. Kaditz, das Industriegebiet, Übigau, Mickten und Pieschen am rechtselbischen Ufer sowie Briesnitz, Cotta, Löbtau und die Friedrichstadt auf der linken Seite sind untereinander nur über die Marienbrücke erreichbar, was Umwege von bis zu zehn Kilometern zur Folge hat. Deshalb wird 1930 eine direkte Verbindung zwischen Cotta und Mickten geschaffen – die Flügelwegbrücke.

Paul Wolf, Kurt Beyer und Heinrich Koch sind für die Planung verantwortlich. Mit 286 Metern Gesamtlänge und 115 Metern Spannweite über der Elbe ist sie damals die längste genietete Blechträgerbrücke Europas, ihre Fahrbahn ist 17 Meter breit. Die Planung berücksichtigt bereits eine spätere Fahrbahnerweiterung, sogar eine S-Bahn hätte künftig die Brücke nutzen können. Aber der Zweite Weltkrieg verhindert die Realisierung der geplanten Erweiterungen. Als sich die Niederlage im Zweiten Weltkrieg abzeichnet, wollen die Nazis den Siegermächten nur „verbrannte Erde" hinterlassen. In Dresden beispielsweise sollen sämt-

Die erneuerte und verbreiterte Flügelwegbrücke

▲ Rollenlager der alten Flügelwegbrücke

▲▶ Blick über die Flügelwegbrücke auf das Industriegebiet mit der DDR-Transformatorenhalle

▶ Die stählernen Hohlkästen, auf denen die neuen Brückenbahnen ruhen

liche Brücken gesprengt werden – was ja auch fast gelingt. Doch hier findet – vergleichbar mit dem Blauen Wunder zwischen Loschwitz und Blasewitz – der Handwerker Gustav Gröblehner unter Lebensgefahr den Mut, gerade noch rechtzeitig die Sprengschnüre zu durchtrennen. Nach Beseitigung der Kriegsschäden kann die Flügelwegbrücke 1948 wieder für den Verkehr freigegeben werden. Doch heutiger Straßenverkehr zeichnet sich durch deutlich schwerere Lastwagen, höhere Geschwindigkeiten und größere Verkehrsdichte aus. Die Tragfähigkeit der alten Brücke reicht dafür nicht aus. So wird 2001–04 die Brücke Stück für Stück abgerissen und erneuert – ohne dabei den Verkehr zu unterbrechen. Die ursprüngliche Brückenbahn ersetzt man durch zwei neue Bahnen mit je 15,7 Metern Breite, sie ruhen auf stählernen Hohlkästen. Beidseitig gibt es 4,25 Meter breite Wege für Fußgänger und Radfahrer. Die Brückenpfeiler passt man der größeren Breite an – doch die alten Fundamente werden weiterhin genutzt.

1904 wird der elektrotechnische Betrieb Koch & Sterzel gegründet (siehe Seite 248). Sein schnelles Wachstum macht bald ein größeres Werk erforderlich. Als der Plan aufgegeben wird, den kleinen Luftschiffhafen in Mickten für militärische Zwecke umzubauen, kauft die Firma das Gelände und lässt 1926 von F. J. Fischer und Hermann Paulick eine Werkhalle mit stilisierter Tempelfront errichten. Eine gewisse Verwandtschaft mit dem Portal des Festspielhauses Hellerau lässt sich nicht leugnen. Die Pfeiler sind hier jedoch um 45° gedreht und bilden keine Vorhalle – sie stehen direkt an der Fensterfront. Das schlicht profilierte Gebälk folgt an den Ecken der 45°-Drehung der Pfeiler. Die Nachfolgefirma erweitert den Betrieb und steigt auch in die Röntgentechnik ein. Nach 1945 wird sie enteignet und zum *VEB Transformatoren- und Röntgenwerk „Hermann Matern"*, kurz *TuR*.

1953 entsteht die 29 Meter hohe, kubische Transformatorenhalle. In den durch kolossale Pfeiler gerahmten Fensterachsen sind

mit kleinteiligen Scheiben realisierte Rechtecksprossenfenster zu finden – sie lassen sich als Referenz an die Gestaltung der historischen Montagehalle von Koch & Sterzel lesen. Unter dem auskragenden Flachdach befindet sich ein ebenfalls auskragendes Geschoss. Es ähnelt mit seinen kleinen Fenstern einem Mezzanin. Nach 1990 ist es mit den volkseigenen Betrieben vorbei, nun richtet Siemens hier einen seiner zahlreichen Standorte ein – aber auch andere Firmen sind in diesem Industriepark zu finden. Östlich der Autobahn befindet sich, an der niedrigsten Stelle Dresdens, das Klärwerk Kaditz. Der Name ist etwas irreführend, denn Kaditz beginnt laut heutigem Zuschnitt der Stadtteile erst nordwestlich der Autobahn. Somit steht das Klärwerk auf Micktener Flur. Die niedrige Lage macht es möglich, dem Klärwerk sämtliche Abwässer Dresdens über ein Netz von rund 1 700 Kilometern Länge nur per Schwerkraft zuzuführen. Linkselbisch werden die Abwässer in einem unterirdischen Kanal gesammelt, der in Blasewitz beginnt und bis Briesnitz führt. Dort untertunnelt er die Elbe. Der Kanal ist so groß, dass er zu Wartungszwecken mit speziellen Booten befahren werden kann. Rechtselbisch existiert ein ähnlicher Kanal, der die Abwässer der nördlichen Stadtteile sammelt. Gegen Ende der DDR ist das Abwassernetz derart überaltert, marode und undicht, dass nach 1990 rund 250 Millionen Euro in die Sanierung gesteckt werden müssen. Dabei holt man rund 40 000 Kubikmeter Ablagerungen aus den Kanälen. Seit 2006 sind auch Pirna und Heidenau an das inzwischen modernisierte Klärwerk angeschlossen. Die für ihre Zeit hochmoderne Kläranlage wird 1908–13 nach Plänen von Hans Erlwein und Hermann Klette errichtet. 1937 kommt ein großer Faulbehälter hinzu. 1952–56 gibt es noch einmal größere Umbauten. Doch dann folgt eine typische DDR-Begebenheit: 1987 ereignet sich im Klärwerk eine Havarie, die große Schäden an der Anlage verursacht. Weder technisch noch ökonomisch ist die

◀ Die stilisierte Tempelfront der historischen Werkhalle von Koch & Sterzel im Licht der aufgehenden Sonne

DDR in der Lage, eine Reparatur durchzuführen und so werden fortan alle Abwässer der Großstadt Dresden mit mehr als einer halben Million Einwohnern ungeklärt in die Elbe geleitet. Die Reparatur und Modernisierung der Kläranlage nach 1990 kostet noch einmal rund 250 Millionen Euro. Sie geht 1991 wieder in Betrieb und wird seitdem ständig auf die jeweils modernsten Klärverfahren hochgerüstet. Auf dem Bild sind die breiten Uferwiesen zu sehen, dahinter der Hochwasserschutzdamm am Elbweg und dann das weitläufige Areal des Klärwerks. Im rechten Bereich, an ihren rot gedeckten Dächern und gelben Fassaden gut zu erkennen, stehen die Erlwein-Bauten aus dem Jahr 1913. Ganz rechts im Hintergrund ragt der Turm des Neuen Rathauses in der Altstadt auf.

Das von Erlwein entworfene Verwaltungsgebäude besticht durch formale Klarheit und ausgewogen harmonische Gestaltung. Auf einem grauen Sockel steht die Putzfassade mit ihrer prägnanten Rundbogenarchitektur. Der schlichte Eingang ist zurückversetzt in einer kleinen Vorhalle zu finden. Ihr Rundbogen bildet gleichzeitig die Vorlage für die Gestaltung der symmetrisch zum Portal angeordneten Rechteckfenster: Sie befinden sich in leicht eingetieften Rundbogennischen. Die kleinen Fenster passen sich über dem Sturz durch eine weitere Vertiefung in Form einer Lünette dem Rundbogenmotiv an. Erlwein-typisch sind die dunkelgrünen Fensterläden und das hohe, ausgebaute Mansarddach aus roten Biberschwanzziegeln. Durch das breite Fensterband der Gaube ergibt sich der von Erlwein häufig eingesetzte Fußwalm. Einen zusätzlichen Akzent setzt der wie ein Dachreiter wirkende Uhrenturm mit einem Zeltdach aus Blech, symmetrisch zum Uhrenturm sind zwei Fledermausgauben im Walmdach platziert.

▲▲ Die Transformatorenhalle des VEB TuR – ein Beispiel früher DDR-Industriearchitektur

▲ Blick von der Autobahnbrücke auf das Klärwerk Kaditz, links im Hintergrund die Transformatorenhalle, rechts die Erlwein-Bauten – an ihren rot gedeckten Dächern und gelben Fassaden zu erkennen

▶ Ein Verwaltungsgebäude des Klärwerks

COTTA UND BRIESNITZ

Ursprünglich besteht das elbnahe Gelände, auf dem sich das Dorf Cotta befindet, aus feuchten und sumpfigen Wiesen. Der Volksmund verpasst dem Ort deshalb den Namen *Frosch-Cotta*. Vom historischen Ort sind nur noch ein paar Häuser entlang der Hebbelstraße übrig geblieben. Denn die Industrialisierung in der Nachbargemeinde Löbtau führt in Cotta zu einem sprunghaften Anstieg der Bevölkerung, neue Wohnhäuser verdrängen die alten Bauernhöfe. Allein zwischen 1870 und 1890 versechsfacht sich die Einwohnerzahl. Cotta bekommt 1875 einen Haltepunkt an der Eisenbahnstrecke Dresden – Berlin, was den Ort für Pendler noch attraktiver macht. 1945 zerstören Bomben rund 100 Wohnungen. Und während der DDR-Jahre verfallen mehrere der im Krieg unbeschädigt gebliebenen Bauten. Nach und nach werden sie baupolizeilich gesperrt und manchmal sogar abgerissen. Auf Grund des desolaten Zustands sinkt die Bevölkerungszahl, das führt zu weiterem Verfall. Auch die wenigen, 1965 neu gebauten Miethäuser können diesen Trend nicht stoppen. Erst nach 1990 bekommt Cotta eine neue Chance. Noch vorhandene Bauten werden renoviert, neue Gebäude schließen einige der Baulücken. Doch dieser Prozess wird wohl noch einige Jahre andauern.

Kurz vor der Eingemeindung nach Dresden leistet sich Cotta 1901 einen Rathausneubau. Der Dorfteich wird verfüllt, einige ältere Wohnhäuser müssen weichen. Ortsbauinspektor Bernhard Seitz und der Architekt Felix Reinhold Voretzsch liefern die Pläne. Das Grundstück macht die Sache nicht einfach – es ist spitzwinklig, hat ungleich lange Schenkel und eine abgeschrägte Ecke. Herausgekommen ist ein stark gegliederter Putzbau mit hohem Sandsteinsockel und sandsteingerahmten Fenstern. Hier lässt sich die Stilvielfalt der Jahrhundertwende beobachten. Neben Jugendstilformen finden wir vor allem Bauformen, die der deutschen Renaissance und Gotik entlehnt sind. Für den Jugendstil typisch sind beispielsweise die großen Erdgeschossfenster in Form von Hufeisenbögen und der Bauschmuck an der Fenstergruppe hinter dem Balkon. Hingegen findet man Erker, Staffelgiebel und einen Teil der Dachgauben so ähnlich an Bauten der deutschen Renaissance. Auch der fast 50 Meter hohe Turm mit seinen Ecktürmchen und der welschen Haube atmet den Geist der Renaissance, doch der stark plastische Schmuck unter dem Turmumgang ist wieder ein Element des Jugendstils. Im Gebäude befinden sich die Verwaltungsräume der Gemeinde und ein großer Sitzungssaal. Zusätzlich kommen im

▼ Blick durch die Eisenbahnunterführung des Flügelwegs auf das Rathaus Cotta   ▶ Das Cottaer Rathaus mit seinen vielfältigen, stilistischen Elementen

▲ Die Uhr an der Westseite. Oberhalb des Zifferblatts ist das Erlwein-typische Signet zu sehen.

◀ Erlweins *Rübezahlschule* in Cotta, ein Ensemble aus unterschiedlichen Gebäuden

▼ Das ehemalige Kinder- und Jugendtheater *Constantia* und heutige *tjg – theater junge generation*

▼▼ Die Weißeritz in ihrem neuen Flussbett. Links stehen ehemalige Wohngebäude der Sächsischen Staatseisenbahnen, ganz hinten ist der gläserne Turm des Dresdner World Trade Center zu sehen.

Rathauskomplex unter: die Gemeindekasse, die Sparkasse, die Polizeiwache mit einer Arrestzelle, das Standesamt und Wohnungen für Gemeindebeamte. Jedoch den seinerzeit üblichen Ratskeller will die Cottaer Gemeinde nicht, denn gleich gegenüber steht ja ihr Dorfgasthof. Nur zwei Jahre nach Fertigstellung folgt die Eingemeindung nach Dresden und ein Rathaus wird nicht mehr benötigt. Nach 1945 zieht die Verwaltung des Stadtbezirks Dresden-West ein. 1991 wird das Rathaus zum Ortsamt – Cotta ist Sitz eines der zehn Ortsämter der Landeshauptstadt Dresden. Im selben Jahr kommt das interessante Gebäude in den Genuss einer sorgfältigen, aber langwierigen Renovierung und zeigt sich seit 2009 wieder in seiner vollen Pracht.

Hans Erlwein entwirft die damals größte Volksschule Sachsens – gut 3 000 Mädchen und Jungen werden hier unterrichtet. 1911 entsteht der Gebäudekomplex, das Fresko an der Schmalseite stammt von Georg Lührig. Seine Darstellung gibt der Schule ihren populären Namen *Rübezahlschule*. Auch das links im Hintergrund zu sehende Gebäude gehört dazu. 1945 bekommt das Gebäudeensemble Bombentreffer ab. Die zerstörten Abschnitte werden später nur in stark vereinfachter Form wieder aufgebaut. Und die ursprüngliche Einfassung des Geländes fehlt bis heute. Nach 1990 zieht das Cottaer Gymnasium hier ein. Das Kinder- und Jugendtheater *Constantia* wird 1896 errichtet. Gegen Ende des Zweiten Weltkrieges dient es als Notunterkunft für Soldaten. Ab 1950 wird wieder Theater gespielt – von und für Kinder und Jugendliche. Ein Brand beschädigt 1976 das Gebäude schwer. Die Reparaturarbeiten dauern bis 1979. Heute ist hier das *tjg – theater junge generation* beheimatet. Das Hauptgebäude zeigt sich mit einer Putzfassade ohne Vor- und Rücksprünge, aber mit kolossaler Lisenengliederung. Es wird von einem schlichten Satteldach abgeschlossen. Auf der Fassade sind zusätzliche Gliederungselemente aufgesetzt, als da sind: Sandsteingewände mit Schlusssteinen und Gebälk für die Rundbogenportale; im Obergeschoss ädikulagerahmte Fenster und für die Mittelachse eine Rahmung durch ionische Säulen mit Gebälk unter der Traufe. Die Säulen stehen auf einer gebälkartigen Konstruktion, die von den beiden Lisenen links und rechts des Mittelportals getragen wird. Eine breite Treppe führt zu den Portalen. Insgesamt wirkt die klassizistische Ausstattung jedoch etwas unausgewogen und nicht sonderlich harmonisch. Neben dem Hauptgebäude mit seiner symmetrischen Fassade gibt es schlichte Nebengebäude, die ohne erkennbare Symmetrie und zudem teilweise die Sicht auf den Hauptbau verdeckend angeordnet sind.

Um die Hochwassergefahr für die Friedrichstadt und die Wilsdruffer Vorstadt zu verringern, baut man bis 1893 ein künstliches, etwa vier Kilometer langes Flussbett für die Weißeritz, die ursprünglich entlang der heutigen Weißeritzstraße fließt und in Höhe der Marienbrücke in die Elbe mündet. Seitdem biegt der im Dresdner Stadtgebiet größte Zufluss zur Elbe schon in Löbtau nach Westen ab, fließt entlang des Rangierbahnhofs Dresden-Friedrichstadt und dann nordöstlich durch Cotta. Flussabwärts der Flügelwegbrücke befindet sich die neue Mündung in die Elbe. Schon am 2.8.1897 führt ein starkes Hochwasser der Weißeritz auch zu Schäden in Cotta – zusätzlich zu den Schäden in der Friedrichstadt, denn diese wird trotz des neuen Flussbetts geflutet. Im Jahr 2002 flutet die Weißeritz erneut ihr altes Flussbett und setzt sogar den kompletten Hauptbahnhof meterhoch unter Wasser. Die Natur ist offensichtlich nicht so leicht beherrschbar wie manch einer meint. Ein Abschnitt des neuen Flusslaufs ist das Emerich-Ambros-Ufer an der Grenze zwischen Cotta und der Friedrichstadt. „Natürlich" verläuft es schnurgerade und hat beiderseits symmetrisch angelegte Uferstraßen – so entspricht es dem Zeitgeist der industriellen Revolution. Ab 1893 werden im Auftrag der Sächsischen Staatseisenbahnen Wohn- und Verwaltungsgebäude am Emerich Ambros-Ufer errichtet – es sind Backsteinbauten von hoher Qualität. Denn bei der Eisenbahn beschäftigt zu sein, ist damals eine Ehre und diese Haltung drückt sich auch in ihren soliden Bauten aus.

Briesnitz ist eine der ältesten Siedlungen im Dresdner Raum und erscheint bereits 1071 in einer Urkunde. Miethäuser und Gewerbebe-

Die Unterführung der Weißeritz unter der Eisenbahn kurz vor der Elbmündung

Blick von der Flügelwegbrücke nach Briesnitz. Links mündet die neue Weißeritz, rechts ist der Turm der Briesnitzer Kirche zu sehen.

Das Briesnitzer Elbufer mit der Eisenbahn- und Straßentrasse

▲◄ Die Eisenbahntrasse und die erhöht geführte Meißner Landstraße am linken Elbufer vor Briesnitz

▲ Bodendenkmal mit Resten des mittelalterlichen Burgwards

◄ Die Briesnitzer Dorfkirche hinter der Mauer des Kirchhofs

triebe entstehen während der industriellen Revolution, sie drängen schrittweise die Landwirtschaft zurück. Anfang des 20. Jahrhunderts wird eine neue Wohnsiedlung angelegt – inspiriert von der Gartenstadt-Idee. Auch nach der Eingemeindung im Jahr 1921 wächst Briesnitz weiter. Aber der ursprüngliche Ortskern entlang der Alten Meißner Landstraße und an der Straße Altbriesnitz bleibt mit seinen historischen Anwesen erhalten. Auf einem markanten Bergsporn an der Meißner Landstraße sind Reste eines mittelalterlichen Burgwarts als Bodendenkmal erhalten geblieben. Die ältesten archäologischen Spuren stammen sogar aus der Jungsteinzeit. Schon kurz nach der Eroberung des Dresdner Elbtals durch die Deutschen im Jahr 929 entsteht, zum Teil unter Verwendung einer alten slawischen Wallanlage, dieser Burgwart. Er sichert auch den Elbübergang, eine Furt, die zum so genannten *Bischofsweg* gehört. Dieser führt, von Meißen kommend, nördlich an Dresden vorbei bis nach Stolpen. Innerhalb der Wehranlage befindet sich ein sorbisch-frühdeutscher Friedhof mit über 300 Bestattungen, außerdem eine steinerne Wehrkirche, deren Saal 18 x 9 Meter misst. Fundamente des Saals und des Chors sind erhalten geblieben. Neben seiner militärischen

▸ ▲ Das spätgotische Südportal mit seinem dreiteiligen Relief

▸ Der Chor mit seinem spätgotischen Rippengewölbe

Funktion ist der Burgwart seinerzeit auch politischer und kirchlicher Mittelpunkt der Region. Briesnitz hat bis in das 16. Jahrhundert eine überregionale Bedeutung. Hier residiert der Archidiakon und auch die obere, bischöfliche Gerichtsbarkeit vom Gau Nisan – dem gesamten Dresdner Elbtal zwischen Meißen und Pirna – befindet sich im Dorf. Der Burgwart selbst wird bei kriegerischen Auseinandersetzungen mit dem Thüringer Landgrafen bereits 1223 zerstört.

Inmitten eines alten Friedhofs steht, umgeben von hohen Bäumen, die Briesnitzer Dorfkirche. Sie geht zurück auf einen Kirchbau aus der Zeit um 1100, der 1233 zerstört wird. Teile der bis 1270 wieder aufgebauten Kirche finden sich noch im heutigen Bau, so die Fundamente des Chors, Fragmente des Triumphbogens und ein Teil des Chormauerwerks samt einem Maßwerkfenster. Bauhistoriker vermuten, dass die Vorhangbogenfenster auf die Bauhütte Arnolds von Westfalen zurückgehen, der für seine Albrechtsburg in Meißen berühmt ist. 1474 wird das Gotteshaus zu einer Saalkirche mit quadratischem Westturm umgebaut und erhält dabei das ebenfalls erhalten gebliebene Chorgewölbe sowie das spätgotische Portal an der Südseite mit seinem darüber angebrachten Relief. Zur überkommenen Ausstattung zählen eine Sandsteintaufe von 1595 und Reste eines spätgotischen Schnitzaltars.

Ein Blitzschlag beschädigt 1602 den Turm, der daraufhin repariert und im zeittypischen Stil umgestaltet wird. 1878 ist die Kirche in einem schlechten Zustand. Auf Wunsch der finanzstarken Gemeinde wird sie renoviert. Dabei „gotisiert" Baurat Gotthilf Ludwig Möckel 1882 den Turm und das Kircheninnere. Seinerzeit ist es Mode, historische Gebäude im vermeintlichen Sinne des ursprünglichen Stils umzugestalten. Doch es fehlt sowohl eine genaue Dokumentation des ursprünglichen Zustands als auch bauhistorische Kenntnis. Sogar originale, jedoch nicht als stilecht empfundene Elemente werden durch Neuschöpfungen ersetzt. Der Turm wächst nun auf 76 Meter Höhe und bekommt einen spitzen, oktogonalen Helm mit Laterne und Eckürmchen. Die flache, hölzerne Kassettendecke baut man aus und verkauft sie an einen Gastwirt. An ihre Stelle kommt ein neu geschaffenes Netzrippengewölbe. Auch die Emporen, die Kanzel, der Altar und das Orgelgehäuse werden gotisiert. In Briesnitz steht die älteste noch erhalten gebliebene Landesschule Sachsens – bereits 1511 wird ein Schulmeister erwähnt (siehe Seite 256). Das Gebäude erhebt sich auf der hohen Stützmauer, die den Kirchberg elbseitig begrenzt. Wie der Kirchturm brennt die Schule 1602 durch Blitzschlag aus und wird nur provisorisch instand gesetzt. 1695 folgt eine grundlegende Erneuerung. Damals gibt es viele Dörfer mit

jeweils nur wenigen Einwohnern. So müssen die Kinder aus dem Umkreis von gut vier Kilometern hier zur Schule gehen, zum Beispiel die Kinder aus Cossebaude, Pennrich und Löbtau. Nachdem die Gemeinde 1880 ein neues, deutlich größeres Schulgebäude an der Merbitzer Straße errichtet, wird die alte Schule zu Wohnzwecken umgebaut. Auch in einigen der Dörfer entstehen um 1880 eigene Schulgebäude, denn die Bevölkerung wächst im 19. Jahrhundert insgesamt stark an.

Nach einem Brand wird 1769 das alte bischöfliche Vorwerk zu einer großen Vierflügelanlage mit einem Turm über dem Portal ausgebaut. Benannt ist es nach dem sagenumwobenen Bischof Benno zu Meißen. Im Laufe der Zeit werden Teile erneuert oder verändert. So zeigt zum Beispiel eine Inschrift an der Scheune die Jahreszahl 1827. Später erwirbt der sächsische Minister Detlev Graf von Einsiedel das Gut, ab 1840 gehört es der Familie Schunck. 1893 kauft der Cottaer Brauereiunternehmer Bürstinghaus das Anwesen. Er lässt zusätzlich einen Park anlegen, der bis heute existiert.

In der Gegend von Steinbach entspringt der Zschonerbach. Auf seinem Weg zur Elbe schafft er ein ansprechendes Tal – es ist heute Landschaftsschutzgebiet mit altem Waldbestand und Wiesen. Und ein Weinberg am Hang zum Dorf Merbitz wird bis heute bewirtschaftet. Im 19. Jahrhundert entdeckt die Bevölkerung das Wandern. Nach wie vor lohnt es sich, den Zschonergrund zu besuchen. 1570 wird in einer Urkunde erstmals eine Mühle am Zschonerbach erwähnt, doch vermutlich ist sie da schon viele Jahrzehnte alt. Im Laufe der Zeit ergänzen und modernisieren verschiedene Besitzer das Ensemble. Mit dem Aufkommen der Wanderlust lohnt es sich, eine Ausflugsgaststätte einzurichten und bald schon bringt diese mehr ein als der Mühlenbetrieb. Die gesamte Anlage inklusive des alten Mühlrads steht heute unter Denkmalschutz und natürlich kann man hier weiterhin zünftig einkehren.

▲▲ Sachsens ältestes Schulhaus am Kirchberg

▲ Das Bennogut ist aus einem alten, bischöflichen Vorwerk entstanden

◀ Das Hauptgebäude der Zschonermühle aus dem Jahr 1730

KADITZ, GOHLIS UND DER HOCHWASSERSCHUTZ

Rechtselbisch reicht das Siedlungsgebiet von Radebeul bis an die Lößnitzer Weinberge, linkselbisch gibt es sehr breite Uferwiesen. Doch weil das Land etwas niedriger liegt als Radebeul, sind hier aufwendige Hochwasserschutzmaßnahmen für die Orte Stetzsch, Gohlis und Cossebaude erforderlich. Richtung Süden steigt der Elbhang deutlich an. Er wird bei Niederwartha, wo die Elbe das Stadtgebiet verlässt, immer steiler und rückt der Elbe dort recht nahe. Die Situation ähnelt der bei Pillnitz, nur sind die Hänge hier nicht ganz so hoch und steil.

Adolf Hitler verkündet 1933 sein Programm für ein deutschlandweites Autobahnnetz. Es basiert auf den bereits in den 1920ern während der Weimarer Republik erarbeiteten Plänen, was geflissentlich verschwiegen wird. Auch der eigentliche Grund wird nicht genannt – die strategische Bedeutung für die spätere Kriegsführung. In Dresden quert die Autobahn Berlin-Dresden-Chemnitz seit 1936 die Elbe mit einer nach neun Monaten Bauzeit errichteten, 500 Meter langen und 24 Meter breiten Brücke. Für die Gestaltung ist Paul Bonatz verantwortlich. Auf Brückenpfeilern aus Granit ruht eine filigrane Stahlfachwerk-Konstruktion, die die Fahrbahnen trägt. Gefordert ist neben der Hochwassersicherheit, die Schifffahrt nicht zu behindern – deshalb hat die Brücke nur Uferpfeiler und über der Elbe eine Spannweite von 130 Metern. Die Brücke übersteht das Kriegsende unbeschädigt – hier gibt es keinen Sprengversuch der abziehenden Nazi-Truppen. Während der DDR-Zeit ist das Verkehrsaufkommen gering, denn der „eiserne Vorhang" teilt Europa und für den Güterverkehr zwischen den Staaten des Ostblocks nutzt man, anders als heute, vorwiegend die Eisenbahn. Zudem ist der Individualverkehr, verglichen mit heute, vernachlässigbar. So braucht es kaum Maßnahmen zum Erhalt der Brücke. Doch nach dem Ende der Teilung Europas steigt der Verkehr auf den Fernstraßen sprunghaft an. Dem ist die alte Brücke mit ihren rostigen Stahlgitterträgern nicht gewachsen. Bis 1998 wird sie abgerissen und durch zwei Betonfahrbahnen von insgesamt 43 Metern Gesamtbreite ersetzt. Sie ruhen auf stählernen Hohlkästen, die die Last auf die Pfeiler übertragen. Diese stammen jedoch noch von der ursprünglichen Brücke und müssen für den Neubau nur saniert werden. Links und rechts außen verlaufen jetzt hinter schrägen Schutzwänden schmale Bahnen für Fußgänger und Radfahrer. Hier oben herrscht zwar recht starker Verkehrslärm, dafür hat man aber freie Sicht auf das Elbtal zwischen Stetzsch und Kaditz bis hin zu den Weinbergen von Radebeul.

Die erneuerte Autobahnbrücke über die Elbe – es sind viele LKW unterwegs

Der erste massive Kirchbau in Kaditz ist die 1273 erstmals schriftlich erwähnte Laurentiuskapelle. Vermutlich führt seinerzeit der weiter oben erwähnte Bischofsweg an der Kapelle vorbei. Von ihr gibt es noch das gotische Kreuzrippengewölbe im Sockelgeschoss des Turms, das aus dem 14. oder 15. Jahrhundert stammt – der Schlussstein zeigt den heiligen Laurentius. Um 1600 baut man die Kapelle zu einer „richtigen" Kirche aus. Denn mit der Reformation wird Kaditz nach 1539 zum kirchlichen Zentrum der umliegenden Dörfer, als da sind: Mickten, Übigau, Pieschen, Trachau und Trachenberge sowie die außerhalb der heutigen Stadtgrenzen gelegenen Dörfer Serkowitz, Oberlößnitz und Radebeul. Das im Dreißigjährigen Krieg beschädigte Gotteshaus wird ab 1680 erneuert. 1756 lässt die Gemeinde ihre Kirche gründlich renovieren. Zeitgemäß wird vor allem das Innere im barocken Stil gestaltet. Die gewölbte Stuckdecke des Kirchenschiffs ersetzt man durch eine aus Holz. Die nächste größere Veränderung gibt es 1869. Nun wird die Kirche außen im Stil der Neogotik umgebaut. Und auf den alten Turmsockel setzten die Gebrüder Ziller aus Oberlößnitz einen neuen, oktogonalen Aufsatz mit Dreiecksgiebeln und spitzem Pyramidendach, das mit seinem vergoldeten Kreuz 44 Meter Gesamthöhe erreicht. 1887 werden die Mauern des Kirchenschiffs um zweieinhalb Meter erhöht, das Dach mit Schiefer gedeckt, im Chorbereich runde Treppentürme angebaut und das Innere nach Plänen von Christian Schramm gotisiert. Weil die Sitzplätze nicht ausreichen, kommen zweigeschossige, hölzerne Emporen vor die hohen Fenster. Und die Gemeinde nennt nun eine Jehmlich-Orgel ihr Eigen. 1904, ein Jahr nach der Eingemeindung, bekommt die Kirche ihren heutigen Namen. Da inzwischen nur noch Kaditz, Mickten und Übigau zum Kirchspiel gehören, kann ein Teil der Emporen 1912 abgebaut werden. Die Emmauskirche muss für den Ersten Weltkrieg ihr Geläut der Rüstungsindustrie zur Verfügung stellen. 1924 wird es durch neue Glocken ersetzt, die dann 1942 für den Zwei-

▲ Die Unterseite der Brücke mit den stählernen Hohlkästen

◀ Der Rad- und Fußweg

Kaditz und die Emmauskirche hinter einem Hochwasserschutzdamm

ten Weltkrieg gebraucht werden. Auch die Sophienkirche am Zwinger muss ihre auf 1676 und 1677 datierten Glocken abgeben, jedoch werden sie nach dem Krieg unbeschädigt aufgefunden und kommen 1948 als Leihgabe nach Kaditz. Weil der Staatsratsvorsitzende Walter Ulbricht die Ruine der Sophienkirche 1963 abreißen lässt, sind die Glocken immer noch hier. 1991 baut die Firma Jehmlich eine neue, größere Orgel in das Gehäuse von 1888 ein, in den Folgejahren wird die Kirche rundum repariert.

Zwischen der Kirche und dem Pfarrhaus steht eine alte Sommerlinde. Vermutlich ist sie der älteste Baum im heutigen Dresdner Stadtgebiet – er übersteht alle kriegerischen Ereignisse und Dorfbrände. Reste von in den Stamm eingeschlagenen Eisen deuten darauf hin, dass die Linde im Mittelalter auch als Pranger dient. Beim letzten Dorfbrand im Jahr 1818 wird der alte Baum stark beschädigt. Mitte des 19. Jahrhunderts führt man erste Sicherungsarbeiten durch. Heimatkundler, Biologen und auch Maler zeigen zunehmendes Interesse – es gibt zahlreiche Gemälde und Zeichnungen mit der Linde als Hauptmotiv, was zu ihrer Bekanntheit beiträgt. Seit 1975 ist dieser „Methusalem" mit seinen reichlich neun Metern Stammumfang Naturdenkmal und wird ständig fachgerecht gepflegt.

Das Jahrhunderthochwasser im Jahr 2002 richtet insbesondere in den tiefer gelegenen Stadtteilen verheerende Schäden an, sie werden komplett überflutet. Vielfältige Maßnah-

Die Emmauskirche Kaditz

▶ Die berühmte Kaditzer Sommerlinde steht zwischen der Kirche und dem alten Pfarrhaus

KADITZ, GOHLIS UND DER HOCHWASSERSCHUTZ

Der neue Elbdamm vor Stetzsch. Rechts oben ist die Emmauskirche Kaditz zu sehen.

men sollen künftigen Hochwassern etwas von ihrem Schrecken nehmen. Auf der Abbildung oben ist der mächtige Damm zu sehen, der Stetzsch schützen soll. Allerdings stört dieses Erdbauwerk den Blick der Anwohner zur Elbe. Doch was nützt ein solcher Blick, wenn Überflutung droht?

Auf den Elbwiesen gründen Fischer einst eine kleine Siedlung, sie wird 1144 erstmals erwähnt. Später teilt man den Ort in das südliche Ober- und das elbnahe Niedergohlis auf. Neben der Elbfischerei wird Landwirtschaft betrieben, bis heute haben sich einige historische Gehöfte erhalten. Insbesondere an der Dorf- und an der Elbstraße können die nach der verheerenden Hochwasserflut von 2002 mit viel Liebe renovierten Gebäude bewundert werden. Zwar richtet auch früher schon das Hochwasser der Elbe immer wieder Schäden in Niedergohlis an. Doch bei der Flut im Jahr 2002 muss das Dorf erstmals komplett evakuiert werden, die Häuser stehen bis zu zwei Meter unter Wasser. Nach 1990 lockert man die ursprünglichen Baubeschränkungen und errichtet eine Wohnsiedlung. Baugrund ist wertvoll und da nimmt man es in Zeiten des „Aufschwungs Ost" mit dem Hochwasserschutz nicht so genau. Auch diese nur wenige Jahre alten Häuser werden von den Fluten stark in Mitleidenschaft gezogen. Bei normalem Wasserstand ist die ehemalige Dorfschmiede an der Elbstraße rund 300 Meter vom Elbufer entfernt. Doch 2002 steht das Wasser an dem um 1700 erbauten Haus bis zur oberen Markierung. Die Marke darunter stammt aus dem Jahr 1784.

Nach dem Jahrhunderthochwasser – manche sprechen gar von einem Jahrtausendhochwasser, weil der Pegel im August 2002 den bis dahin höchsten, jemals in Dresden gemessen Pegel um beachtliche 63 cm übersteigt – wird etappenweise ein Konzept von mehreren Schutzmaßnahmen umgesetzt. Dazu gehört der komplett neue Elbdamm bei Stetzsch. Dann wird elbabwärts der schon vorhandene Damm modernisiert und deutlich erhöht. Schließlich bekommt Gohlis auf dem bereits vorhandenen Damm eine moderne Hochwasserschutzwand. Sie steht auf tief reichenden Bohrpfählen, der Damm wird zusätzlich durch eine Spundwand unterirdisch abgedichtet. Die oberirdische Mauer bietet – ähnlich wie bei mittelalterlichen Zinnen – Durchblick auf den

Die Gohliser Dorfschmiede an der Elbstraße trägt rechts zwei Hochwassermarken

Hochwassermarken an der Dorfschmiede

Uferbereich und hat auch Öffnungen für den Zugang zur Elbe. Bei extremem Hochwasser können mobile Schutztafeln in den Öffnungen montiert werden. Noch weiter elbabwärts, bei Cossebaude, ist wiederum ein komplett neuer Elbdamm erforderlich. Hochwasserschutz ist komplex. Der Damm soll einerseits bei Elbhochwasser vor Überschwemmung schützen, andererseits muss bei Starkregen das Regenwasser zur Elbe hin ablaufen können. Nicht wie allgemein üblich auf einem Berg oder Hügel, sondern nahe dem Elbufer steht die Gohliser Windmühle. 1750 taucht erstmals eine Schiffsmühle in den Urkunden auf, sie nutzt den Elbstrom als Antriebskraft. Laut Überlieferung wird sie mehrmals zerstört und wieder aufgebaut und stellt ihren Betrieb 1867 ein. Für 1784 ist dann eine Bockwindmühle überliefert, 1832 wird sie komplett erneuert. Auf dem Kegelstumpf mit seinen bis zu einem Meter dicken Wänden ist die Dachhaube mit den an einer hölzernen Achse befestigten Windmühlenflügeln auf einem Rollenkranz drehbar gelagert. Von Hand kann der gesamte Dachaufbau in den Wind gedreht werden. Innen überträgt ein Kegelradgetriebe die Drehbewegung der Flügel auf eine acht Meter lange, senkrechte Achse, die ihrerseits die Mühlsteine antreibt. 1867 richten die Besitzer eine Gaststätte ein, denn die Mühle lockt als Gohliser Wahrzeichen viele Ausflügler an. 1901 ergänzt man eine Bäckerei, später kommt noch eine Fleischerei hinzu. Weil sich der Mahlbetrieb nicht mehr rentiert, konzentriert sich der Müller ab 1914 nur noch auf das Geschäft mit den Ausflüglern. Während der DDR-Zeit nutzt man das Ensemble als Bezirksschule der FDJ, als Kinderferienlager und auch als Wohnheim für Lehrlinge. Es gibt sogar ein kleines Mühlenmuseum. Doch in den 1970ern reißt man die wegen unterlassener Pflege baufällig gewordenen Gaststättengebäude ab. Trotz einer Renovierung verfällt die Mühle weiter. 2001 erwirbt ein privater Investor die unter Denkmalschutz stehende Mühle und lässt sie ab 2006 sorgfältig renovieren. Inzwischen sind sogar die verschwundenen Flügel originalgetreu rekonstruiert. Neben der *Mühlenstube*, einer kleinen Gaststätte in der Mühle, lädt in den Sommermonaten auch ein Biergarten zur Erholung ein. Die Mühle kann im Sinne einer musealen Nutzung besichtigt werden.

▲ Die Gohliser Hochwasserschutzwand

▼ Die Gohliser Windmühle

NIEDERWARTHA, DAS PUMPSPEICHERWERK UND DIE BEIDEN BRÜCKEN

Von der Radebeuler Lößnitzhöhe aus lassen sich das Elbtal und der Hang am Rande von Niederwartha gut überblicken. Im unteren Bilddrittel verläuft die Elbe, hier nur erkennbar an den Bäumen und Büschen in Ufernähe. Dann folgen ausgedehnte Uferwiesen, die an einem mächtigen Damm enden, der das untere Staubecken vom Pumpspeicherwerk Niederwartha umgibt. Er ist acht Meter hoch und rund 2,5 Kilometer lang. Am Fuße des Elbhangs steht das eigentliche Pumpspeicherwerk, dessen Druckleitungen – auf dem Bild von Bewaldung verdeckt – schräg den Hang hinauf zum oberen Staubecken verlaufen.

1930 geht das Pumpspeicherwerk Niederwartha in Betrieb. Zwischen dem oberen Staubecken – dem gefluteten Silbergrund von Oberwartha – und dem unteren Staubecken auf den Elbwiesen installiert man

Blick von Radebeul auf Niederwartha, das Pumpspeicherwerk und das untere Staubecken

druckfeste Rohre. Im nach Plänen von Emil Högg errichteten Turbinenhaus wird das Wasser bei einem Überangebot von elektrischer Energie vom unteren in das obere Staubecken gepumpt, welches rund 140 Meter höher liegt. Bei Energiemangel lässt man es durch die selben Rohre nach unten schießen, wo es Turbinen antreibt und sich anschließend in das untere Staubecken ergießt. Heute gibt es drei Rohrstränge mit Durchmessern zwischen 2,5 und 3,2 Metern, sie sind jeweils 1 760 Meter lang. Die Stahlbetonbauten des Pumpspeicherwerks sind mit Klinkern verkleidet. Wie im Expressionismus üblich wird eine Ornamentwirkung durch den speziellen Verbund der Klinkersteine erreicht. Auch die Fensterbänder mit ihren Gesimsen und der abgerundete Treppenturm

▸ Die Turbinenhalle, rechts die drei ergänzten Joche

gehören zu den Stilmerkmalen dieser Zeit. 1945 werden die Turbinen als Reparationsleistung in die Sowjetunion abtransportiert. Erst 1960 kann die Anlage mit neuen Turbinen versehen werden. Weil auch die Leistung erhöht werden soll, erweitert man die Turbinenhalle um drei Joche und stellt zusätzliche Turbinen auf. Die neuen Joche sind an der etwas rötlicheren Klinkerfarbe zu erkennen. Insgesamt sechs Maschinensätze bringen nun eine Gesamtleistung von 120 Megawatt. Beim Hochwasser 2002 wird die Anlage schwer beschädigt und bis November 2003 mit nur noch zwei Maschinensätzen wieder in Betrieb genommen. Für den Betreiber Vattenfall lohnt sich der Betrieb nicht, die Anlage wird 2016 ganz abgeschaltet. Sie dient nur noch als Notreserve. Mit der Füllung des oberen Staubeckens können im Bedarfsfall rund 560 Megawattstunden Energie erzeugt werden. Das untere, 45 Hektar große Staubecken fasst 2,5 Millionen Kubikmeter, es wird nicht nur als Wasserreservoir genutzt. Am östlichen Ende öffnet schon 1936 ein Freibad, 1972 wird es um ein Nichtschwimmerbecken ergänzt. Neben Sport- und Spielplätzen gibt es eine große Liegewiese und einen kleinen FKK-Bereich. Im Silbergrund versucht Johann Heinrich Rudolph, der Grundherr von Oberwartha, ab 1694 vier Jahre lang, Gold, Silber und Kupfer abzubauen – die Versuche sind erfolglos. Trotzdem bleibt der verlockende Name *Silbergrund* bestehen. 1927 riegelt man ihn mit einem 42 Meter hohen Damm ab. Drei kleine Bäche, darunter der Silberbach aus Unkersdorf, werden aufgestaut. Doch den größten Teil des Wassers im 2,8 Millionen Kubikmeter fassenden Becken stellt das Pumpspeicherwerk bereit.

Südlich vom Silbergrund befindet sich in waldreicher Umgebung die Lochmühle. Sei-

▲▲ Die expressionistische Klinkerfassade des Pumpspeicherwerks mit Fensterbändern und gerundetem Treppenturm

▲ Ein Druckrohr aus der Nähe

◀ Obere Station mit neuen Hochbehältern

nerzeit wird sie vom Lotzebach angetrieben, der bei Niederwartha in die Elbe mündet. Erstmals dokumentiert wird die Lochmühle in einer Verkaufsurkunde aus dem Jahr 1400. Doch das erhalten gebliebene Gebäude stammt aus deutlich späteren Zeiten – der Schlussstein über der Tür nennt die Jahreszahl 1809. Ab 1875 erweitert der damalige Müller Erdmann Veith die Mühle um ein Sägewerk. Er erhält außerdem eine Schankerlaubnis. Nach dem Ersten Weltkrieg stellt man den Mühlenbetrieb ein und betreibt das Ensemble als Ausflugs- und Tanzgaststätte. Später kommt hier ein Ferienheim unter. Das schlichte Hauptgebäude besteht aus einem massiven Erdgeschoss und einem teilweise massiv, teilweise in Fachwerk ausgeführten Obergeschoss. Gedeckt wird es von einem Satteldach. Bei einer Renovierung im Jahr 2015 bekommt das Dach eine breite Schleppgaube, um den Dachraum besser nutzen zu können.

Die Bewohner von Niederwartha leben bis ins 19. Jahrhundert vom Obstanbau und der Viehzucht. Außerdem gehören drei Mühlen und ein Gasthof zur Siedlung. Mit dem Bau der Eisenbahnlinie Dresden-Berlin bekommt das Dorf einen Haltepunkt. Als auch noch eine Anlegestelle für die Elbschifffahrt eingerichtet wird, avanciert Niederwartha zu einem beliebten Ausflugsziel. Häuser für bessergestellte Bürger und Pensionäre werden gebaut und zeitweise findet sich sogar eine Künstlerkolonie hier ein. Den Zweiten Weltkrieg übersteht der Ort ohne Schäden an seiner Bausubstanz, doch müssen hunderte ausgebombte Dresdner 1945 im Dorf unterkommen – erst gegen Ende der 1960er Jahre geht die Bevölkerungszahl wieder etwas zurück. Nach 1990 knüpft man an den Siedlungsbau an und errichtet weitere Ein- und Zweifamilienhäuser. Im Dorf gibt es keine

▲▲ Das obere Staubecken. Der Kirchturm links gehört zu Weistropp außerhalb der Dresdner Stadtgrenze.

▲ Die sanierte Lochmühle

▶ Der Dorfgasthof Niederwartha mit seinem mächtigen, um 45° versetzten Eckturm

▲ Die Eisenbahnbrücke bei Niederwartha

▼ Montage eines der Tragseile an der Brückenbahn der neuen Straßenbrücke

Kirche, aber einen Gasthof. Schon 1485 wird er erstmals erwähnt. Sein Besitzer hat damals auch das Recht zum Betreiben einer Fähre inne. Zwischen Dresden und Meißen, die im ausgehenden Mittelalter jeweils nur eine Brücke haben, ist dies damals die einzige Möglichkeit, die Elbe zu überqueren. Vom starken Anstieg des Ausflugsverkehrs im 19. Jahrhundert profitiert der Gasthof, er wird um- und ausgebaut. 1945 nutzt ihn die Sowjetarmee als Quartier, erst nach 1990 kann der Bau nach einer gründlichen Renovierung wieder seiner ursprünglichen Bestimmung übergeben werden.

Mit dem Bau der Eisenbahn Dresden-Berlin wird 1875 bei Niederwartha eine 346 Meter lange, zweigleisige Eisenbahnbrücke über die Elbe errichtet. Drei Stahlgitterbögen mit jeweils 62 Metern Stützweite überspannen den Fluss, im Uferbereich kommt gerades Stahlfachwerk mit Stützweiten von 21 Metern zum Einsatz. Am Tag der Kapitulation, am 8. Mai 1945, versuchen die vor der Sowjetarmee flüchtenden SS-Truppen, die Brücke zu sprengen. Kurz darauf wird die beschädigte Brücke gesperrt. Auf Befehl der Sowjets muss am 31. Juli ein unbesetzter Personenzug versuchsweise die Brücke überqueren, die daraufhin mitsamt dem Zug in die Elbe stürzt. Der deutsche Lokführer überlebt, wird aber von den Sowjets der Sabotage bezichtigt und in Lagerhaft genommen – wo er kurze Zeit später stirbt. Bis August 1945 richtet man eine provisorische Fußgänger-Hängebrücke ein und nimmt zusätzlich eine Fähre in Betrieb. Erst im April 1946 kann die Brücke wieder befahren werden – allerdings nur eingleisig. 1977–83 erneuert man die Brückenbahn auf den bestehenden Pfeilern mittels Stahlhohlkästen und Spannbeton-Fertigteilen. Nun ist sie wieder zweigleisig, auf der Ostseite gibt es einen schmalen Weg für Fußgänger und Radfahrer. Nach 1990 ändert sich die Verkehrspolitik. Trotz anderslautenden Beteuerungen fördert man nicht die Bahn, sondern vorrangig den Straßenverkehr. 2006 beginnt direkt neben der Eisenbahnbrücke der Bau einer zweispurigen Straßenbrücke – ohne Wege für Radfahrer und Fußgänger. Am weithin sichtbaren, 77 Meter hohen Pylon sind auf jeder Seite neun Seilpaare befestigt, sie tragen die Brückenbahn. Zwischen zwei Uferpfeilern überspannt sie

192 Meter. Die Gesamtlänge der Brücke beträgt 366 Meter – mit den beiden Zufahrtsbrücken sind es 616 Meter. Während des Baus muss die Brückenanbindung umgeplant werden, so dass sich die Inbetriebnahme bis 2011 verzögert und die Baukosten auf gut 40 Millionen € steigen. Anordnung und Funktion der beiden Brücken erinnern an die beiden Marienbrücken zwischen der Neustadt und der Wilsdruffer Vorstadt. Hier beträgt der Abstand zwischen den Brücken jedoch nur rund zehn Meter.

▲ Durchblick zwischen der Straßen- und der Eisenbahnbrücke

▼ Die neue Straßenbrücke über die Elbe im Licht der Abendsonne

ANHANG

Zuflüsse zur Elbe und Auswahl an ufernahen Objekten im Dresdner Stadtgebiet

Objekt linkselbisch	Zufluss links	Elb-km	Zufluss rechts	Objekt rechtselbisch
Stadtgrenze	Kleditzschgrundbach	70,2		
Lochmühle, Silbergrund, Straßen- und Eisenbahnbrücke	Lotzebach	69,8		
Pumpspeicherwerk Niederwartha		65,8	Lößnitzbach	
Gohlis, Windmühle		65,1		Stadtgrenze
Elbdamm Stetzsch		64,0	Kaditzer Flutrinne	Emmauskirche Kaditz, Linde
Zschonermühle	Zschonerbach	62,9		Autobahnbrücke
Dorfkirche Briesnitz, Bennogut	Borngraben	ca. 62,3		Klärwerk Kaditz, Trafohalle
Cotta, Rathaus, Schule	Omsewitzer Graben	61,8		Flügelwegbrücke
Yenidze, Ostragehege mit Hafen, Neuer Messe und Flutrinne	Weißeritz	61,5		Pieschen mit Hafen, Mickten, Schloss Übigau, Flutrinne
Amtsgericht, Synagoge, Brühlsche Terrasse, Frauen- und Hofkirche, Neumarkt, Residenzschloss, Semperoper, Zwinger, Taschenbergpalais, Sächsischer Landtag, Erlweinspeicher, ICCD, Haus der Presse	Kaitzbach	55,1		Königsufer, Regierungsviertel, Carolabrücke, Neustädter Markt, Dreikönigskirche, Augustusbrücke, Japanisches Palais, Marienbrücken, Hafen, Bahnhof Neustadt
Johannstadt, Thomas-Müntzer-Platz, Trinitatiskirche, Stadthaus, Albertbrücke		53,7	Prießnitz	Radeberger Vorstadt, Diakonissenhaus, Fähre, Martin-Luther-Kirche
Waldschlöschenbrücke		51,9	Eisenbornbach	Wasserwerk Saloppe, Stasi
Villen am Käthe-Kollwitz-Ufer		51,0	Mordgrundbach	Elbschlösser, Weinberge
Ortsamt Blasewitz, Villa Marie	Geberbach	ca. 50,0		Körnerweg, Hafen
Blaues Wunder, Schillerplatz		49,6	Loschwitzbach	Körnerplatz; Bergbahnen
Heilig-Geist-Kirche, Ruderclub, Schillergarten	Blasewitz-Grunaer Landgraben	48,9		Loschwitzer Kirche, Fährhaus, Künstlerhaus
		48,1	Schumannsgraben	Schloss und Villa Wachwitz
Friedhof, Krematorium Tolkewitz		47,3	Wachwitzbach	Altwachwitz, Fernsehturm
Wasserwerk Tolkewitz	Flutgraben Niedersedlitz	47,2		Niederpoyritz, Fähre
Laubegaster Ufer		45,8	Helfenberger Bach	Herrenhaus Helfenberg
Laubegaster Werft, Villa Hartmann	Lockwitzbach	44,8		Wasserwerk Hosterwitz
Kleinzschachwitzer Ufer		44,0	Keppbach	Maria am Wasser, Keppmühle
Pontonierkaserne, Fähre		43,2	Friedrichsgrundbach	Pillnitzer Schloss, Meixmühle
Pillnitzer Ebinsel		42,8	Graupaer Bach	Rysselkuppe, künstliche Ruine
	Brüchigtgraben	40,4		Söbrigen
Stadtgrenze		39,8/40,2		Stadtgrenze

Im Südosten (Tabellenende) erreicht die Elbe Dresden, im Nordwesten (Tabellenanfang) verlässt sie die Stadt.

Historische Hoch- und Niedrigwasser, Hochwasserschutzkonzept

Pegel ist nicht dasselbe wie Wassertiefe. Die ändert sich nämlich zum Beispiel auch durch Sedimentablagerungen im Flussbett oder durch Ausbaggern. Deshalb legt man 1935 den Pegel 0 in Höhe der Augustusbrücke auf 105,657 Meter über Normalnull fest. Ab 1.2.2004 wird auf das neue Höhensystem und damit auf den Nullpunkt 102,68 Meter umgestellt. Das entspricht aktuell einer Wassertiefe in der Mitte der Fahrrinne von 65 cm. Schon seit 1776 wird der Pegel Dresden kontinuierlich aufgezeichnet, davor hält man die Extremereignisse meist nur verbal fest.

Im Hochwasserschutzkonzept der Stadt Dresden sind Maßnahmen festgelegt, die beim Über-/Unterschreiten bestimmter Hochwasserpegel in Kraft treten. Im Folgenden sind zusätzlich wichtige Pegelstände aufgelistet.

- Der niedrigste, je gemessene Pegel beträgt am 9. Januar 1954 nur 5 cm.
- Bei einem Pegel von unter 80 cm ist die Elbschifffahrt eingeschränkt oder wird ganz eingestellt.
- Der mittlere Pegel beträgt 196 cm.
- Ab 400 cm sind Uferbereiche teilweise überschwemmt, zum Beispiel Elbwiesen und Elbradwege. Es herrscht Alarmstufe 1, der *Meldedienst* tritt in Kraft. Dabei wird die Entwicklung der meteorologischen Lage und der Hochwassersituation ständig beobachtet. Die Informationen gehen unter anderem an den Katastrophenschutz. Die Funktionsfähigkeit der Informations- und Meldewege und der technischen Einsatzbereitschaft wird überprüft.
- Ab 500 cm sind einige land- und forstwirtschaftliche Flächen, Gärten und Wege überschwemmt, die Elbschifffahrt wird eingestellt. Es herrscht Alarmstufe 2, der *Kontrolldienst* tritt in Kraft. Zusätzlich zur Alarmstufe 1 werden Einsatzkräfte alarmiert sowie Gewässer, Hochwasserschutzanlagen, gefährdete Bauwerke und Ausuferungsgebiete fortlaufend kontrolliert. Informationen über festgestellte Gefährdungen und getroffene Abwehrmaßnahmen gehen an die zuständigen Stellen. Die Hochwasserbekämpfung und eventuell notwendige Evakuierungsmaßnahmen werden vorbereitet.
- Ab 600 cm gibt es teilweise Überschwemmungen von bebauten Gebieten, Straßen und Schienenwegen. Es herrscht Alarmstufe 3, der *Wachdienst* tritt in Kraft. Zusätzlich zur Alarmstufe 2 werden vorbeugende Sicherungsmaßnahmen an Gefahrenstellen durchgeführt. An Schwerpunkten der Hochwasserabwehr werden Einsatzstäbe eingerichtet und spezielle Nachrichtenverbindungen geschaffen. An Gefahrenstellen stehen Hochwasserschutzmaterialien und Kräfte zur aktiven Hochwasserabwehr bereit. Reservekräfte werden angefordert und die aktive Hochwasserbekämpfung beginnt.
- Ab 700 cm sind größere, bebaute Gebiete überschwemmt, es treten schwere Schäden auf. Menschen und Sachwerte sind in Gefahr. Es herrscht Alarmstufe 4, die *Hochwasserabwehr* wird aktiv. Zusätzlich zur Alarmstufe 3 werden Gefahren für das Leben und die Gesundheit der Bevölkerung aktiv bekämpft, bei Bedarf betroffene Personen mit lebensnotwendigen Gütern versorgt und Schutzmaßnahmen für bedeutende Sachwerte vorgenommen.
- Am 17. August 2002 um 8:00 Uhr steigt der Pegel auf 940 cm. Die Weißeritz führt das Hundertfache ihrer üblichen Wassermenge. Rund 25 Quadratkilometer Stadtgebiet stehen unter Wasser.

Ausgewählte Hochwasserereignisse

Daten über Hochwässer der Elbe reichen sehr weit in die Vergangenheit zurück. Jedoch gib es damals noch keine exakten Pegelangaben.

Datum	Pegelstand/Auswirkungen
11.11.962	Nach plötzlicher Schneeschmelze schwere Schäden entlang der Elbe vom Oberlauf bis Hamburg
16.2.1162	Nach Tauwetter reißen Fluten Häuser und Menschen mit sich
24.8.1275	Das Hochwasser spült ganze Dörfer weg
Juli 1342	Europaweit tritt das so genannte Magdalenenhochwasser auf
16.8.1501	Ca. 860 cm, neun Tage Dauerregen in Böhmen, die Elbbrücke wird fast überflutet
3.1.1651	Elbe und Weißeritz bringen Überschwemmungen mit Eisgang
17.2.1655	Ca. 840 cm, Regenfälle und plötzliches Tauwetter führen zu extremem Hochwasser
1.3.1784	857 cm, schneereicher Winter, plötzliches Tauwetter, danach Frosteinbruch, Hochwasser und Vereisung
24.2.1799	824 cm, Tauwetter führt zu Hochwasser mit Eisstau, Schollen sind einen halben Meter dick
28.6.1824	753 cm, nach mehrtägigem Regen kommt ein Starkregen
2.3.1830	796 cm
31.3.1845	877 cm, plötzliches Tauwetter, Eisstau, Kruzifix-Pfeiler der Augustusbrücke stürzt ein
3.2.1862	824 cm
20.2.1876	776 cm
6/7.9.1890	837 cm
2.8.1897	708 cm. Die Weißeritz überflutet trotz Umleitung im neuen Flussbett die Wilsdruffer Vorstadt.
11.4.1900	773 cm.
17.1.1920	772 cm.
17.3.1940	788 cm.
12.7.1954	674 cm, die Talsperre Malter läuft über, die Weißeritz überflutet erneut die Wilsdruffer Vorstadt
17.8.2002	940 cm, 21 Todesopfer und über 100 Verletzte in Sachsen, entlang der Elbe 11,4 Mrd. € Schäden
4.4.2006	749 cm
6.6.2013	876 cm, in Sachsen ca. 34 000 Menschen evakuiert, entlang der Elbe über 5 Mrd. € Schäden

Ausgewählte Niedrigwasserstände

Datum	Pegelstand
1811	Die Elbe kann durchwatet werden
15.2.1874	
4.1.1894	
10.1.1895	
August 1904	69 cm
14.8.1911	
6.8.1921	
15.12.1933	
4.9.1935	
12.8.1947	21 cm
15.8.1952	21 cm
9.1.1954	5 cm
Juli/August 1964	46 cm
11.8.2015	49 cm
August 2018	43 cm, Schifffahrt und Fährverkehr werden komplett eingestellt

Verwendete Quellen

Dorothée **Baganz**: Der Dresdner Zwinger. Petersberg 2010

Dorothée **Baganz**: Dresden. Architektur und Kunst. Petersberg 2017

Karlheinz **Blaschke** (Hrsg.): Geschichte der Stadt Dresden. Band 1: Von den Anfängen bis zum Ende des Dreißigjährigen Krieges. Stuttgart 2005

Bundesministerium für Verkehr, Bau- und Wohnungswesen (Hrsg.): Steinbrücken in Deutschland. Düsseldorf 1999

Georg **Dehio**: Handbuch der deutschen Kunstdenkmäler. Dresden. München/Berlin 2005

Deutsches Hygiene-Museum Dresden (Hrsg.): Mythos Dresden. Eine kulturhistorische Revue. Katalog zur Ausstellung. Dresden 2006

Matthias **Donath**: Altes & neues Dresden. 100 Bauwerke erzählen Geschichten einer Stadt. Dresden 2007

Matthias **Donath**: Architektur in Dresden 1933–1945. Meißen 2007

Matthias **Donath**: Der Dresdner Neumarkt. Ein Platz kehrt zurück. Dresden 2006

Dresdner Geschichtsverein e. V. (Hrsg.): Dresdner Hefte. Beiträge zur Kulturgeschichte. Insbesondere Nr. 34 (Loschwitz-Pillnitzer Kulturlandschaft), Nr. 47 (Großes Ostragehege), Nr. 61 (Industriestadt Dresden?), Nr. 65 (Dresden im Mittelalter), Nr. 67 (Von der Natur der Stadt – Lebensraum Dresden), Nr. 84 (Mythos Dresden), Nr. 88 (Dresden – der Blick von außen), Nr. 94 (Dresdner Elbbrücken in acht Jahrhunderten), Nr. 105 (Elbeschifffahrt und Weiße Flotte), Nr. 124 (Winterfreuden – Winternot). Nr. 137 (Moderne in Dresden). Dresden 1996–2019

Landeshauptstadt Dresden (Hrsg.): Dresdner Rathäuser. Eine Dokumentation. Dresden 2010

Annette **Dubbers** und andere: Heftreihe „Aus der Geschichte eines Dresdner Stadtteils". Davon: Die Altstadt, Blasewitz, Die Friedrichstadt, Die Innere Neustadt, Loschwitz, Pieschen, Die Wilsdruffer Vorstadt. Dresden 2001–2013

Gesellschaft zur Förderung des Wiederaufbaus der Dresdner Frauenkirche e. V. (Hrsg.): Die Dresdner Frauenkirche. Jahrbücher. Weimar 1995–2005

Anna **Greve**, Gilbert **Lupfer**, Peter **Plassmeier** (Hrsg.): Der Blick auf Dresden. Die Frauenkirche und das Werden der Dresdner Stadtsilhouette. Dresden/München/Berlin 2005

Reiner **Gross** und Uwe **John** (beide Hrsg.): Geschichte der Stadt Dresden. Band 2: Vom Ende des Dreißigjährigen Krieges bis zur Reichsgründung. Stuttgart 2006

Erich **Haenel**, Eugen **Kalkschmidt**: Das alte Dresden. Bilder und Dokumente aus zwei Jahrhunderten. Frankfurt 1977 (unveränderter Nachdruck der Auflage Leipzig 1934)

Volker **Helas**, **Gottfried-Semper-Club Dresden e. V.** (Hrsg.): Sempers Dresden. Die Bauten und die Schüler. Dresden 2003

Jürgen **Helfricht**: Dresden und seine Kirchen. Leipzig 2005

Juliane **Henze**: Sächsisches Elbland. Wie es damals war. München 2011

Stefan **Hertzig**: Das barocke Dresden. Architektur einer Metropole des 18. Jahrhunderts. Petersberg 2013

Hansjörg **Küster**: Die Elbe. München 2007

Heidrun **Laudel**, Ronald **Franke**: Bauen in Dresden im 19. und 20. Jahrhundert. Dresden 1991

Matthias **Lerm**: Abschied vom alten Dresden. Verluste historischer Bausubstanz nach 1945. Rostock 2000

Reprint Pharus-Plan Dresden 1930. Große Ausgabe. Berlin 2004

Heinz **Quinger**: Dresden und Umgebung. Geschichte, Kunst und Kultur der sächsischen Hauptstadt. Ostfildern 2011

Uwe **Rada**: Die Elbe. München 2013

Holger **Starke** (Hrsg.): Geschichte der Stadt Dresden. Band 3: Von der Reichsgründung bis zur Gegenwart. Stuttgart 2006

Dirk **Syndram**, Peter **Ufer**: Die Rückkehr des Dresdner Schlosses. Dresden 2006

Quellen aus dem Internet

www.archiv.sachsen.de
www.dresden.de
www.dresden-lexikon.de
www.dresdner-stadtteile.de
www.dresden-und-sachsen.de
www.umwelt.sachsen.de

Bildnachweis

Archiv Michael Imhof Verlag: S. 10 unten, S. 124 oben; © VG Bild-Kunst, Bonn 2019: S. 162/163; Wikimedia Commons: S. 9 rechts oben, S. 9 rechts Mitte, S. 10 oben; www.geoportal.sachsen.de, Staatsbetrieb Geobasisinformation und Vermessung Sachsen (GeoSN), 2019: S. 12, 13; alle anderen Abbildungen: Olav Gatzemeier.